最高人民检察院第十四批指导性案例适用指引

— 民事虚假诉讼 —

最高人民检察院第六检察厅 编著

中国检察出版社

《最高人民检察院第十四批指导性案例适用指引》编委会

主　　编：张雪樵

副 主 编：冯小光　吕洪涛

编　　委：（按姓氏笔画排列）

　　　　　王　莉　刘玉强　华　锰

　　　　　孙加瑞　宋建立　李　萍

　　　　　肖正磊　周永刚　阚　林

执行编辑：王　莉　刘玉强　赵多丽娜

　　　　　张勇利　兰　楠　郭　华

参编人员：（按姓氏笔画排列）

　　　　　王亚兰　刘小艳　朱光美

　　　　　张　驰　李大扬　陈炜彤

　　　　　陈美治　周进军　姜耀飞

　　　　　滕艳军　颜良伟

目 录
CONTENTS

第一部分　最高人民检察院第十四批指导性案例

1. 广州乙置业公司等骗取支付令执行虚假诉讼监督案
   （检例第 52 号）　　　　　　　　　　　　　　　　／3
2. 武汉乙投资公司等骗取调解书虚假诉讼监督案
   （检例第 53 号）　　　　　　　　　　　　　　　　／8
3. 陕西甲实业公司等公证执行虚假诉讼监督案
   （检例第 54 号）　　　　　　　　　　　　　　　　／13
4. 福建王某兴等人劳动仲裁执行虚假诉讼监督案
   （检例第 55 号）　　　　　　　　　　　　　　　　／17
5. 江西熊某等交通事故保险理赔虚假诉讼监督案
   （检例第 56 号）　　　　　　　　　　　　　　　　／22

第二部分　最高人民检察院第十四批指导性案例解读

《最高人民检察院第十四批指导性案例》解读　　／29

第三部分　民事虚假诉讼监督调查与研究

1. 2017年以来全国检察机关民事虚假诉讼监督工作
   情况分析　　／55
2. 民事检察与虚假诉讼监督的几个基本问题　　／71

第四部分　民事虚假诉讼监督相关典型案例及评析

民间借贷纠纷虚假诉讼监督案例

1. 张某平等民间借贷纠纷虚假诉讼监督系列案　　／89
2. 彭某枫等民间借贷纠纷虚假诉讼监督系列案　　／93
3. 扬州广某医院等民间借贷纠纷虚假诉讼监督系列案　　／99
4. 孙某虹等民间借贷纠纷虚假诉讼监督案　　／104
5. 刘某峰等民间借贷纠纷虚假诉讼监督案　　／108
6. 傅某、郎某东等民间借贷纠纷虚假诉讼监督案　　／111
7. 天津长某公司等民间借贷纠纷虚假诉讼监督案　　／117
8. 李某雄等民间借贷纠纷虚假诉讼监督案　　／122
9. 张某果等民间借贷纠纷虚假诉讼监督案　　／126

10. 王某晨、唐某杰等民间借贷纠纷虚假诉讼监督案 / 131

11. 徐某亮、秦某等民间借贷纠纷虚假诉讼监督案 / 135

12. 范某传等民间借贷纠纷虚假诉讼监督系列案 / 139

13. 王某等民间借贷纠纷虚假诉讼监督案 / 142

14. 王某翔等民间借贷纠纷虚假诉讼监督案 / 146

15. 郑某华等民间借贷纠纷虚假诉讼监督案 / 149

16. 王某甲等民间借贷纠纷虚假诉讼监督案 / 154

17. 石某等民间借贷纠纷虚假诉讼监督案 / 160

18. 王某、程某军等民间借贷纠纷虚假诉讼监督案 / 164

19. 吴某峰等民间借贷纠纷虚假诉讼监督案 / 170

20. 天某公司等民间借贷纠纷虚假诉讼监督案 / 175

21. 卢某等借款纠纷虚假诉讼监督案 / 180

22. 全某公司等借款合同纠纷虚假诉讼监督案 / 185

23. 李某锋、李某东等借款合同纠纷虚假诉讼监督案 / 192

24. 苏某霞等借款合同纠纷虚假诉讼监督案 / 196

25. 廖某明等借款合同纠纷虚假诉讼监督案 / 201

26. 贵州百某公司等借款合同纠纷虚假诉讼监督案 / 206

27. 昆明同某公司等委托贷款纠纷虚假诉讼监督案 / 211

劳动合同纠纷虚假诉讼监督案例

28. 刘某文等追索劳动报酬纠纷虚假诉讼监督案 / 217

29. 赵某良等劳务合同纠纷虚假诉讼监督案 / 220

30. 沙市镇大某煤厂等确认劳动关系纠纷虚假诉讼
监督案 / 223

31. 鄢某等劳务合同纠纷虚假诉讼监督系列案 / 227

32. 广某公司、刘某兰等劳务合同纠纷虚假诉讼
监督案 / 232

房地产权属纠纷虚假诉讼监督案例

33. 孙某头等商品房预售合同纠纷虚假诉讼监督案 / 237

34. 张某波等房屋买卖合同纠纷虚假诉讼监督系列案 / 241

35. 石某利等商品房销售合同纠纷虚假诉讼监督案 / 244

36. 林某伟等房屋买卖合同纠纷虚假诉讼监督案 / 248

买卖合同纠纷虚假诉讼监督案例

37. 中某生公司等买卖合同纠纷虚假诉讼监督案 / 252

38. 方某公司等买卖合同纠纷虚假诉讼监督案 / 257

39. 江苏中某公司等买卖合同纠纷虚假诉讼监督案 / 261

40. 广东世某公司等买卖合同纠纷虚假诉讼监督两案 / 266

其他合同纠纷虚假诉讼监督案例

41. 张某旺、周某伟等建设工程分包合同纠纷虚假
诉讼监督案 / 270

42. 三某公司等建设工程施工合同纠纷虚假诉讼
监督案 / 276

43. 广州宇某公司等租赁合同纠纷虚假诉讼监督案 / 280

44. 王某国、张甲等租赁合同纠纷虚假诉讼监督案 / 284

45. 王某新等承包合同纠纷虚假诉讼监督案 / 289

46. 付某春等保证合同纠纷虚假诉讼监督案 / 293

47. 苏某东等投资合同纠纷虚假诉讼监督案 / 296

48. 翁某辉等融资租赁合同纠纷虚假诉讼监督案 / 300

与其他诉讼形式相关虚假诉讼监督案例

49. 浙江力某公司等骗取公证文书虚假诉讼监督案 / 304

50. 李某禄等虚假支付令监督案 / 309

51. 李某芹等虚假仲裁监督案 / 313

52. 郭某勇等骗取调解书执行住房公积金虚假诉讼监督系列案 / 317

53. 高某等追偿权纠纷虚假诉讼监督案 / 320

54. 许某荣等虚假劳动仲裁监督系列案 / 324

附　录

附录一　中华人民共和国刑法修正案（九） / 329

附录二　最高人民法院、最高人民检察院关于办理虚假诉讼刑事案件适用法律若干问题的解释 / 344

附录三　最高人民法院关于防范和制裁虚假诉讼的指导意见 / 348

附录四　最高人民法院关于房地产调控政策下人民法院严格审查各类虚假诉讼的紧急通知 / 352

第一部分

最高人民检察院
第十四批指导性案例

广州乙置业公司等骗取支付令执行虚假诉讼监督案

（检例第 52 号）

关键词

骗取支付令　侵吞国有资产　检察建议

要旨

当事人恶意串通、虚构债务，骗取法院支付令，并在执行过程中通谋达成和解协议，通过以物抵债的方式侵占国有资产，损害司法秩序，构成虚假诉讼。检察机关对此类案件应当依法进行监督，充分发挥法律监督职能，维护司法秩序，保护国有资产。

基本案情

2003 年起，国有企业甲农工商公司因未按期偿还银行贷款被诉至法院，银行账户被查封。为转移甲农工商公司及其下属公司的资产，甲农工商公司班子成员以个人名义出资，于 2003 年 5 月 26 日成立广州乙置业公司，甲农工商公司经理张某任乙置业公司董事长，其他班子成员任乙置业公司股东兼管理人员。

2004年6月23日和2005年2月20日，乙置业公司分别与借款人甲农工商公司下属丙实业公司和丁果园场签订金额为251.846万元和1600万元的借款协议，丙实业公司以自有房产为借款提供抵押担保。乙置业公司没有自有流动运营资金和自有业务，其出借的资金主要来源于甲农工商公司委托其代管的资金。

丙实业公司借款时，甲农工商公司在乙置业公司已经存放有13893401.67元理财资金可以调拨，但甲农工商公司未调拨理财资金，反而由下属的丙实业公司以房产抵押的方式借款。丁果园场借款时，在1600万元借款到账的1—3天内便以"往来款"名义划付到案外人账户，案外人又在5天内通过银行转账方式将等额资金划还给乙置业公司。

上述借款到期后，乙置业公司立即向广州市白云区人民法院申请支付令，要求偿还借款。2004年9月6日，法院作出（2004）云法民二督字第23号支付令，责令丙实业公司履行付款义务；2005年11月9日，法院作出（2005）云法民二督字第16号支付令，责令丁果园场履行付款义务。丙实业公司与丁果园场未提出异议，并在执行过程中迅速与乙置业公司达成以房抵债的和解协议。2004年10月11日，丙实业公司与乙置业公司签署和解协议，以自有房产抵偿251.846万元债务。丙实业公司还主动以自有的36栋房产为丁果园场借款提供执行担保。2006年2月、4月，法院先后裁定将丁果园场的房产作价611.7212万元、丙实业公司担保房产作价396.9387万元以物抵债给乙置业公司。

案发后，甲农工商公司的主管单位于2013年9月10日委托评估，评估报告显示，以法院裁定抵债日为评估基准日，涉案房产评估价值合计 1.09 余亿元，比法院裁定以物抵债的价格高出 9640 余万元，国有资产受到严重损害。

检察机关监督情况

线索发现 2016 年 4 月，广东省人民检察院在办理甲农工商公司经理张某贪污、受贿刑事案件的过程中，发现乙置业公司可能存在骗取支付令、侵吞国有资产的行为，遂将案件线索交广州市人民检察院办理。广州市人民检察院依职权启动监督程序，与白云区人民检察院组成办案组共同办理该案。

调查核实 办案组调取法院支付令与执行案件卷宗，经审查发现，乙置业公司与丙实业公司、丁果园场在诉讼过程中对借款事实等问题的陈述高度一致；三方在执行过程中主动、迅速达成以物抵债的和解协议，而缺乏通常诉讼所具有的对抗性；经审查张某贪污、受贿案的刑事卷宗，发现甲农工商公司、乙置业公司的班子成员存在合谋串通、侵吞国有资产的主观故意；经审查工商登记资料，发现乙置业公司没有自有资金，其资金来源于代管的甲农工商公司资金；经调取银行流水清单，核实了借款资金流转情况。办案组沿涉案资金、房产的转移路径，逐步厘清案情脉络，并重新询问相关涉案人员，最终获取张某等人的证言，进一步夯实证据。

监督意见 2016 年 10 月 8 日，白云区人民检察院就白云区人民法院前述两份支付令分别发出穗云检民（行）违监（2016）4 号、5 号检察建议书，指出乙置业公司与丙实业公司、丁果园场恶意串通、虚构债务，骗取法院支付令，借执行和解程序侵吞国有资产，损害了正常司法秩序，建议法院撤销涉案支付令。

监督结果 2018年5月15日,白云区人民法院作出(2018)粤0111民督监1号、2号民事裁定书,分别确认前述涉案支付令错误,裁定予以撤销,驳回乙置业公司的支付令申请。同年10月,白云区人民法院依据生效裁定执行回转,至此,1.09余亿元的国有资产损失得以挽回。甲农工商公司原班子成员张某等人因涉嫌犯贪污罪、受贿罪,已被广州市人民检察院提起公诉。

指导意义

1. 虚构债务骗取支付令成为民事虚假诉讼的一种表现形式,应当加强法律监督。民事诉讼法规定的督促程序,旨在使债权人便捷高效地获得强制执行依据,解决纠纷。司法实践中,有的当事人正是利用法院发出支付令以形式审查为主、实质问题不易被发现的特点,恶意串通、虚构债务骗取支付令并获得执行,侵害其他民事主体的合法权益。本案乙置业公司与丙实业公司、丁果园场恶意串通、虚构债务申请支付令,构成虚假诉讼。由于法院在发出支付令时无需经过诉讼程序,仅对当事人提供的事实、证据进行形式审查,因此,骗取支付令的虚假诉讼案件通常具有一定的隐蔽性,检察机关应当加强对此类案件的监督,充分发挥法律监督职能。

2. 办理虚假诉讼案件重点围绕捏造事实行为进行审查。虚假诉讼通常以捏造的事实启动民事诉讼程序,检察机关应当以此为重点内容开展调查核实工作。本案办理过程中,办案组通过调阅张某刑事案件卷宗材料掌握案情,以刑事案件中固定的证据作为本案办理的突破口;通过重点审查涉案公司的企业法人营业执照、公司章程、公司登记申请书、股东会决议等工商资料，确认丙实业公司和丁果园场均由甲农工商公司设立，均系全民所有制企业，名下房产属于国有财产，上述公司的主要班子成员存在交叉任职等事实；通过调取报税资料、会计账册、资金代管协议等档案材料发现，乙置业公司没有自有流动运营资金和业务，其资金来源于代管的甲农工商公司资金；通过调取银行流水清单，发现丁果园场在借款到账后即以"往来款"名义划付至案外人账户，案外人随即将等额资金划还至乙置业公司，查明了借款资金流转的情况。一系列事实和证据均指向当事人存在恶意串通、虚构债务骗取支付令的行为。

3. 发现和办理虚假诉讼案件，检察机关应当形成整体合力。虚假诉讼不仅侵害其他民事主体的合法权益，影响经济社会生活秩序，更对司法公信力、司法秩序造成严重侵害，检察机关应当形成整体合力，加大法律监督力度。检察机关各业务部门在履行职责过程中发现民事虚假诉讼线索的，均应及时向民事检察部门移送；并积极探索建立各业务部门之间的线索双向移送、反馈机制，线索共享、信息互联机制。本案即是检察机关在办理刑事案件过程中发现可能存在民事虚假诉讼线索，民事检察部门由此进行深入调查的典型案例。

相关规定

《中华人民共和国民事诉讼法》第十四条、第二百一十六条
《最高人民法院关于适用〈中华人民共和国民事诉讼法〉的解释》第四百一十四条
《人民检察院民事诉讼监督规则（试行）》第九十九条

武汉乙投资公司等骗取调解书虚假诉讼监督案

（检例第53号）

关键词

虚假调解　逃避债务　民事抗诉

要旨

伪造证据、虚构事实提起诉讼，骗取人民法院调解书，妨害司法秩序、损害司法权威，不仅可能损害他人合法权益，而且损害国家和社会公共利益的，构成虚假诉讼。检察机关办理此类虚假诉讼监督案件，应当从交易和诉讼中的异常现象出发，追踪利益流向，查明当事人之间的通谋行为，确认是否构成虚假诉讼，依法予以监督。

基本案情

2010年4月26日，甲商贸公司以商品房预售合同纠纷为由向武汉市蔡甸区人民法院起诉乙投资公司，称双方于2008年4月30日签订《商品房订购协议书》，约定甲商贸公司购买乙投资公司天润工业园项目约4万平方米的商品房，总价款人民币

7375万元，甲公司支付1475万元定金，乙投资公司于收到定金后30日内完成上述项目地块的抵押登记注销，双方再签订正式《商品房买卖合同》。协议签订后，甲商贸公司依约支付定金，但乙投资公司未解除土地抵押登记，甲商贸公司遂提出四起商品房预售合同纠纷诉讼，诉请判令乙投资公司双倍返还定金，诉讼标的额分别为700万元、700万元、750万元、800万元，共计2950万元。武汉市蔡甸区人民法院受理后，适用简易程序审理、以调解方式结案，作出（2010）蔡民二初字第79号、第80号、第81号、第82号民事调解书，分别确认乙投资公司双倍返还定金700万元、700万元、750万元、800万元，合计2950万元。甲商贸公司随即向该法院申请执行，领取可供执行的款项2065万元。

检察机关监督情况

线索发现 2015年，武汉市人民检察院接到案外人相关举报，经对上述案件进行审查，初步梳理出如下案件线索：一是法院受理异常。双方只签订有一份《商品房订购协议书》，甲商贸公司却拆分提出四起诉讼；甲商贸公司已支付定金为1475万元，依据当时湖北省法院案件级别管辖规定，基层法院受理标的额在800万元以下的案件，本案明显属于为回避级别管辖规定而拆分起诉，法院受理异常。二是均适用简易程序由同一名审判人员审结，从受理到审理、制发调解书在5天内全部完成。三是庭审无对抗性，乙投资公司对甲商贸公司主张的事实、证据及诉讼请求全部认可，双方当事人及代理人在整个诉讼过程中陈述高度一致。四是均快速进入执行程序、快速执结。

调查核实 针对初步梳理的案件线索，武汉市人民检察院随即开展调查核实。第一步，通过裁判文书网查询到乙投资公司作为被告或被执行人的案件在武汉市蔡甸区人民法院已有40余件，总标的额1.3亿余元，乙投资公司已经资不抵债；第二步，通过银行查询执行款流向，发现甲商贸公司收到2065万元执行款后，将其中1600万元转账至乙投资公司法定代表人方某的个人账户，320万元转账至丙公司、丁公司；第三步，通过查询工商信息，发现方某系乙投资公司法定代表人，而甲、乙、丙、丁四公司系关联公司，实际控制人均为成某某；第四步，调阅法院卷宗，发现方某本人参加了四起案件的全部诉讼过程；第五步，经进一步调查方某个人银行账户，发现方某在本案诉讼前后与武汉市蔡甸区人民法院民二庭原庭长杨某某之间存在金额达100余万元的资金往来。检察人员据此判断该四起案件可能是乙投资公司串通关联公司提起的虚假诉讼。经进一步审查发现，甲商贸公司、乙投资公司的实际控制人成某某通过受让债权取得乙投资公司80%的股权，后因经营不善产生巨额债务，遂指使甲商贸公司，伪造了以上《商品房订购协议书》，并将甲商贸公司其他业务的银行资金往来明细作为支付定金1475万元的证据，由甲商贸公司向武汉市蔡甸区人民法院提起诉讼，请求"被告乙投资公司双倍返还定金2950万元"，企图达到转移公司资产、逃避公司债务的非法目的。该院民二庭庭长杨某某在明知甲商贸公司、乙投资公司的实际控制人为同一人，且该院对案件无管辖权的情况下，主动建议甲商贸公司将一案拆分为4个案件起诉；案件转审判庭后，杨某某向承办法官隐瞒上述情况，指示其按照简易程序快速调解结案；进入执行后，杨某某又将该案原、被告公司的实际控制人为同一人的情况告知本院执行二庭原庭长童某，希望快速执行。在杨某某、童某的参与下，案件迅速执行结案。

监督意见 2016年10月21日，武汉市人民检察院就（2010）蔡民二初字第79号、第80号、第81号、第82号民事调解书，向武汉市中级人民法院提出抗诉，认为本案调解书认定的事实与案件真实情况明显不符，四起诉讼均系双方当事人恶意串通为逃避公司债务提起的虚假诉讼，应当依法纠正。首先，从《商品房订购协议书》的表面形式来看，明显与正常的商品房买卖交易惯例不符，连所订购房屋的具体位置、房号都没有约定；其次，乙投资公司法定代表人方某在刑事侦查中供述双方不存在真实的商品房买卖合同关系，四份商品房订购协议书系伪造，目的是通过双倍返还购房定金的方式转移公司资产，逃避公司债务；最后，在双方无房屋买卖交易的情况下，不存在支付及返还"定金"之说。证明甲商贸公司支付1475万元定金的证据是7张银行凭证，其中一笔600万的汇款人为案外人戊公司；甲商贸公司陆续汇入乙投资公司875万元后，乙投资公司又向甲商贸公司汇回175万元，甲商贸公司汇入乙投资公司账户的金额实际仅有700万元，且属于公司内部的调度款。

监督结果 2018年1月16日，武汉市中级人民法院对武汉市人民检察院抗诉的四起案件作出民事裁定，指令武汉市蔡甸区人民法院再审。2018年11月19日，武汉市蔡甸区人民法院分别作出再审判决：撤销武汉市蔡甸区人民法院（2010）蔡民二初字第79号、第80号、第81号、第82号四份民事调解书；驳回甲商贸公司全部诉讼请求。2017年，武汉市蔡甸区人民法院民二庭原庭长杨某某、执行二庭原庭长童某被以受贿罪追究刑事责任。

指导意义

1. 对于虚假诉讼形成的民事调解书，检察机关应当依法监督。虚假诉讼的民事调解有其特殊性，此类案件以调解书形式出现，从外表看是当事人在处分自己的民事权利义务，与他人无关。但其实质是当事人利用调解书形式达到了某种非法目的，获得了某种非法利益，或者损害了他人的合法权益。当事人这种以调解形式达到非法目的或获取非法利益的行为，利用了人民法院的审判权，从实质上突破了调解各方私益的范畴，所处分和损害的利益已不仅仅是当事人的私益，还妨碍司法秩序，损害司法权威，侵害国家和社会公共利益，应当依法监督。对于此类虚假民事调解，检察机关可以依照民事诉讼法的相关规定提出抗诉。

2. 注重对案件中异常现象的调查核实，查明虚假诉讼的真相。检察机关对办案中发现的异于常理的现象要进行调查，这些异常既包括交易的异常，也包括诉讼的异常。例如，合同约定和合同履行明显不符合交易惯例和常识，可能存在通谋的；案件的立、审、执较之同地区同类型案件异常迅速的；庭审过程明显缺乏对抗性，双方当事人在诉讼过程中对主张的案件事实和证据高度一致等。检察机关要敏锐捕捉异常现象，有针对性运用调查核实措施，还案件事实以本来面目。

相关规定

《中华人民共和国民事诉讼法》第一百一十二条、第一百一十三条、第二百零八条、第二百一十条

《中华人民共和国刑法》第三百零七条之一

陕西甲实业公司等公证执行虚假诉讼监督案

(检例第 54 号)

关键词

虚假公证　非诉执行监督　检察建议

要旨

当事人恶意串通、捏造事实，骗取公证文书并申请法院强制执行，侵害他人合法权益，损害司法秩序和司法权威，构成虚假诉讼。检察机关对此类虚假诉讼应当依法监督，规范非诉执行行为，维护司法秩序和社会诚信。

基本案情

2011 年，陕西甲实业公司董事长高某因非法吸收公众存款罪被追究刑事责任；2012 年底，甲实业公司名下资产陕西某酒店被西安市中级人民法院查封拍卖，拍卖所得用于退赔集资款和偿还债务。

2013 年 11 月，高某保外就医期间与郝某、高某萍、高某云、王某、杜某、唐某、耿某等人商议，由高某以甲实业公司名义出具借条，虚构甲实业公司曾于2006年、2007年向郗某等七人借款的事实，并分别签订还款协议书。2013年12月，甲实业公司委托代理人与郗某等七人前往西安市莲湖区公证处，对涉案还款协议书分别办理《具有强制执行效力的债权文书公证书》，莲湖区公证处向郗某等七人出具《执行证书》。2013年12月，郗某等七人依据《执行证书》，向西安市雁塔区人民法院申请执行。2014年3月，西安市雁塔区人民法院作出执行裁定书，以甲实业公司名下财产被西安市中级人民法院拍卖，尚需等待分配方案确定后再恢复执行为由，裁定本案执行程序终结。西安市中级人民法院确定分配方案后，雁塔区人民法院恢复执行并向西安市中级人民法院上报郗某等七人债权请求分配。

检察机关监督情况

线索发现 2015年11月，检察机关接到债权人不服西安市中级人民法院制定的债权分配方案，提出高某所涉部分债务涉嫌虚构的举报。雁塔区人民检察院接到举报后，根据债权人提供的线索对高某所涉债务进行清查，发现该七起虚假公证案件线索。

调查核实 雁塔区人民检察院对案件线索依法进行调查核实。首先，到高某服刑的监狱和保外就医的医院对其行踪进行调查，并随即询问了王某、郗某、耿某，郗某等人承认了基于利益因素配合高某虚构甲实业公司借款的事实；其次，雁塔区人民检察院到公证机关调取公证卷宗，向西安市中级人民法院了解甲实业公司执行案件相关情况。经调查核实发现，高某与郗某等七人为套取执行款，逃避债务，虚构甲实业公司向郗某等七人借款1180万元的事实、伪造还款协议书等证据，并对虚构的借款事实进行公证，向西安市雁塔区人民法院申请强制执行该公证债权文书。

监督意见 在查明相关案件事实的基础上，2015年11月，雁塔区人民检察院将涉嫌虚假诉讼刑事案件的线索移交西安市公安局雁塔分局立案侦查。2016年9月23日，雁塔区人民检察院针对雁塔区人民法院的执行活动发出检察建议，指出甲实业公司与郝某等七人恶意串通，伪造借款凭据和还款协议，《执行证书》中的内容与事实不符，由于公证债权文书确有错误，建议依法不予执行。

监督结果 2016年10月24日，雁塔区人民法院回函称，经调取刑事卷宗中郝某等人涉嫌虚假诉讼犯罪的相关证据材料，确认相关公证内容确系捏造，经合议庭合议决定，对相关执行证书裁定不予执行。2017年7月16日，雁塔区人民法院作出（2017）陕0113执异153至159号七份执行裁定书，认定郝某等申请执行人在公证活动进行期间存在虚假行为，公证债权文书的内容与事实不符，裁定对相关公证书及执行证书不予执行。后高某等四人因构成虚假诉讼罪被追究刑事责任。

指导意义

1. 利用虚假公证申请法院强制执行是民事虚假诉讼的一种表现形式，应当加强检察监督。对债权文书赋予强制执行效力是法律赋予公证机关的特殊职能，经赋强公证的债权文书，可以不经诉讼直接成为人民法院的执行依据。近年来，对虚假债权文书进行公证的行为时有发生，一些当事人与他人恶意串通，对虚假的赠与合同、买卖合同，或抵偿债务协议进行公证，并申请法院强制执行，以达到转移财产、逃避债务的目的。本案中，甲实业公司与郗某等七人捏造虚假借款事实申请公证，并向人民法院申请强制执行、参与执行财产分配就属于此类情形，不仅损害了案外人的合法债权，同时也损害了诉讼秩序和司法公正，影响社会诚信。本案中，检察机关和公安机关已经查实系虚假公证，由检察机关建议人民法院不予执行较之利害关系人申请公证机关撤销公证更有利于保护债权人合法权益。

2. 加强对执行公证债权文书等非诉执行行为的监督，促进公证活动依法有序开展。根据公证法规定，公证机关应当对当事人的身份、申请办理该项公证的资格以及相应的权利；提供的文书内容是否完备，含义是否清晰，签名、印鉴是否齐全；提供的证明材料是否真实、合法、充分；申请公证的事项是否真实、合法等内容进行审查。检察机关在对人民法院执行公证债权文书等非诉执行行为进行监督时，如果发现公证机关未依照法律规定程序和要求进行公证的，应当建议公证机关予以纠正。

相关规定

《中华人民共和国民事诉讼法》第二百三十五条

《最高人民法院、最高人民检察院关于民事执行活动法律监督若干问题的规定》第三条

《中华人民共和国公证法》第二十八条

福建王某兴等人劳动仲裁执行虚假诉讼监督案

(检例第 55 号)

关键词

虚假劳动仲裁　仲裁执行监督　检察建议

要旨

为从执行款项中优先受偿，当事人伪造证据将普通债权债务关系虚构为劳动争议申请劳动仲裁，获取仲裁裁决或调解书，据此向人民法院申请强制执行，构成虚假诉讼。检察机关对此类虚假诉讼行为应当依法进行监督。

基本案情

2014 年，王某兴借款 339500 元给甲茶叶公司原法定代表人王某贵，多次催讨未果。2017 年 5 月，甲茶叶公司因所欠到期债务未偿还，厂房和土地被武平县人民法院拍卖。2017 年 7 月下旬，王某兴为实现其出借给王某贵个人的借款能从甲茶叶公司资产拍卖款中优先受偿的目的，与甲茶叶公司新法定代表人王某福（王某贵之子）商议申请仲裁事宜。双方共同编造甲茶叶公司拖欠王某兴、王某兴妻子及女儿等13人414700元工资款的书面材料，并向武平县劳动人事争议仲裁委员会申请劳动仲裁。2017年7月31日，仲裁员曾某明在明知该13人不是甲茶叶公司员工的情况下，作出武劳仲案（2017）19号仲裁调解书，确认甲茶叶公司应支付给王某兴等13人工资款合计414700元，由武平县人民法院在甲茶叶公司土地拍卖款中直接支付到武平县人力资源和社会保障局农民工工资账户，限于2017年7月31日履行完毕。同年8月1日，王某兴以另外12人委托代理人的身份向武平县人民法院申请强制执行。同月4日，武平县人民法院立案执行，裁定：（1）冻结、划拨甲茶叶公司在银行的存款；（2）查封、扣押、拍卖、变卖甲茶叶公司的所有财产；（3）扣留、提取甲茶叶公司的收入。

检察机关监督情况

线索发现 2017年8月初，武平县人民检察院在开展执行监督专项活动中发现，武平县人民法院对被执行人甲茶叶公司的拍卖款进行分配时，突然新增多名自称甲茶叶公司员工的申请执行人，以仲裁调解书为依据申请参与执行款分配。鉴于甲茶叶公司2014年就已停产，本案存在虚假仲裁的可能性。

调查核实 首先，检察人员调取了法院的执行卷宗，从13个申请执行人的住址、年龄和性别等身份信息初步判断，他们可能存在夫妻关系或其他亲戚关系，随后至公安机关查询户籍信息证实了申请执行人之间的上述亲属关系；其次，经查询工商登记信息，2013年至2015年底，王某兴独资经营一家汽车修配公司，2015年以后在广东佛山经营不锈钢制品，王某兴之女一直在外地居住,王某兴一家在甲茶叶公司工作的可能性不存在;再次,检察人员经对申请人执行人李某林、曾某秀夫妇进行调查询问,发现其长期经营百货商店,亦未在甲茶叶公司工作过,仲裁员曾某明与其有亲属关系;最后,检察人员经对王某福进行说服教育,王某福交待了其与王某兴合谋提起虚假仲裁的事实,王某兴亦承认其与另外12人均与甲茶叶公司不存在劳动关系,《授权委托书》上的签名系伪造,仲裁员曾某明清楚申请人与甲茶叶公司之间不存在劳动关系但仍出具了仲裁调解书。

监督意见 2017年8月24日,武平县人民检察院向武平县劳动人事争议仲裁委员会发出检察建议书,指出王某兴、王某福虚构事实申请劳动仲裁,仲裁员在明知的情况下仍作出虚假仲裁调解书,使得王某贵的个人借款变成了甲茶叶公司的劳动报酬债务,损害了甲茶叶公司其他债权人的合法权益,建议撤销该案仲裁调解书。仲裁委撤销仲裁调解书后,2017年8月28日,武平县人民检察院向武平县人民法院发出检察建议书,指出王某兴与王某福共同虚构事实获取仲裁调解书后向法院申请执行,法院据此裁定执行,损害了甲茶叶公司其他债权人的合法权益,妨碍民事诉讼秩序,损害司法权威,且据以执行的仲裁调解书已被撤销,建议法院终结执行。

监督结果 2017年8月24日,武平县劳动人事争议仲裁委员会作出武劳仲决(2017)1号决定书,撤销武劳仲案(2017)19号仲裁调解书。2017年8月29日,武平县人民法院裁定终结(2017)闽0824执888号执行案件的执行,并于同年9月25日书面回复武平县人民检察院。王某兴、王某福因构成虚假诉讼罪被追究刑事责任,曾某明因构成枉法仲裁罪被追究刑事责任。

最高人民检察院第十四批指导性案例适用指引

指导意义

1. 以虚假劳动仲裁申请执行是民事虚假诉讼的一种情形，应当加强检察监督。在清算、破产和执行程序中，立法和司法对职工工资债权给予了优先保护：在公司清算程序中职工工资优先支付；在破产程序中职工工资属于优先受偿债权；在执行程序中追索劳动报酬优先考虑。正是由于立法和司法的优先保护，有的债权人为实现自身普通债权优先受偿的目的，与债务人甚至仲裁员恶意串通，伪造证据，捏造拖欠劳动报酬的事实申请劳动仲裁，获取仲裁文书向人民法院申请执行。检察机关在对人民法院执行仲裁裁决书、调解书的活动进行法律监督时，应重点审查是否存在虚假仲裁行为，对查实为虚假仲裁的，应建议法院终结执行，防止执行款错误分配。注重加强与仲裁机构及其主管部门的沟通，共同防范虚假仲裁行为。

2. 办理虚假诉讼监督案件，应当保持对线索的高度敏感性。虚假诉讼案件的表面事实和证据与真实情况往往具有较大差距，当事人之间利益纠葛复杂，多存在通谋，检察机关要敏于发现案件线索，充分做好调查核实工作。本案中，检察人员在执行监督活动中发现虚假仲裁线索，及时开展调查核实工作，认真审查当事人之间的身份关系、户籍信息、经济往来等事项，分析当事人的从业、居住等情况，有步骤地开展调查工作，夯实证据基础，最终查清虚假劳动仲裁的事实。

3. 检察机关在办理虚假诉讼案件中，发现仲裁活动违法的，应当依法进行监督。根据仲裁法及劳动争议调解仲裁法的规定，仲裁裁决被撤销的法定情形包括：仲裁庭组成或者仲裁程序违反法定程序，裁决所根据的证据系伪造，对方当事人隐瞒了足以影响公正裁决的证据，仲裁员在仲裁该案时有索贿受贿、徇私舞弊、枉法裁决行为等。根据《人民检察院检察建议工作规定》，人民检察院可以直接向本院所办理案件的涉案单位、本级有关主管机关以及其他有关单位提出检察建议。检察机关在办理虚假诉讼案件中，发现仲裁裁决虚假的，应当依法发出检察建议要求纠正；发现仲裁员涉嫌枉法仲裁犯罪的，依法移送犯罪线索。

相关规定

《中华人民共和国民事诉讼法》第二百三十五条

《最高人民法院、最高人民检察院关于民事执行活动法律监督若干问题的规定》第一条

《最高人民法院、最高人民检察院关于办理虚假诉讼刑事案件适用法律若干问题的解释》第一条第三款、第二条第一款

《最高人民法院关于防范和制裁虚假诉讼的指导意见》第八条

《中华人民共和国仲裁法》第五十八条、第五十九条

《中华人民共和国劳动争议调解仲裁法》第四十九条

《人民检察院检察建议工作规定》第三条

江西熊某等交通事故保险理赔虚假诉讼监督案

(检例第56号)

关键词

保险理赔　伪造证据　民事抗诉

要旨

假冒原告名义提起诉讼，采取伪造证据、虚假陈述等手段，取得法院生效裁判文书，非法获取保险理赔款，构成虚假诉讼。检察机关在履行职责过程中发现虚假诉讼案件线索，应当强化线索发现和调查核实的能力，查明违法事实，纠正错误裁判。

基本案情

2012年10月21日，张某驾驶轿车与熊某驾驶摩托车发生碰撞，致使熊某受伤、车辆受损，交通事故责任认定书认定张某负事故全部责任，熊某无责任。熊某伤情经司法鉴定为九级伤残。张某驾驶的轿车在甲保险公司投保交强险和商业第三者责任险。

事故发生后，熊某经他人介绍同意由周某与保险公司交涉该案保险理赔事宜，但并未委托其提起诉讼，周某为此向熊某支付了 5 万元。张某亦经同一人介绍同意将该案保险赔偿事宜交周某处理,并出具了委托代理诉讼的《特别授权委托书》。2013 年 3 月 18 日,周某冒用熊某的名义向上饶市信州区人民法院提起诉讼,周某冒用熊某名义签署起诉状和授权委托书,冒用委托代理人的名义签署庭审笔录、宣判笔录和送达回证,熊某及被冒用的"委托代理人"对此均不知情。该案中,周某还作为张某的诉讼代理人参加诉讼。

此外,本案事故发生时,熊某为农村户籍,从事钢筋工工作,居住上饶县某某村家中,而周某为实现牟取高额保险赔偿金的目的,伪造公司证明和工资表,并利用虚假材料到公安机关开具证明,证明熊某在 2011 年 9 月至 2012 年 10 月在县城工作并居住。2013 年 6 月 17 日,上饶市信州区人民法院作出(2013)信民一初字第 470 号民事判决,判令甲保险公司在保险限额内向原告熊某赔偿医疗费、伤残赔偿金、被抚养人生活费等共计 118723.33 元。甲保险公司不服一审判决,上诉至上饶市中级人民法院。2013 年 10 月 18 日,上饶市中级人民法院作出(2013)饶中民一终字第 573 号民事调解书,确认甲保险公司赔偿熊某医疗费、残疾赔偿金、被抚养人生活费等共计 106723 元。

检察机关监督情况

线索发现 2016 年 3 月,上饶市检察机关在履行职责中发现,熊某在人民法院作出生效裁判后又提起诉讼,经调阅相关卷宗,发现周某近两年来代理十余件道路交通事故责任涉保险索赔案件,相关案件中存在当事人本人未出庭、委托代理手续不全、熊某的工作证明与个人基本情况明显不符等疑点,初步判断有虚假诉讼嫌疑。

调查核实 根据案件线索,检察机关重点开展了以下调查核实工作:一是向熊某本人了解情况,查明 2013 年 3 月 18 日的民事起诉状非熊某本人的意思表示,起诉状中签名也非熊某本人所签,熊某本人对该起诉讼毫不知情,并不认识起诉状中所载原告委托代理人,亦未委托其参加诉讼;二是向有关单位核实熊某出险前的经常居住地和工作地,查明周某为套用城镇居民人均可支配收入的赔偿标准获取非法利益,指使某汽车服务公司伪造了熊某工作证明和居住证明;三是对周某代理的 13 件道路交通事故保险理赔案件进行梳理,发现均涉嫌虚假诉讼,本案最为典型;四是及时将线索移送公安机关,进一步查实了周某通过冒用他人名义虚构诉讼主体、伪造授权委托书、伪造工作证明以及利用虚假证据材料骗取公安机关证明文件等事实。

监督意见 2016 年 6 月 26 日,上饶市人民检察院提请抗诉。2016 年 11 月 5 日,江西省人民检察院提出抗诉,认为上饶市中级人民法院(2013)饶中民一终字第 573 号民事调解书系虚假调解,周某伪造原告起诉状、假冒原告及其诉讼代理人提起虚假诉讼,非法套取高额保险赔偿金,扰乱诉讼秩序,损害社会公共利益和他人合法权益。

监督结果 2017 年 8 月 1 日,江西省高级人民法院作出(2017)赣民再第 45 号民事裁定书,认为本案是一起由周某假冒熊某诉讼代理人向法院提起的虚假诉讼案件,熊某本人及被冒用的诉讼代理人并未提起和参加诉讼,原一审判决和原二审调解书均有错误,裁定撤销,终结本案审理程序。同时,江西省高级人民法院还作出(2017)赣民再第 45 号民事制裁决定书,对周某进行民事制裁。2019 年 1 月,上饶市中级人民法院决定对一审法官、信州区人民法院立案庭副庭长戴某给予撤职处分。

指导意义

检察机关办理民事虚假诉讼监督案件，应当强化线索发现和调查核实的能力。虚假诉讼具有较强的隐蔽性和欺骗性，仅从诉讼活动表面难以甄别，要求检察人员在履职过程中有敏锐的线索发现意识。本案中，就线索发现而言，检察人员注重把握了以下几个方面：一是庭审过程的异常，"原告代理人"或无法发表意见，或陈述、抗辩前后矛盾；二是案件材料和证据异常，熊某工作证明与其基本情况、履历明显不符；三是调解结案异常，甲保险公司二审中并未提交新的证据，"原告代理人"为了迅速达成调解协议，主动提出减少保险赔偿数额，不符合常理。以发现的异常情况为线索，开展深入的调查核实工作，是突破案件瓶颈的关键。根据案件具体情况，可以综合运用询问有关当事人或者知情人，查阅、调取、复制相关法律文书或者证据材料、案卷材料，查询财务账目、银行存款记录，勘验、鉴定、审计以及向有关部门进行专业咨询等调查措施。同时，应主动加强与公安机关、人民法院、司法行政部门的沟通协作。本案中，检察机关及时移送刑事犯罪案件线索，通过公安机关侦查取证手段，查实了周某虚假诉讼的事实。

相关规定

《中华人民共和国民事诉讼法》第二百零八条
《人民检察院民事诉讼监督规则（试行）》第二十三条

第二部分

最高人民检察院
第十四批指导性案例解读

《最高人民检察院第十四批指导性案例》解读

吕洪涛　兰　楠[*]

2019年5月22日，经最高人民检察院第十三届检察委员会第十七次会议决定，最高人民检察院围绕民事虚假诉讼主题发布了第十四批指导性案例，包括广州乙置业公司等骗取支付令执行虚假诉讼监督案、武汉乙投资公司等骗取调解书虚假诉讼监督案、陕西甲实业公司等公证执行虚假诉讼监督案、福建王某兴等人劳动仲裁执行虚假诉讼监督案、江西熊某等交通事故保险理赔虚假诉讼监督案共五件指导性案例。为促进指导性案例的理解与适用，现就案例中涉及的主要问题和指导要点进行解读。

一、最高人民检察院发布第十四批指导性案例的背景和意义

（一）第十四批指导性案例的发布背景

民事虚假诉讼，是指当事人单方或者与他人恶意串通，以谋取非法利益为目的，采取虚构事实、伪造证据等手段，捏造民事法律关系，通过提起民事诉讼或仲裁等合法途径，规避法律法

---

[*] 吕洪涛，最高人民检察院第六检察厅副厅长，二级高级检察官；兰楠，最高人民检察院第六检察厅检察官助理，经济法学博士。

规，侵害国家利益、社会公共利益或他人合法权益，妨害司法秩序的行为。通常认为，民事虚假诉讼不仅侵害合法权益，违反诚实信用原则，而且扰乱司法秩序，损害司法权威和司法公信力，影响恶劣。党的十八届四中全会明确提出要加大对虚假诉讼的惩治力度，全国各级检察机关立足职能定位，积极开展对虚假诉讼的监督，与人民法院、公安机关协调配合，不断加大监督力度。

1. 民事虚假诉讼的成因

一是虚假诉讼行为人对非法利益的追逐。行为人通过虚假诉讼，规避法律法规，以极低的成本获得相当可观的非法利益，而民事诉讼法所规定的强制措施并不足以形成有效震慑，行为人在评估可能获取的巨大非法利益和可能遭受的有限处罚（如罚款、司法拘留）之后，选择实施虚假诉讼。

二是民事诉讼及仲裁的证明标准较低。较之刑事诉讼的"排除合理怀疑"标准，民事诉讼的证明标准达到"高度盖然性"即可；加之举证责任基本规则为"谁主张，谁举证"，法官在组织各方当事人举证、质证的前提下，结合证据规则在当事人举证的范围内进行审查，并不对当事人的举证、质证情况进行过多干预，合谋串通的当事人容易利用这一点，例如质证时对对方举证的真实性、合法性、关联性均予以认可，法官所需的主动审查将大大降低。

三是民事调解制度的便捷性更易为虚假诉讼行为人所利用。民事诉讼法规定了自愿、平等基础上的调解，在调解中，相应的程序性要求更加简便。人民法院在审判工作中注重"调判结合"，对于提高审判效率、定分止争发挥了积极作用，但是，许多虚假诉讼行为人正是利用法院鼓励调解结案这一特点，通过调解方式达成一致，规避法院对实体权利义务的审查、判断、处分,获得快速结案。

2. 民事虚假诉讼的特点和危害

一是侵害客体多重性,严重妨害司法秩序。虚假诉讼行为的目的在于通过各种手段、方式获取不法经济利益,而所采用的虚构法律关系、伪造变造证据等行为不仅损害第三人利益,更具有广泛的社会危害性,损害国家利益、社会公共利益,妨害司法秩序和国家治理,损害司法权威和司法公信,破坏社会诚信和公序良俗,浪费司法资源和诉讼成本。在虚假诉讼中,司法权沦为行为人实现违法目的的工具,司法权威和司法公正受到严重挑战,民事诉讼制度受到严重挑战。

二是方式隐蔽多样,发现查处难度大。一方面,虚假诉讼行为人之间通常具有特殊的利益关系,隐蔽性强。虚假诉讼案件多存在合谋串通,行为人之间通常具有相对一致的利益,存在诸如亲友、关联企业、上下级单位、债权债务关联等利益相关的关系,双方在诉讼中表面对立,但实质串通,在诉讼过程中默契配合。另一方面,虚假诉讼手段隐蔽,一般的形式审查难以发现。虚假诉讼行为人通常具备一定的法律专业知识,善于利用专业知识且并造假。

三是诉讼过程往往缺乏实质对抗性,多依赖于调解确认等方式。在行为人合谋串通的虚假诉讼中,当事人双方具有共同的利益,对抗性明显不足,举证、质证、抗辩均流于形式,往往采取自认、和解、放弃答辩等方式进行,以迅速结束诉讼程序,取得具有执行效力的文书,实现非法目的。

四是案件数量依然呈上升态势,案件类型相对特定。2017年至2019年3月,全国检察机关共办理民事虚假诉讼监督案件5455件,其中2017年1920件,2018年2883件,2019年第一季度 652 件，案件量整体呈上升趋势。从案件类型来看，主要集中在民间借贷、追索劳动报酬、房地产权属纠纷等领域，在提出抗诉和发出再审检察建议的 3927 件案件中，民间借贷纠纷 2199 件，占比 56%；劳动合同纠纷 474 件，占比 12%；房屋买卖合同纠纷 169 件，占比 4.3%。

（二）发布第十四批指导性案例的主要意义

此次发布的五件民事虚假诉讼监督指导性案例，是最高人民检察院第一次发布民事检察指导性案例，主要意义在于：

一是以案释法，缓解法律供给不足的困扰。《中华人民共和国刑法》第 307 条之一规定了虚假诉讼罪，其基本犯罪构成为："以捏造的事实提起民事诉讼，妨害司法秩序或者严重侵害他人合法权益。""两高"《关于办理虚假诉讼刑事案件适用法律若干问题的解释》对此类刑事案件适用法律问题进行了详细解释，尤其是界定了何为"以捏造的事实提起民事诉讼"以及如何认定"妨害司法秩序或者严重侵害他人合法权益"。《中华人民共和国民事诉讼法》第 112 条、第 113 条规定了人民法院对于"当事人之间恶意串通，企图通过诉讼、调解等方式侵害他人合法权益的"和"被执行人与他人恶意串通，通过诉讼、仲裁、调解等方式逃避履行法律文书确定的义务的"行为的处理。但是，检察机关办理民事虚假诉讼监督案件只有原则性规定，并无详细具体的规范。例如，民事诉讼法规定检察机关在办理民事监督案件中有权进行"调查核实"，但是没有规定调查核实的手段、程序和保障措施等问题，遇有当事人不配合调查，缺乏相应的强制措施，这一问题相当程度上制约了检察机关的办案工作。从发布的指导性案例来看，法律规定虽然不充分，但检察机关通过立足于用足用好现有法律规定，建立有效的工作机制，加强与公安机关、人民法院的协调配合，能够为办理民事虚假诉讼监督案件提供指导和借鉴。

二是彰显与强化诚实信用理念，共筑社会诚信体系。民事虚假诉讼的主观原因在于行为人对非法利益的追逐，反映了行为人法制观念淡漠、诚实信用理念缺失，肆意将民事诉讼视为实现其非法利益的工具。虚假诉讼对社会诚信体系、对民事诉讼制度的打击是根本性的。检察机关不仅依法办理民事虚假诉讼监督案件，通过法律监督工作打击虚假诉讼，还总结和发布指导性案例，召开新闻发布会，与有关单位密切配合，倡导多管齐下，从源头治理。虚假诉讼行为是严重的不诚信行为、违法行为，对虚假诉讼的监督，依法追究行为人的相关责任，有利于提高宣传和教育作用。

三是立足基础性工作，强化法律监督职能。检察机关的宪法定位是法律监督机关，生效裁判结果监督是民事检察的传统业务和基础性工作，是加强民事检察工作力度的重要着力点。第十四批指导性案例不仅围绕民事虚假诉讼这一主题，同时，还有意涵盖了支付令、调解书、公证执行、劳动仲裁等多个方面，每个案例按照监督工作具体开展的线索发现、调查核实、监督意见、监督结果的逻辑顺序进行编写，为检察机关依法履职、办理民事虚假诉讼监督的全过程提供了指引。

二、第十四批指导性案例的基本案情、要旨和指导意义

（一）广州乙置业公司等骗取支付令执行虚假诉讼监督案

基本案情： 2003年起，国有企业甲农工商公司因未按期偿

还银行贷款被诉至法院,银行账户被查封。为转移甲农工商公司及其下属公司的资产,甲农工商公司班子成员以个人名义出资,于 2003 年 5 月成立广州乙置业公司,甲农工商公司经理张某任乙置业公司董事长,其他班子成员任乙置业公司股东兼管理人员。2004 年 6 月 23 日和 2005 年 2 月 20 日,乙置业公司分别与借款人甲农工商公司下属丙实业公司和丁果园场签订金额为 251.846 万元和 1600 万元的借款协议,丙实业公司以自有房产为借款提供抵押担保。乙置业公司没有自有流动运营资金和自有业务,其出借的资金主要来源于甲农工商公司委托其代管的资金。丙实业公司借款时,甲农工商公司在乙置业公司已经存放有 13893401.67 元理财资金可以调拨,但甲农工商公司未调拨理财资金,反而由下属的丙实业公司以房产抵押的方式借款。丁果园场借款时,在 1600 万元借款到账的 1—3 天内便以"往来款"名义划付到案外人账户,案外人又在 5 天内通过银行转账方式将等额资金划还给乙置业公司。上述借款到期后,乙置业公司立即向广州市白云区人民法院申请支付令,要求偿还借款。2004 年 9 月 6 日,法院作出(2004)云法民二督字第 23 号支付令,责令丙实业公司履行付款义务;2005 年 11 月 9 日,法院作出(2005)云法民二督字第 16 号支付令,责令丁果园场履行付款义务。丙实业公司与丁果园场未提出异议,并在执行过程中迅速与乙置业公司达成以房抵债的和解协议。2004 年 10 月 11 日,丙实业公司与乙置业公司签署和解协议,以自有房产抵偿 251.846 万元债务。丙实业公司还主动以自有的 36 栋房产为丁果园场借款提供执行担保。2006 年 2 月、4 月,法院先后裁定将丁果园场的房产作价 611.7212 万元、丙实业公司担保房产作价 396.9387 万元以物抵债给乙置业公司。案发后,甲农工商公的主管单位于 2013 年 9 月 10 日委托评估，评估报告显示，以法院裁定抵债日为评估基准日，涉案房产评估价值合计 1.09 余亿元，比法院裁定以物抵债的价格高出 9640 万余元，国有资产受到严重损害。

该案例主要阐明： 当事人恶意串通、虚构债务，骗取法院支付令，并在执行过程中通谋达成和解协议，通过以物抵债的方式侵占国有资产，损害司法秩序，构成虚假诉讼。检察机关对此类案件应当依法进行监督，充分发挥法律监督职能，维护司法秩序，保护国有资产。

该案例监督过程：

1. 线索发现。2016 年 4 月，广东省人民检察院在办理甲农工商公司经理张某贪污、受贿刑事案件的过程中，发现乙置业公司可能存在骗取支付令、侵吞国有资产的行为，遂将案件线索交广州市人民检察院办理。广州市人民检察院依职权启动监督程序，与白云区人民检察院组成办案组共同办理该案。

2. 调查核实。办案组调取法院支付令与执行案件卷宗，经审查发现，乙置业公司与丙实业公司、丁果园场在诉讼过程中对借款事实等问题的陈述高度一致；三方在执行过程中主动、迅速达成以物抵债的和解协议，而缺乏通常诉讼所具有的对抗性；经审查张某贪污、受贿案的刑事卷宗，发现甲农工商公司、乙置业公司的班子成员存在合谋串通、侵吞国有资产的主观故意；经审查工商登记资料，发现乙置业公司没有自有资金，其资金来源于代管的甲农工商公司资金；经调取银行流水清单，核实了借款资金流转情况。办案组沿涉案资金、房产的转移路径，逐步厘清案情脉络，并重新询问相关涉案人员，最终获取张某等人的证言，进一步夯实证据。

3. 监督意见。2016年10月8日,白云区人民检察院就白云区人民法院前述两份支付令分别发出穗云检民(行)违监(2016)4号、5号检察建议书,指出乙置业公司与丙实业公司、丁果园场恶意串通、虚构债务,骗取法院支付令,借执行和解程序侵吞国有资产,损害了正常司法秩序,建议法院撤销涉案支付令。

4. 监督结果。2018年5月15日,白云区人民法院作出(2018)粤0111民督监1号、2号民事裁定书,分别确认前述涉案支付令错误,裁定予以撤销,驳回乙置业公司的支付令申请。同年10月,白云区人民法院依据生效裁定执行回转,至此,1.09余亿元的国有资产损失得以挽回。甲农工商公司原班子成员张某等人因涉嫌犯贪污罪、受贿罪,已被广州市人民检察院提起公诉。

该案例的指导意义:

一是明确了虚构债务骗取支付令成为民事虚假诉讼的一种表现形式,应当加强法律监督。民事诉讼法规定的督促程序,旨在使债权人便捷高效地获得强制执行依据,解决纠纷。司法实践中,有的当事人正是利用法院发出支付令以形式审查为主、实质问题不易被发现的特点,恶意串通、虚构债务骗取支付令并获得执行,侵害其他民事主体的合法权益。本案乙置业公司与丙实业公司、丁果园场恶意串通、虚构债务申请支付令,构成虚假诉讼。由于法院在发出支付令时无需经过诉讼程序,仅对当事人提供的事实、证据进行形式审查,因此,骗取支付令的虚假诉讼案件通常具有一定的隐蔽性,检察机关应当加强对此类案件的监督,充分发挥法律监督职能。

二是强调办理虚假诉讼案件应当重点围绕捏造事实行为进行

审查。虚假诉讼通常以捏造的事实启动民事诉讼程序，检察机关应当以此为重点内容开展调查核实工作。本案办理过程中，办案组通过调阅张某刑事案件卷宗材料掌握案情，以刑事案件中固定的证据作为本案办理的突破口；通过重点审查涉案公司的企业法人营业执照、公司章程、公司登记申请书、股东会决议等工商资料，确认丙实业公司和丁果园场均由甲农工商公司设立，均系全民所有制企业，名下房产属于国有财产，上述公司的主要班子成员存在交叉任职等事实；通过调取报税资料、会计账册、资金代管协议等档案材料发现，乙置业公司没有自有流动运营资金和业务，其资金来源于代管的甲农工商公司资金；通过调取银行流水清单，发现丁果园场在借款到账后即以"往来款"名义划付至案外人账户，案外人随即将等额资金划还至乙置业公司，查明了借款资金流转的情况。一系列事实和证据均指向当事人存在恶意串通、虚构债务骗取支付令的行为。

三是发现和办理虚假诉讼案件，检察机关应当形成整体合力。虚假诉讼不仅侵害其他民事主体的合法权益，影响经济社会生活秩序，更对司法公信力、司法秩序造成严重侵害，检察机关应当形成整体合力，加大法律监督力度。检察机关各业务部门在履行职责过程中发现民事虚假诉讼线索的，均应及时向民事检察部门移送；并积极探索建立各业务部门之间的线索双向移送、反馈机制，线索共享、信息互联机制。本案即是检察机关在办理刑事案件过程中发现可能存在民事虚假诉讼线索，民事检察部门由此进行深入调查的典型案例。

（二）武汉乙投资公司等骗取调解书虚假诉讼监督案

基本案情：2010 年 4 月 26 日，甲商贸公司以商品房预售合同纠纷为由向武汉市蔡甸区人民法院起诉乙投资公司，称双方于

2008年4月30日签订《商品房订购协议书》，约定甲商贸公司购买乙投资公司天润工业园项目约4万平方米的商品房，总价款人民币7375万元，甲公司支付1475万元定金，乙投资公司于收到定金后30日内完成上述项目地块的抵押登记注销，双方再签订正式《商品房买卖合同》。协议签订后，甲商贸公司依约支付定金，但乙投资公司未解除土地抵押登记，甲商贸公司遂提出四起商品房预售合同纠纷诉讼，诉请判令乙投资公司双倍返还定金，诉讼标的额分别为700万元、700万元、750万元、800万元，共计2950万元。武汉市蔡甸区人民法院受理后，适用简易程序审理、以调解方式结案，作出（2010）蔡民二初字第79号、第80号、第81号、第82号民事调解书，分别确认乙投资公司双倍返还定金700万元、700万元、750万元、800万元，合计2950万元。甲商贸公司随即向该法院申请执行，领取可供执行的款项2065万元。

该案例主要阐明：伪造证据、虚构事实提起诉讼，骗取人民法院调解书，妨害司法秩序、损害司法权威，不仅可能损害他人合法权益，而且损害国家和社会公共利益的，构成虚假诉讼。检察机关办理此类虚假诉讼监督案件，应当从交易和诉讼中的异常现象出发，追踪利益流向，查明当事人之间的通谋行为，确认是否构成虚假诉讼，依法予以监督。

该案例监督过程：

1. 线索发现。2015年，武汉市人民检察院接到案外人相关举报，经对上述案件进行审查，初步梳理出如下案件线索：一是法院受理异常。双方只签订有一份《商品房订购协议书》，甲商贸公司却拆分提出四起诉讼；甲商贸公司已支付定金为1475万元，依据当时湖北省法院案件级别管辖规定，基层法院受理标的额在 800 万元以下的案件，本案明显属于为回避级别管辖规定而拆分起诉，法院受理异常。二是均适用简易程序由同一名审判人员审结，从受理到审理、制发调解书在 5 天内全部完成。三是庭审无对抗性，乙投资公司对甲商贸公司主张的事实、证据及诉讼请求全部认可，双方当事人及代理人在整个诉讼过程中陈述高度一致。四是均快速进入执行程序、快速执结。

2. 调查核实。针对初步梳理的案件线索，武汉市人民检察院随即开展调查核实。第一步，通过裁判文书网查询到乙投资公司作为被告或被执行人的案件在武汉市蔡甸区人民法院已有 40 余件，总标的额 1.3 亿余元，乙投资公司已经资不抵债；第二步，通过银行查询执行款流向，发现甲商贸公司收到 2065 万元执行款后，将其中 1600 万元转账至乙投资公司法定代表人方某的个人账户，320 万元转账至丙公司、丁公司；第三步，通过查询工商信息，发现方某系乙投资公司法定代表人，而甲、乙、丙、丁四公司系关联公司，实际控制人均为成某某；第四步，调阅法院卷宗，发现方某本人参加了四起案件的全部诉讼过程；第五步，经进一步调查方某个人银行账户，发现方某在本案诉讼前后与武汉市蔡甸区人民法院民二庭原庭长杨某某之间存在金额达 100 余万元的资金往来。检察人员据此判断该四起案件可能是乙投资公司串通关联公司提起的虚假诉讼。经进一步审查发现，甲商贸公司、乙投资公司的实际控制人成某某通过受让债权取得乙投资公司 80% 的股权，后因经营不善产生巨额债务，遂指使甲商贸公司伪造了以上《商品房订购协议书》，并将甲商贸公司其他业务的银行资金往来明细作为支付定金 1475 万元的证据，由甲商贸公司向武汉市蔡甸区人民法院提起诉讼，请求"被告乙投资公司双倍返还定金 2950 万元"，企图达到转移公司资产、逃避公司债务的非法目的。该院民二庭庭长杨某某在明知甲商贸公司、乙投资公司的实际控制人为同一人，且该院对案件无管辖权的情况下，主动建议甲商贸公司将一案拆分为四起案件起诉；案件转审判庭后，杨某某向承办法官隐瞒上述情况，指示其按照简易程序快速调解结案；进入执行后，杨某某又将该案原、被告公司的实际控制人为同一人的情况告知本院执行二庭原庭长童某，希望快速执行。在杨某某、童某的参与下，案件迅速执行结案。

3. 监督意见。2016年10月21日，武汉市人民检察院就（2010）蔡民二初字第79号、第80号、第81号、第82号民事调解书，向武汉市中级人民法院提出抗诉，认为本案调解书认定的事实与案件真实情况明显不符，四起诉讼均系双方当事人恶意串通为逃避公司债务提起的虚假诉讼，应当依法纠正。首先，从《商品房订购协议书》的表面形式来看，明显与正常的商品房买卖交易惯例不符，连所订购房屋的具体位置、房号都没有约定；其次，乙投资公司法定代表人方某在刑事侦查中供述双方不存在真实的商品房买卖合同关系，四份商品房订购协议书系伪造，目的是通过双倍返还购房定金的方式转移公司资产，逃避公司债务；最后，在双方无房屋买卖交易的情况下，不存在支付及返还"定金"之说。证明甲商贸公司支付1475万元定金的证据是7张银行凭证，其中一笔600万元的汇款人为案外人戊公司；甲商贸公司陆续汇入乙投资公司875万元后，乙投资公司又向甲商贸公司汇回175万元，甲商贸公司汇入乙投资公司账户的金额实际仅有700万元，且属于公司内部的调度款。

4. 监督结果。2018年1月16日，武汉市中级人民法院对武汉市人民检察院抗诉的四起案件作出民事裁定，指令武汉市蔡甸区人民法院再审。2018年11月19日，武汉市蔡甸区人民法院分别作出再审判决：撤销武汉市蔡甸区人民法院（2010）蔡民二初字第79号、第80号、第81号、第82号四份民事调解书；驳回甲商贸公司全部诉讼请求。2017年，武汉市蔡甸区人民法院民二庭原庭长杨某某、执行二庭原庭长童某被以受贿罪追究刑事责任。

该案例的指导意义：

一是明确对于虚假诉讼形成的民事调解书，检察机关应当依法监督。虚假诉讼的民事调解有其特殊性，此类案件以调解书形式出现，从外表看是当事人在处分自己的民事权利义务，与他人无关。但其实质是当事人利用调解书形式达到了某种非法目的，获得了某种非法利益，或者损害了他人的合法权益。当事人这种以调解形式达到非法目的或获取非法利益的行为，利用了人民法院的审判权，从实质上突破了调解各方私益的范畴，所处分和损害的利益已不仅仅是当事人的私益，还妨碍司法秩序，损害司法权威，侵害国家和社会公共利益，应当依法监督。对于此类虚假民事调解，检察机关可以依照民事诉讼法的相关规定提出抗诉。

二是强调应当注重对案件中异常现象的调查核实，查明虚假诉讼的真相。检察机关对办案中发现的异于常理的现象要进行调查，这些异常既包括交易的异常，也包括诉讼的异常。例如，合同约定和合同履行明显不符合交易惯例和常识，可能存在通谋的；案件的立、审、执较之同地区同类型案件异常迅速的；庭审过程明显缺乏对抗性，双方当事人在诉讼过程中对主张的案件事实和证据高度一致等。检察机关要敏锐捕捉异常现象，有针对性运用调查核实措施，还案件事实以本来面目。

（三）陕西甲实业公司等公证执行虚假诉讼监督案

基本案情：2011 年，陕西甲实业公司董事长高某因非法吸收公众存款罪被追究刑事责任；2012 年底，甲实业公司名下资产陕西某酒店被西安市中级人民法院查封拍卖，拍卖所得用于退赔集资款和偿还债务。2013 年 11 月，高某保外就医期间与郗某、高某萍、高某云、王某、杜某、唐某、耿某等人商议，由高某以甲实业公司名义出具借条，虚构甲实业公司曾于 2006 年、2007 年向郗某等七人借款的事实，并分别签订还款协议书。2013 年 12 月，甲实业公司委托代理人与郗某等七人前往西安市莲湖区公证处，对涉案还款协议书分别办理《具有强制执行效力的债权文书公证书》，莲湖区公证处向郗某等七人出具《执行证书》。2013 年 12 月，郗某等七人依据《执行证书》，向西安市雁塔区人民法院申请执行。2014 年 3 月，西安市雁塔区人民法院作出执行裁定书，以甲实业公司名下财产被西安市中级人民法院拍卖，尚需等待分配方案确定后再恢复执行为由，裁定本案执行程序终结。西安市中级人民法院确定分配方案后，雁塔区人民法院恢复执行并向西安市中级人民法院上报郗某等七人债权请求分配。

该案例主要阐明：当事人恶意串通、捏造事实，骗取公证文书并申请法院强制执行，侵害他人合法权益，损害司法秩序和司法权威，构成虚假诉讼。检察机关对此类虚假诉讼应当依法监督，规范非诉执行行为，维护司法秩序和社会诚信。

该案例监督过程：

1. 线索发现。2015 年 11 月，检察机关接到债权人不服西安市中级人民法院制定的债权分配方案，提出高某所涉部分债务涉嫌虚构的举报。雁塔区人民检察院接到举报后，根据债权人提供的线索对高某所涉债务进行清查，发现该七起虚假公证案件线索。

2. 调查核实。雁塔区人民检察院对案件线索依法进行调查核实。首先，到高某服刑的监狱和保外就医的医院对其行踪进行调查，并随即询问了王某、郗某、耿某，郗某等人承认了基于利益因素配合高某虚构甲实业公司借款的事实；其次，雁塔区人民检察院到公证机关调取公证卷宗，向西安市中级人民法院了解甲实业公司执行案件相关情况。经调查核实发现，高某与郗某等七人为套取执行款，逃避债务，虚构甲实业公司向郗某等七人借款1180万元的事实、伪造还款协议书等证据，并对虚构的借款事实进行公证，向西安市雁塔区人民法院申请强制执行该公证债权文书。

3. 监督意见。在查明相关案件事实的基础上，2015年11月，雁塔区人民检察院将涉嫌虚假诉讼刑事案件的线索移交西安市公安局雁塔分局立案侦查。2016年9月23日，雁塔区人民检察院针对雁塔区人民法院的执行活动发出检察建议，指出甲实业公司与郗某等七人恶意串通，伪造借款凭据和还款协议，《执行证书》中的内容与事实不符，由于公证债权文书确有错误，建议依法不予执行。

4. 监督结果。2016年10月24日，雁塔区人民法院回函称，经调取刑事卷宗中郗某等人涉嫌虚假诉讼犯罪的相关证据材料，确认相关公证内容确系捏造，经合议庭合议决定，对相关执行证书裁定不予执行。2017年7月16日，雁塔区人民法院作出（2017）陕0113执异153至159号七份执行裁定书，认定郗某等申请执行人在公证活动进行期间存在虚假行为，公证债权文书的内容与事实不符，裁定对相关公证书及执行证书不予执行。后高某等四人因构成虚假诉讼罪被追究刑事责任。

该案例的指导意义：

一是明确了利用虚假公证申请法院强制执行是民事虚假诉讼的一种表现形式，应当加强检察监督。对债权文书赋予强制执行效力是法律赋予公证机关的特殊职能，经赋强公证的债权文书，可以不经诉讼直接成为人民法院的执行依据。近年来，对虚假债权文书进行公证的行为时有发生，一些当事人与他人恶意串通，对虚假的赠与合同、买卖合同，或抵偿债务协议进行公证，并申请法院强制执行，以达到转移财产、逃避债务的目的。本案中，甲实业公司与郗某等七人捏造虚假借款事实申请公证，并向人民法院申请强制执行、参与执行财产分配就属于此类情形，不仅损害了案外人的合法债权，同时也损害了诉讼秩序和司法公正，影响社会诚信。本案中，检察机关和公安机关已经查实系虚假公证，由检察机关建议人民法院不予执行较之利害关系人申请公证机关撤销公证更有利于保护债权人合法权益。

二是加强对执行公证债权文书等非诉执行行为的监督，促进公证活动依法有序开展。根据公证法规定，公证机关应当对当事人的身份、申请办理该项公证的资格以及相应的权利；提供的文书内容是否完备，含义是否清晰，签名、印鉴是否齐全；提供的证明材料是否真实、合法、充分；申请公证的事项是否真实、合法等内容进行审查。检察机关在对人民法院执行公证债权文书等非诉执行行为进行监督时，如果发现公证机关未依照法律规定程序和要求进行公证的，应当建议公证机关予以纠正。

（四）福建王某兴等人劳动仲裁执行虚假诉讼监督案

基本案情： 2014年，王某兴借款339500元给甲茶叶公司原法定代表人王某贵，多次催讨未果。2017年5月，甲茶叶公司因所欠到期债务未偿还，厂房和土地被武平县人民法院拍卖。2017年7月下旬，王某兴为实现其出借给王某贵个人的借款能从甲茶叶公司资产拍卖款中优先受偿的目的，与甲茶叶公司新法定代表人王某福（王某贵之子）商议申请仲裁事宜。双方共同编造甲茶叶公司拖欠王某兴、王某兴妻子及女儿等13人414700元工资款的书面材料，并向武平县劳动人事争议仲裁委员会申请劳动仲裁。2017年7月31日，仲裁员曾某明在明知该13人不是甲茶叶公司员工的情况下，作出武劳仲案（2017）19号仲裁调解书，确认甲茶叶公司应支付给王某兴等13人工资款合计414700元，由武平县人民法院在甲茶叶公司土地拍卖款中直接支付到武平县人力资源和社会保障局农民工工资账户，限于2017年7月31日履行完毕。同年8月1日，王某兴以另外12人委托代理人的身份向武平县人民法院申请强制执行。同月4日，武平县人民法院立案执行，裁定：（1）冻结、划拨甲茶叶公司在银行的存款；（2）查封、扣押、拍卖、变卖甲茶叶公司的所有财产；（3）扣留、提取甲茶叶公司的收入。

该案例主要阐明：为从执行款项中优先受偿，当事人伪造证据将普通债权债务关系虚构为劳动争议申请劳动仲裁，获取仲裁裁决或调解书，据此向人民法院申请强制执行，构成虚假诉讼。检察机关对此类虚假诉讼行为应当依法进行监督。

该案例监督过程：

1. 线索发现。2017年8月初，武平县人民检察院在开展执行监督专项活动中发现，在武平县人民法院对被执行人甲茶叶公司的拍卖款进行分配时，突然新增多名自称甲茶叶公司员工的申请执行人，以仲裁调解书为依据申请参与执行款分配。鉴于甲茶叶公司2014年就已停产，本案存在虚假仲裁的可能性。

2. 调查核实。检察人员调取了法院的执行卷宗，从13个申请执行人的住址、年龄和性别等身份信息初步判断，他们可能存在夫妻关系或其他亲戚关系，随后至公安机关查询户籍信息证实了申请执行人之间的上述亲属关系；经查询工商登记信息，2013年至2015年底，王某兴独资经营一家汽车修配公司，2015年以后在广东佛山经营不锈钢制品，王某兴之女一直在外地居住，王某兴一家在甲茶叶公司工作的可能性不存在；检察人员经对申请人执行人李某林、曾某秀夫妇进行调查询问，发现其长期经营百货商店，亦未在甲茶叶公司工作过，仲裁员曾某明与其有亲属关系；检察人员经对王某福进行说服教育，王某福交待了其与王某兴合谋提起虚假仲裁的事实，王某兴亦承认其与另外12人均与甲茶叶公司不存在劳动关系，《授权委托书》上的签名系伪造，仲裁员曾某明清楚申请人与甲茶叶公司之间不存在劳动关系但仍出具了仲裁调解书。

3. 监督意见。2017年8月24日，武平县人民检察院向武平县劳动人事争议仲裁委员会发出检察建议书，指出王某兴、王某福虚构事实申请劳动仲裁，仲裁员在明知的情况下仍作出虚假仲裁调解书，使得王某贵的个人借款变成了甲茶叶公司的劳动报酬债务，损害了甲茶叶公司其他债权人的合法权益，建议撤销该案仲裁调解书。仲裁委撤销仲裁调解书后，2017年8月28日，武平县人民检察院向武平县人民法院发出检察建议书，指出王某兴与王某福共同虚构事实获取仲裁调解书后向法院申请执行，法院据此裁定执行，损害了甲茶叶公司其他债权人的合法权益，妨碍民事诉讼秩序，损害司法权威，且据以执行的仲裁调解书已被撤销，建议法院终结执行。

4. 监督结果。2017年8月24日，武平县劳动人事争议仲裁委员会作出武劳仲决（2017）1号决定书，撤销武劳仲案（2017）19号仲裁调解书。2017年8月29日，武平县人民法院裁定终结（2017）闽0824执888号执行案件的执行，并于同年9月25日书面回复武平县人民检察院。王某兴、王某福因构成虚假诉讼罪被追究刑事责任，曾某明因构成枉法仲裁罪被追究刑事责任。

该案例的指导意义：

一是明确了以虚假劳动仲裁申请执行是民事虚假诉讼的一种情形，应当加强检察监督。在清算、破产和执行程序中，立法和司法对职工工资债权给予了优先保护：在公司清算程序中职工工资优先支付；在破产程序中职工工资属于优先受偿债权；在执行程序中追索劳动报酬优先考虑。正是由于立法和司法的优先保护，有的债权人为实现自身普通债权优先受偿的目的，与债务人甚至仲裁员恶意串通，伪造证据，捏造拖欠劳动报酬的事实申请劳动仲裁，获取仲裁文书向人民法院申请执行。检察机关在对人民法院执行仲裁裁决书、调解书的活动进行法律监督时，应重点审查是否存在虚假仲裁行为，对查实为虚假仲裁的，应建议法院终结执行，防止执行款错误分配。注重加强与仲裁机构及其主管部门的沟通，共同防范虚假仲裁行为。

二是办理虚假诉讼监督案件，应当保持对线索的高度敏感性。虚假诉讼案件的表面事实和证据与真实情况往往具有较大差距，当事人之间利益纠葛复杂，多存在通谋，检察机关要敏于发现案件线索，充分做好调查核实工作。本案中，检察人员在执行监督活动中发现虚假仲裁线索，及时开展调查核实工作，认真审查当事人之间的身份关系、户籍信息、经济往来等事项，分析当事人的从业、居住等情况，有步骤地开展调查工作，夯实证据基础，最终查清虚假劳动仲裁的事实。

三是检察机关在办理虚假诉讼案件中，发现仲裁活动违法的，应当依法进行监督。根据仲裁法及劳动争议调解仲裁法的规定，仲裁裁决被撤销的法定情形包括：仲裁庭组成或者仲裁程序违反法定程序，裁决所根据的证据系伪造，对方当事人隐瞒了足以影响公正裁决的证据，仲裁员在仲裁该案时有索贿受贿、徇私舞弊、枉法裁决行为等。根据《人民检察院检察建议工作规定》，人民检察院可以直接向本院所办理案件的涉案单位、本级有关主管机关以及其他有关单位提出检察建议。检察机关在办理虚假诉讼案件中，发现仲裁裁决虚假的，应当依法发出检察建议要求纠正；发现仲裁员涉嫌枉法仲裁犯罪的，依法移送犯罪线索。

（五）江西熊某等交通事故保险理赔虚假诉讼监督案

基本案情： 2012年10月21日，张某驾驶轿车与熊某驾驶摩托车发生碰撞，致使熊某受伤、车辆受损，交通事故责任认定书认定张某负事故全部责任，熊某无责任。熊某伤情经司法鉴定为九级伤残。张某驾驶的轿车在甲保险公司投保交强险和商业第三者责任险。事故发生后，熊某经他人介绍同意由周某与保险公司交涉该案保险理赔事宜，但并未委托其提起诉讼，周某为此向熊某支付了5万元。张某亦经同一人介绍同意将该案保险赔偿事宜交周某处理，并出具了委托代理诉讼的《特别授权委托书》。2013年3月18日，周某冒用熊某的名义向上饶市信州区人民法院提起诉讼，周某冒用熊某名义签署起诉状和授权委托书，冒用委托代理人的名义签署庭审笔录、宣判笔录和送达回证，熊某及被冒用的"委托代理人"对此均不知情。该案中，周某还作为张某的诉讼代理人参加诉讼。此外，本案事故发生时，熊某为农村户籍，从事钢筋工工作，居住上饶县某某村家中，而周某为实现牟取高额保险赔偿金的目的，伪造公司证明和工资表，并利用虚假材料到公安机关开具证明，证明熊某在 2011 年 9 月至 2012 年 10 月在县城工作并居住。2013 年 6 月 17 日，上饶市信州区人民法院作出（2013）信民一初字第 470 号民事判决，判令甲保险公司在保险限额内向原告熊某赔偿医疗费、伤残赔偿金、被抚养人生活费等共计 118723.33 元。甲保险公司不服一审判决，上诉至上饶市中级人民法院。2013 年 10 月 18 日，上饶市中级人民法院作出（2013）饶中民一终字第 573 号民事调解书，确认甲保险公司赔偿熊某医疗费、残疾赔偿金、被抚养人生活费等共计 106723 元。

该案例主要阐明：假冒原告名义提起诉讼，采取伪造证据、虚假陈述等手段，取得法院生效裁判文书，非法获取保险理赔款，构成虚假诉讼。检察机关在履行职责过程中发现虚假诉讼案件线索，应当强化线索发现和调查核实的能力，查明违法事实，纠正错误裁判。

该案例监督过程：

1. 线索发现。2016 年 3 月，上饶市检察机关在履行职责中发现，熊某在人民法院作出生效裁判后又提起诉讼，经调阅相关卷宗，发现周某近两年来代理十余件道路交通事故责任涉保险索赔案件，相关案件中存在当事人本人未出庭、委托代理手续不全、熊某的工作证明与个人基本情况明显不符等疑点，初步判断有虚假诉讼嫌疑。

2. 调查核实。根据案件线索，检察机关重点开展了以下调查核实工作：一是向熊某本人了解情况，查明 2013 年 3 月 18 日的民事起诉状非熊某本人的意思表示，起诉状中签名也非熊某本人所签，熊某本人对该起诉讼毫不知情，并不认识起诉状中所载原告委托代理人，亦未委托其参加诉讼；二是向有关单位核实熊某出险前的经常居住地和工作地，查明周某为套用城镇居民人均可支配收入的赔偿标准获取非法利益，指使某汽车服务公司伪造了熊某工作证明和居住证明；三是对周某代理的 13 件道路交通事故保险理赔案件进行梳理，发现均涉嫌虚假诉讼，本案最为典型；四是及时将线索移送公安机关，进一步查实了周某通过冒用他人名义虚构诉讼主体、伪造授权委托书、伪造工作证明以及利用虚假证据材料骗取公安机关证明文件等事实。

3. 监督意见。2016 年 6 月 26 日，上饶市人民检察院提请抗诉。2016 年 11 月 5 日，江西省人民检察院提出抗诉，认为上饶市中级人民法院（2013）饶中民一终字第 573 号民事调解书系虚假调解，周某伪造原告起诉状、假冒原告及其诉讼代理人提起虚假诉讼，非法套取高额保险赔偿金，扰乱诉讼秩序，损害社会公共利益和他人合法权益。

4. 监督结果。2017 年 8 月 1 日，江西省高级人民法院作出（2017）赣民再第 45 号民事裁定书，认为本案是一起由周某假冒熊某诉讼代理人向法院提起的虚假诉讼案件，熊某本人及被冒用的诉讼代理人并未提起和参加诉讼，原一审判决和原二审调解书均有错误，裁定撤销，终结本案审理程序。同时，江西省高级人民法院还作出（2017）赣民再第 45 号民事制裁决定书，对周某进行民事制裁。2019 年 1 月，上饶市中级人民法院决定对一审法官、信州区人民法院立案庭副庭长戴某给予撤职处分。

该案例的指导意义：检察机关办理民事虚假诉讼监督案件，应当强化线索发现和调查核实的能力。虚假诉讼具有较强的隐蔽性和欺骗性，仅从诉讼活动表面难以甄别，要求检察人员在履职过程中有敏锐的线索发现意识。本案中，就线索发现而言，检察人员注重把握了以下几个方面：一是庭审过程的异常，"原告代理人"或无法发表意见，或陈述、抗辩前后矛盾；二是案件材料和证据异常，熊某工作证明与其基本情况、履历明显不符；三是调解结案异常，甲保险公司二审中并未提交新的证据，"原告代理人"为了迅速达成调解协议，主动提出减少保险赔偿数额，不符合常理。以发现的异常情况为线索，开展深入的调查核实工作，是突破案件瓶颈的关键。根据案件具体情况，可以综合运用询问有关当事人或者知情人，查阅、调取、复制相关法律文书或者证据材料、案卷材料，查询财务账目、银行存款记录，勘验、鉴定、审计以及向有关部门进行专业咨询等调查措施。同时，应主动加强与公安机关、人民法院、司法行政部门的沟通协作。本案中，检察机关及时移送刑事犯罪案件线索，通过公安机关侦查取证手段，查实了周某虚假诉讼的事实。

第三部分

民事虚假诉讼监督调查与研究

2017 年以来全国检察机关民事虚假诉讼监督工作情况分析

*最高人民检察院第六检察厅办案一组**

为加强对虚假诉讼的法律监督，推动虚假诉讼监督工作持续深入开展，进一步做强民事检察工作，我们对 2017 年以来全国检察机关民事虚假诉讼监督工作的开展情况作了全面梳理，分析如下：

一、基本情况

（一）主要办案数据

2017 年至 2019 年 3 月，全国检察机关共监督民事虚假诉讼案件 5455 件，其中提出抗诉 1140 件，提出再审检察建议 2787 件，提出检察建议 1528 件。同时，向有关部门移送犯罪线索 497 件。就办案数据看，主要呈现以下几个特点：

1. 虚假诉讼监督案件数量上升明显。就案件总量看，2017 年办理 1920 件，2018 年办理 2883 件，同比上升 50.2%；2019 年第一季度办理 652 件，较去年同期有明显上升，其中抗诉案件涉及虚假诉讼 126 件，同比上升 93.8%。就抗诉案件看，2017

---

* 最高人民检察院第六检察厅办案一组成员：王莉，办案一组主办检察官，二级高级检察官；刘玉强，三级高级检察官；赵多丽娜，检察官助理；张勇利，检察官助理。

年共抗诉 3092 件,涉及虚假诉讼 368 件,占 11.9%;2018 年共抗诉 3850 件,涉及虚假诉讼 652 件,占 16.9%;2019 年第一季度共抗诉 730 件,涉及虚假诉讼 126 件,占 17.3%,涉虚假诉讼案件在抗诉案件中的比重逐步上升。无论是从案件总量看,还是从抗诉案件占比看,虚假诉讼监督案件已成为民事检察监督工作新的增长点。

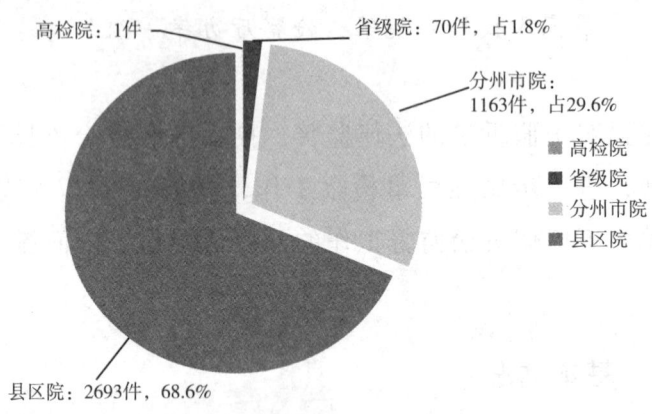

2017 年至 2019 年 3 月虚假诉讼监督案件四级院分布图

2. 案件主要集中在基层。在 3927 件提出抗诉和再审检察建议的案件中,区县院办理 2693 件,占 68.6%;分州市院办理 1163 件,占 29.6%;省级院办理 70 件,占 1.8%;高检院仅办理 1 件。分州市院、区县院办理的虚假诉讼监督案件占全部案件数的 98.2%,基层院在虚假诉讼监督工作中的基础性地位充分显现,虚假诉讼监督工作对于补齐基层院短板、做强民事检察工作的重要意义也日益凸显。

3. 监督理由集中度高。就提出抗诉和再审检察建议的案件来看,监督理由主要集中在《民事诉讼法》第 200 条第(一)项、第(二)项、第(三)项以及第 208 条"调解书损害国家利益、社会公共利益的"四项，分别为1214件、550件、1131件以及1312件，在3927件抗诉和再审检察建议的案件中占比分别达到30.9%、14%、28.8%、33.4%，非常集中。这是由虚假诉讼的特征决定的，第200条的三个理由充分体现了虚假诉讼"以捏造的事实提起诉讼"的典型特征；第208条的适用表明，虚假诉讼妨害司法秩序，本身构成了对国家利益、社会公共利益的损害。就案由看，主要集中在民间借贷、劳动合同纠纷等领域。在提出抗诉和再审检察建议的3927件案件中，借贷纠纷2199件，占56%；劳动合同纠纷474件，占12%。

4. 地区差异大，工作开展不平衡。就案件地区分布情况看，工作开展不平衡问题比较突出。江苏、浙江、山东、辽宁、河南、吉林等地的案件数量较多，共办理3493件，占全部案件数的64%。其中，江苏省办理1569件，占全部案件数的28.8%；浙江办理738件，占全部案件数的13.5%。另外，也有部分地方的案件数量较少，西藏、青海以及兵团检察院均为零监督，新疆、海南均为7件。数据上的差异既在一定程度上体现了民事诉讼案件基数、法院裁判质量、执法环境等客观方面的差异，也从一个侧面反映出这项工作还有进一步提升空间，蕴含着很大潜力。

5. 案件来源以依职权发现为主。高检院案件统计报表中并未单独设计虚假诉讼监督案件来源的统计项，没有关于此项数据的准确数字。但是就调研掌握的情况看，依职权启动监督程序的案件占大多数。河南、山东、湖北、辽宁、山西、福建等地依职权启动监督程序的案件均在50%以上（除湖北为59.4%外，其余均在60%以上，其中河南占比近90%）。这与虚假诉讼案件本身非对抗性和隐蔽性等特征密切相关，充分体现了检察监督的主动性。

(二) 主要成效

全国各级检察机关立足职能定位，突出监督重点，办理了一批典型案件，有效维护了国家利益、社会公共利益以及第三人合法权益，维护了司法公正和司法权威，在防范打击虚假诉讼中的作用日益彰显。

1. 坚持以办案为中心，为人民群众提供更好更优更实检察产品。"一个案例胜过一打文件。"全国各级检察机关坚持以人民为中心的发展思想，在办案中监督，在监督中办案，以为人民群众、为社会和时代提供更好更优更实法治产品、检察产品为目标，依法办理了一批虚假诉讼案件，特别是聚焦民间借贷纠纷、劳动争议纠纷、交通事故赔偿纠纷以及保险理赔纠纷等领域开展精准监督，办理了一批典型案件，通过法院再审、撤销、改变了基于虚假诉讼形成的生效判决书、调解书，维护了司法公正和司法权威，为经济社会发展提供了法治保障。各地及时总结提炼典型案件的经验做法，加强案例指导，并通过新闻发布会向社会公开，真正起到办理一案、警示一片、教育一面的办案效果，赢得人民群众普遍认同。

2. 积极参与社会治理，促进社会诚信体系建设。虚假诉讼的根本成因在于诚信缺失，加强诉讼监督的主要目的也是助力重建社会诚信体系。一方面，检察机关通过加大对虚假诉讼的打击力度形成震慑，有效遏制虚假诉讼的增长势头；另一方面，检察机关在办理虚假诉讼监督案件中注重政治效果、社会效果、法律效果相统一，通过个案的公平正义引领司法工作甚至社会进步，促进社会治理能力的提升，以司法公信促进和保障社会诚信。在核查虚假诉讼过程中，检察机关主动融入数字化时代大格局，着力构建信息共享平台，这本身就是社会诚信体系建设的重要组成部分。各级检察机关通过对"套路贷"、保险理赔等重点领域虚假诉讼案件的监督，及时加强与相关职能部门的沟通协调，就案件反映的倾向性、趋势性问题以及相关部门管理上的漏洞共同研判，加强社会管理，堵塞管理漏洞。在强化办案的同时，加强普法宣传，注重用鲜活的案例开展警示教育，传递正能量，共建崇尚诚实信用、遵守公序良俗的法治文化，促进社会诚信体系、道德体系建设。

3. 建立健全监督体系，培育新时代检察工作新的着力点。高检院新一届党组从新时代检察工作谋篇布局的高度，强调刑事、民事、行政及公益诉讼检察工作全面、协调、充分发展。随着虚假诉讼监督工作的深入开展，监督体系日趋成熟，监督质量日渐提高，监督能力稳步增强，监督效果逐步凸显，社会认知度显著提升，已逐渐成长为民事检察监督工作新的增长点，各地检察机关积极落实最高人民检察院工作部署，将虚假诉讼监督工作作为做强民事检察工作的重要抓手抓紧抓实，虚假诉讼监督的专业化、规范化建设取得长足进步。四川省检察机关以内设机构改革为契机，主动调整具有侦查、侦监、公诉经验的人员充实到民事检察部门，目前全省民事检察部门具有侦查、侦监、公诉经历的人员已经占到总人数的32%。2017年3月，重庆市院与市高法、市公安局联合出台了《关于在查处虚假诉讼中加强配合与协作的指导意见》，明确了虚假诉讼案件的来源、办理流程、处理方式以及配合与协作常态化机制。2017年10月，江苏省扬州市人民检察院出台《扬州市检察机关虚假诉讼监督办案指引（试行）》，对"线索收集""线索核查""案件受理""调查核实""案件处理"等办案重点环节作了规定，为虚假诉讼监督设置了全流程办案指引。

(三) 虚假诉讼案件的主要特点

就检察机关办理的民事虚假诉讼监督案件看，当前虚假诉讼案件主要呈现以下特点：一是案件类型化特征明显。监督案件主要集中在民间借贷纠纷、追索劳动报酬、房地产权属纠纷等领域。因法律关系相对比较简单，伪造证据、虚构事实比较容易，当事人通过合意串通达到非法目的不易被发现，民间借贷纠纷成为虚假诉讼的"重灾区"。在提出抗诉和再审检察建议的3927件案件中，借贷纠纷2199件，占56%，5件指导性案例中有2件（检例第52号、检例第54号）涉及民间借贷纠纷；劳动合同纠纷474件，占12%；房屋买卖合同纠纷169件，占4.3%。二是串案特征明显。劳动争议、道路交通事故损害赔偿纠纷、民间借贷纠纷等领域出现串案、窝案较多。5件指导性案例中，有3件是串案。江苏盐城市检察机关办理的陈某等98人劳务合同纠纷虚假诉讼监督案，陈某组织、策划、指挥他人捏造拖欠农民工工资的事实提起98起民事虚假诉讼，对抗他人合法债权企图实现优先受偿的行为。三是司法工作人员参与虚假诉讼案件的现象时有发生。虚假诉讼案件往往需要具备一定的法律专业知识和诉讼经验才能完成，有的律师成了虚假诉讼的"智囊"，为虚假诉讼的顺利进行出谋划策；有的法官收受当事人贿赂后，充当虚假诉讼的"保护伞"，甚至直接牵头制造虚假诉讼。武汉乙投资公司等骗取调解书虚假诉讼监督案（检例第53号），武汉市蔡甸区人民法院民二庭庭长杨某某在明知甲商贸公司与乙投资公司的实际控制人为同一人、本院对该案无管辖权的情况下，主动建议原、被告将一案拆分为4个案件起诉；案件转审判庭后，杨某某向承办法官隐瞒上述情况，指示其按照简易程序快速调解结案，并签发调解决书；进入执行后，杨某某又将该案原被告公司的实际控制人为同一人的情况告知本院执行二庭原庭长童某,希望快速执行。在杨某某、童某的参与下,迅速执行结案。四是对抗性明显不足。虚假诉讼的外部特征与普通诉讼明显不符或明显异于常理,如案件的立、审迅速;庭审过程缺乏对抗性,双方当事人诉讼过程配合默契;多通过调解结案或者通过虚假仲裁、公证等结案。5件指导性案例中,有2件调解,公证、支付令、仲裁各1件。五是当事人之间常常存在特殊关系。在虚假诉讼案件中,当事人之间一般存在亲属、朋友、同学等特殊关系。其原因在于找亲戚或朋友造假进行诉讼,成本相对较低,操作相对方便,易于得逞。

二、主要做法

如何做好虚假诉讼监督工作、服从服务顺应发展大局,是新时代检察工作面临的新课题。高检院对此高度重视,从坚持党对检察工作的绝对领导、践行以人民为中心发展思想的高度认识和谋划虚假诉讼监督,将其作为检察工作与经济社会发展的结合点、着力点统筹推进,为经济社会持续健康发展提供法治保障。

(一)提高政治站位,立足经济社会发展大局谋划推进虚假诉讼监督工作

2015年以来,最高人民检察院民事检察部门连续多年将虚假诉讼监督工作列入要点工作部署落实。2018年3月起,最高人民检察院在全国检察机关部署开展为期一年半的民事和行政非诉执行监督专项活动,要求加强对虚假仲裁和违法公证的监督,加大调查和追责力度,积极争取人民法院的支持和配合,共同防范虚假诉讼行为向仲裁、公证环节蔓延。2018年6月,最高人民检察院在河南新乡召开全国检察机关虚假诉讼和审判人员违法

监督现场会，总结交流虚假诉讼监督经验，研究部署加强工作的思路举措。2018年10月24日，张军检察长在向十三届全国人大常委会第六次会议报告检察机关加强民事诉讼和执行活动法律监督工作情况时，重点报告了虚假诉讼监督情况，并亲自回答了全国人大宪法和法律委员会于志刚委员关于检察机关如何进一步加大对虚假诉讼监督力度的专题询问，为推动解决虚假诉讼这一顽疾增进了共识，凝聚了合力。湖北、山东、重庆等地及时出台虚假诉讼监督工作方案，成立由院领导任组长的专项活动领导小组。湖北省召开了三级院电视电话会议对专项工作进行动员部署，三级院均成立了领导小组、制定了贯彻实施意见。山东省人民检察院还先后召开电视电话会议、全省民行检察工作会议及新闻发布会，对虚假诉讼监督工作进行阶段性总结。重庆市人民检察院召开全市民事虚假诉讼专项监督工作推进会，及时总结先进经验，积极推进专项监督工作。陕西省人民检察院研究制定《陕西省检察机关民事虚假诉讼监督案件办理指南》，从线索来源、线索管理、初步核查、立案监督、调查核实、审查处理等六个方面加强办案指引，并编辑《检察机关查办虚假诉讼典型案例选编》。黑龙江省人民检察院2018年以来把虚假诉讼监督工作列入以上看下考评工作内容，加大虚假诉讼监督案件考评权重，充分调动全省开展虚假诉讼监督工作的积极性。

（二）立足职能定位，将虚假诉讼监督融入检察中心工作抓紧抓实

围绕深入开展扫黑除恶专项斗争，高检院部署各地充分发挥民事检察职能作用加强对涉及黑恶势力虚假诉讼的监督。各地加强与人民法院、公安机关等部门协作配合，积极发现、查处涉及黑恶势力的虚假民事诉讼案件。特别是着重查办"套路贷"诈

骗、非法集资、暴力催收等犯罪组织者利用虚假民事诉讼手段，以合法形式为掩盖，非法侵占他人财产的违法犯罪行为。福建省人民检察院建立健全民事检察部门与刑事检察部门之间线索双移送、结果双反馈机制，下发了《关于在全省民事检察案件中排查涉黑涉恶违法犯罪线索的紧急通知》，深入排查涉黑恶案件"套路贷"背后的虚假诉讼线索，排查出案件线索105条，已监督15件，其中发出再审检察建议12件、审判人员违法行为监督检察建议3件。围绕服务打好三大攻坚战，最高人民检察院发布《关于充分发挥检察职能为打好"三大攻坚战"提供司法保障的意见》，强调加强对涉"三大攻坚战"虚假诉讼的监督、惩治。浙江省检察机关着力发现欠薪讨薪案件中的虚假诉讼线索，依法保障劳动者、用工企业和其他单位合法权益，共办理该领域案件256件，占该省虚假诉讼案件数的29.4%。围绕保护民营经济合法权益，各地加大对侵害民营企业财产权虚假诉讼的惩治力度，构建良好营商环境，为民营经济健康发展提供有力司法保障。

（三）聚焦重点领域，深入开展精准监督

虚假诉讼类型化特征明显，主要集中在民间借贷纠纷、劳动争议纠纷、交通事故赔偿纠纷、房屋买卖合同纠纷、离婚纠纷、买卖合同纠纷、建设工程施工合同纠纷、保险理赔等领域。其中，民间借贷纠纷领域的问题最为突出。针对虚假诉讼的这一特点，高检院及时组织开展专题调研，对各类型虚假诉讼的特征及监督规律进行研判，加强对下指导；各地紧密结合本地实际，紧紧抓住重点领域的突出问题深入开展精准监督。浙江省人民检察院会同浙江省高级人民法院、浙江省公安厅等六部门联合出台《关于依法严厉打击民间借贷相关刑事犯罪强化民间借贷协同治理的会议纪要》，积极构建跨部门协同治理机制，加大对民间借贷领域虚假诉讼的惩治力度。全省检察机关共办理此类案件577件，占虚假诉讼案件数的66.2%。广东、湖北、福建、北京办理的民间借贷纠纷类型虚假诉讼监督案件占比分别达74%、74%、69%、67%。江苏省检察机关在对传统领域案件加强监督的同时，还结合当地热点问题，重点关注、打击农村土地承包经营权、拆迁安置等领域的虚假诉讼。以重点领域的专项监督为带动，各地检察机关一方面继续深挖相关案件背后的违法犯罪线索，推动监督工作向纵深发展；另一方面则及时总结经验，将监督延伸至其他领域，推动虚假诉讼监督工作全面开展。

（四）坚持问题导向，多措并举着力破解虚假诉讼监督瓶颈

1. 加大对虚假诉讼监督的宣传力度。针对虚假诉讼案件线索不畅的问题，检察机关依托控申窗口、12309检察服务热线、派驻检察室以及"两微一端"、传统媒体等平台，通过开展"举报宣传周""检察开放日"以及召开新闻发布会等多种形式，不断加大宣传力度，提高虚假诉讼监督工作的社会认知度，引导群众依法维权，争取群众对虚假诉讼监督工作的理解和支持，营造良好的监督氛围。2017年以来，江苏、浙江以及广东等多个省级院召开新闻发布会对全省虚假诉讼监督工作开展情况进行了介绍，并发布了虚假诉讼典型案例，引起社会广泛关注。福建省云霄县人民检察院查处虚假诉讼的经验做法，被最高人民检察院影视中心制作成专题片，在上海、天津等全国100多家电视台播出，取得了良好的宣传效果。

2. 用足用好调查核实权，夯实监督查证基础。检察机关积极研究探索调查核实权的运用规律，综合运用查询、调取证据材料、询问当事人或案外人以及委托鉴定等调查措施，并借助公安

技侦手段等，形成了各具特色的经验做法，增强案件突破能力。吉林省检察机关将调查核实作为查办虚假诉讼的必要程序，固定基础证据。山西省检察机关把握阅卷求深、询问求全、鉴定求真三项基本准则，充分运用法律赋予的调查核实权，查明事实、固定证据，为监督工作的顺利开展奠定坚实基础。

3. 强化内外联动，有效整合监督资源。一是加强检察机关各业务部门之间的分工协作。在查办虚假诉讼案件过程中，加强机关各部门之间联动，按照"优势互补、信息共享"的原则，强化民事检察部门与刑事检察部门的分工协作配合，健全信息共享、案情通报、案件移送等机制，坚持既强化民事检察部门的主导作用，又强化与刑事检察等其他业务部门的协调配合，努力实现虚假诉讼线索、结果内部双移送，有效形成监督合力。吉林省人民检察院在 2018 年 9 月组建了民事检察调查指挥中心，以调查核实为切入点，集中指挥虚假诉讼、民事执行监督、法官违法行为调查等方面的监督案件，并从线索管理、调度指挥、人员调配三个方面着手，进一步整合了检察机关内部办案资源、深化了一体化办案机制。四川省检察机关逐步完善内部协作机制，成都、巴中、德阳等地明确将院内各部门向民事检察部门移送虚假诉讼案件线索纳入院内目标考核项目。山西省检察机关在查办虚假诉讼案件过程中，逐步形成民事检察部门牵头、多部门通力配合监督虚假诉讼的工作格局。青岛市北区人民检察院在一起自侦案件中发现虚假诉讼线索，通过调查核实，办理虚假民事调解案件 8 件，提出再审检察建议后法院全部改判。二是强化上下联动，优势互补。充分发挥检察机关一体化优势，全面整合监督力量，既充分发挥上级院的指导作用，又能发挥基层院贴近违法行为的优势，逐步形成省院、市院、基层院分工负责、各有侧重、三级联动相互配合的工作格局。广东省、市两级院以研判办案思路为主，基层院则负责具体调查。辽宁省检察机关实行线索统一管理，各基层院发现虚假诉讼线索后向上级院汇报，由上级院分析评判并统一建立台账，查办重大、疑难复杂案件时，两级院抽调精干力量组成专案组，共同研究办案流程和调查方向。三是强化外部协作，形成打击防范合力。为加强对虚假诉讼行为的防范和查处，各地检察机关注重加强与法院、公安、司法行政等部门的沟通协调，通过个案协商、联席会议、研讨交流、联合调研等方式，争取各方支持和配合，整合打击防范虚假诉讼监督合力。部分地方的省级检察机关与省法院、省公安厅、司法厅联合发文，明确分工负责、协作配合，共同防范和查办虚假诉讼，如广东、浙江、江苏、重庆、福建等地均会签了相关文件，为加强各相关单位的协调配合奠定了基础，提供了具体指引。河南省人民检察院与省律师协会及学者代表召开虚假诉讼座谈会，就虚假诉讼案件的认定标准、线索来源、监督方式等进行研讨，并就建立定期交流、线索移送等达成共识。江西省人民检察院于 2019 年 4 月下发《全省检察机关深化民事虚假诉讼监督工作实施方案》通知，明确要求全面加强和完善民事检察部门与检察机关各职能部门以及与监察委、人民法院、公安机关、司法行政机关之间的协调配合，形成防范和查处虚假诉讼的合力。

（五）依托信息技术，通过数据共享共治提升监督质效

当今时代，信息化对各行各业的基础性和先导性作用越来越突出。最高人民检察院明确提出要加快人工智能、大数据在发现虚假诉讼线索方面的研发应用，并推动法院等社会征信系统主管部门将诉讼失信行为人纳入"黑名单"。各地也结合自身优势积极探索实践，研发智慧民检，取得了良好效果。北京市人民检察

院注重运用大数据平台,对法院裁判文书进行检索,并引进大数据分析系统,通过信息化手段发现虚假诉讼案件线索。2018年初,绍兴市人民检察院积极适应大数据时代信息化发展趋势,自主研发了"民事裁判文书智慧监督系统"。截至2019年3月,绍兴市检察机关依托该系统,对近三年来绍兴法院系统30余万份民事裁判文书进行大数据分析,重点挖掘借贷纠纷等四类案件,发现异常判决3000余份,初步审查获取涉嫌虚假诉讼线索1000余件,发现涉嫌职业放贷41人,认为涉嫌犯罪向公安机关移送292件,公安机关抓捕相关犯罪嫌疑人38人,其中涉套路贷等黑恶势力犯罪18人。至目前已查明虚假民事诉讼案件事实154件,向法院抗诉或发出再审检察建议113件,已获改判61件,与去年同比增长3倍多。借助"民事裁判文书智慧监督系统",绍兴市县两级检察机关民检部门坚持个案监督与类案监督并重,依申请监督与依职权监督并重,形成了"智能排查—人工审查—深入调查—移送侦查—判决监督""五步式"虚假诉讼监督模式,将民事检察从个别、被动的监督转变为全面、主动的监督,民事检察通过办案积极参与了扫黑除恶斗争,又发现100余批异常借贷纠纷,促进建立职业放贷人制度,服务防控金融风险攻坚战的作用有效体现。同时基层民事检察监督职能获得明显加强,初步实现民事检察监督的转型升级。

三、 存在的主要问题

总体来看,在全国各级检察机关的共同努力下,虚假诉讼监督工作取得了明显成效,但与党和国家的要求、人民群众的期待相比仍有差距,"发现难""查证难""监督难"问题仍未得到根本解决,监督实践中集中体现为线索渠道不畅、监督能力欠缺、监督手段不足等问题,制约了检察监督职能的充分发挥。

(一) 法律规定不健全,实践中还存在模糊认识

由于民事诉讼法与刑法对虚假诉讼的规定不完全一致,"两高"关于虚假诉讼的认定标准也存在差异,学界对虚假诉讼的界定更是五花八门,导致在民事检察监督实践中存在一些模糊认识,影响了监督工作的有序开展。

一是在对虚假诉讼的认定标准上存在不同认识。民事诉讼法关于虚假诉讼的规定主要体现在第112条、第113条,强调当事人之间的恶意串通,最高人民法院《关于防范和制裁虚假诉讼的指导意见》也明确虚假诉讼一般包含当事人恶意串通要素;刑法方面则主要体现在《刑法修正案(九)》(《刑法》第307条之一)以及"两高"《关于虚假诉讼刑事案件适用法律若干问题的解释》,强调事实本身的虚假性,单方捏造事实也可构成虚假诉讼。检察机关与人民法院在民事虚假诉讼的认定上有不同标准,检察机关不同业务部门、不同地区之间对虚假诉讼的认识也不一致,做法不一。比如关于单方捏造事实是否构成虚假诉讼的问题,检答网上就存在截然相反的回答,直接影响到了监督程序的启动、监督方式的选择等。

二是在虚假诉讼监督案件受理条件的把握上存在不同做法。《人民检察院民事诉讼监督规则(试行)》规定了民事诉讼监督案件的三种来源:当事人申请,案外人控告、举报以及依职权发现。并明确了具体适用条件。其中,第39条把案外人控告、举报的情形限定在两种情形:审判人员存在违法行为;民事执行活动存在违法情形。第41条将依职权监督限定为三种情形:损害国家利益或者社会公共利益;审判、执行人员有贪污受贿、徇私舞弊、枉法裁判等行为;跟进监督。实践中,利益受损的案外人

直接到检察机关申请监督，是否应予受理？如何受理？能否以虚假诉讼"损害国家利益或者社会公共利益"为由依职权进行监督？各地做法不一。广东省人民检察院《关于虚假诉讼监督案件受理问题的办案指引》明确规定，此类情况可作为程序违法监督类案件进行受理。

三是在对虚假调解能否抗诉的问题上存在分歧。根据《民事诉讼法》第208条规定，对调解书的抗诉条件限定在损害国家利益、社会公共利益的范围。对于虚假调解，能否认定"损害国家利益或者社会公共利益"进而适用《民事诉讼法》第208条，检法两院在认识上存在分歧，各地检察机关做法不一。实践中，有些地方根据《人民检察院民事诉讼监督规则（试行）》第99条规定，以审判程序违法为由通过提出检察建议的方式进行监督，但监督依据不够充分，效果受到影响。

（二）监督力量不足，监督能力亟待提升

虚假诉讼案件隐蔽性强，部分案件还有专业人员参与，具有"发现难""查证难""监督难"的特点，相较于普通民事案件监督难度更大。随着虚假诉讼不断向公证、仲裁等领域蔓延，造假手段不断翻新，监督难度越来越大，对办案人员的案件审查能力、调查核实能力、协调配合能力都提出更高的要求。从受理案件到案件办结，涉及调查方案拟定、与其他部门协调、对众多当事人的询问以及调查核实相关证据，办案周期长、任务重，有时不亚于办理一起自侦案件。而一些民事检察人员习惯于"坐堂办案"，对虚假诉讼案件的敏感性不高、经验不足，识别和监督能力亟待提高，民事检察队伍现状还不能完全适应打击虚假诉讼的工作需求。特别是从2017年以来办案情况看，绝大部分案件集中在基层院办理，监督力量与虚假诉讼监督工作大规模开展的要求有较大差距,进一步凸显了基层院监督力量薄弱的矛盾。

(三) 工作局面尚未完全打开,对下指导亟待加强

从监督数量看,虽然 2017 年以来检察机关办理虚假诉讼监督案件数量总体保持稳定,但整体规模不大,与人民群众的司法需求和我们自身对虚假诉讼案件的预判均有较大差距,监督效果还有很大提升空间。关键是未能从根本上打破制约虚假诉讼监督工作开展的瓶颈,"发现难""查证难""监督难"问题仍很突出,基层院民事检察监督薄弱的局面未有根本改观,没有案子不知道怎么办,有了案子不会办、办不好的问题并存。特别是各地工作开展不平衡问题突出,执法不规范现象比较普遍,制约了检察监督职能作用的充分发挥,不利于树立检察权威。尽管高检院、部分省级院都有意识地加强了调研指导,但总体来说针对性、系统性不强,效果未能充分显现,亟待加强。

民事检察与虚假诉讼监督的几个基本问题[*]

周清华[**]

虚假诉讼作为一种民事诉讼异象，扰乱了司法秩序、损害了司法公信力，也是诚信社会建设的破坏力量，引起了全社会的关注。《关于全面推进依法治国若干重大问题的决定》明确提出要加大对虚假诉讼的惩治力度，《刑法修正案（九）》增加了虚假诉讼犯罪，最高人民法院于2015年专门制定了《关于防范和制裁虚假诉讼的指导意见》（以下简称《防范和制裁虚假诉讼指导意见》），各级检察机关民事检察部门根据最高人民检察院部署，连续几年常态化开展虚假诉讼监督，取得了一些成效。但是，由于我国民事诉讼法没有规定虚假诉讼的概念，理论上亦无通说，检察实践中把握不一。为加强虚假诉讼监督，有必要厘清虚假诉讼的内涵、虚假诉讼监督与民事检察职能的关系等基本问题。

一、虚假诉讼的概念

学界对虚假诉讼的探讨由来已久，但是没有形成统一认识，

---

[*] 此文为作者已发表的两篇论文的合并稿，收入本书时有修改。原文分别为《虚假诉讼的特点与检察监督依据》，发表于《民事行政检察指导与研究》（第15集），中国检察出版社2015年版；《虚假诉讼的构成要素》，发表于《中国检察官》2017年第8期，《法律读库》2018年9月及《民事行政检察工作情况》2018年第4期转载。

[**] 周清华，湖北省人民检察院检察委员会委员，二级高级检察官，全国检察业务专家。

仅称谓就有"恶意诉讼""诉讼欺诈""冒名诉讼""滥用诉权"等多种表述。早期讨论的"诉讼欺诈"在今天看来，其实就是虚假诉讼，如陈桂明教授早在1988年即提出："诉讼欺诈仅指诉讼参加人恶意串通，虚构民事法律关系或法律事实，通过符合程序的诉讼形式，使法院作出错误裁判，从而达到损害他人利益、谋取非法利益的目的的违法行为。"① 有的学者对恶意诉讼与虚假诉讼未作区分，例如汤维建教授认为："所谓恶意诉讼，是指当事人故意提起一个在事实上和法律上无根据之诉，从而为自己谋取不正当利益的诉讼行为。"② 其所言的"恶意诉讼"其实是虚假诉讼的一种。近年来，学界对虚假诉讼的认识逐渐清晰，将"诉讼欺诈""滥用诉权""恶意诉讼"与虚假诉讼区别开来，关于虚假诉讼的概念也日趋明朗，基本上可分为"双方恶意串通说"和"单方故意说"两大有代表性的观点。"双方恶意串通说"认为，必须是双方当事人共同故意才能构成虚假诉讼。例如，张卫平教授认为，所谓虚假诉讼，通常是指形式上的诉讼双方当事人共谋，通过虚构实际并不存在的实体纠纷（包括双方之间根本不存在实体法律关系以及虽存在实体法律关系，但并不存在争议两种情形），意图借助法院对该诉讼的判决达到损害诉讼外第三人权利或权益的诉讼。③ "单方故意说"则认为"双方恶意串通"只是虚假诉讼的常见情形，一方当事人故意实施的，只要符合虚假诉讼其他要件，也构成虚假诉讼。例如，蔡彦敏教授认为，虚假诉讼是指行为人以虚假的民事争议提起和进行民事诉讼，妨害司法秩序、骗取有利于己的生效裁判和不当利

---

① 陈桂明、李仕春：《诉讼欺诈及其法律控制》，载《法学研究》1998年第6期。
② 汤维建：《恶意诉讼及其防治》，中国政法大学出版社2003年版，第31页。
③ 张卫平：《中国第三人撤销之诉的制度构成与适用》，载《中外法学》2013年第1期。

益，损害对方当事人或案外人合法权益或者损害国家社会公共利益的行为。①

与学术讨论相伴生的是，虚假诉讼被司法实务部门作为一种诉讼违法现象来打击，其概念出现在一些部门性规定中。例如江苏省人民检察院、公安厅、司法厅《关于防范和打击虚假诉讼的若干意见》规定："本意见所称虚假诉讼是指当事人之间恶意串通或者当事人单方采取虚构法律关系、捏造事实、伪造证据，唆使他人帮助伪造、毁灭证据、提供虚假证明文件、鉴定意见等手段，通过诉讼、调解、仲裁等能够取得各种生效民事行政法律文书的方式，或者利用虚假仲裁裁决、公证文书申请执行的方式，妨害司法秩序，损害国家、集体、他人合法权益或者逃避履行法律文书确定的义务的行为。"该概念采取行为列举式描述，过于冗长，不足以作为概念的范本。

虚假诉讼的概念进入在我国正式的法律文件，经历了从无到有的过程。民事诉讼法并没有规定虚假诉讼概念，其第112条②、第113条③仅是关于恶意诉讼司法制裁的规定（有观点认为，第

---

① 蔡彦敏：《虚假诉讼：概念修正、定义厘清与有效治理》；载最高人民检察院民行厅内网，2016年6月6日。
② 《民事诉讼法》第112条规定："当事人之间恶意串通，企图通过诉讼、调解等方式侵害他人合法权益的，人民法院应当驳回其请求，并根据情节轻重予以罚款、拘留；构成犯罪的，依法追究刑事责任。"
③ 《民事诉讼法》第113条规定："被执行人与他人恶意串通，通过诉讼、仲裁、调解等方式逃避履行法律文书确定的义务的，人民法院应当根据情节轻重予以罚款、拘留；构成犯罪的，依法追究刑事责任。"

112 条是虚假诉讼概念的规定①，笔者以为值得商榷）。最高人民法院《关于适用〈中华人民共和国民事诉讼法〉的解释》和《关于审理民间借贷案件适用法律若干问题的规定》（以下简称《民间借贷司法解释》）均提及虚假诉讼，但均没有规定何为虚假诉讼。2015 年《刑法修正案（九）》是规定虚假诉讼概念的首个立法文件，其第 35 条规定："虚假诉讼罪是指以捏造的事实提起民事诉讼，妨害司法秩序或者严重侵害他人合法权益的行为。"没有明确以"双方恶意串通"为该罪的构成要件。然而，其后的《防范和制裁虚假诉讼指导意见》仍采取了"双方恶意串通"说，将其作为虚假诉讼的基本要素之一。② 2018 年，最高人民法院、最高人民检察院《关于办理虚假诉讼刑事案件适用法律若干问题的解释》（以下简称《虚假诉讼解释》）则明确地否定了"双方当事人恶意串通"说，其第 1 条第 1 款规定："采取伪造证据、虚假陈述等手段，实施下列行为之一，捏造民事法律关系，虚构民事纠纷，向人民法院提起民事诉讼的，应当认定为刑法第三百零七条之一第一款规定的'以捏造的事实提起民事诉讼'……（七）单方或者与他人恶意串通，捏造身份、合同、侵权、继承等民事法律关系的其他行为。"第 2 款规定："隐瞒债务已经全部清偿的事实，向人民法院提起民事诉讼，要

---

① 刘君博：《论虚假诉讼的规范性质与程序架构》，载《当代法学》2019 年第 4 期。其认为："民事诉讼法第 112 条对虚假诉讼有着明确的界定，即当事人之间恶意串通，企图通过诉讼、调解等方式侵害他人合法权益。"又认为："虚假诉讼可能造成的消极影响有两个方面：一是损害了包括对方当事人、第三人、案外人在内的各类相关主体的合法权益，二是……"笔者以为，其观点前后矛盾，《民事诉讼法》第 112 条规定的情形是虚假诉讼的一种，是常见的、典型的虚化诉讼，但是该规定并非虚假诉讼的概念。

② 《防范和制裁虚假诉讼指导意见》第 1 条规定："虚假诉讼一般包含以下要素：（1）以规避法律、法规或者国家政策谋取非法利益为目的；（2）双方当事人存在恶意串通；（3）虚构事实；（4）借用合法的民事程序；（5）损害国家利益、社会公共利益或者案外人的合法权益。"

求他人履行债务的,以'以捏造的事实提起民事诉讼'论。"

基于我国法制统一原则的要求,不同部门法的同一用语,在内涵上应当保持协调一致。尽管刑法上的虚假诉讼指向的是行为,其属概念是行为;民事诉讼领域要讨论的虚假诉讼是相对于真实诉讼的异象,其属概念是现象,但是二者的内涵不应有别,否则,必然导致部门法之间在规制范围上出现缝隙或者冲突。所谓内涵,即事物的本质。虚假诉讼的本质在于诉的虚假性,而不在于行为主体是单方故意还是双方故意;虚假诉讼的危害在于扰乱了正常的司法秩序、损害了司法公信力,单方故意与双方故意在这一危害性上亦无区别。民事诉讼范畴的虚假诉讼与虚假诉讼犯罪的危害性仅有程度之分,二者在外延上是一种包含关系,民事诉讼范畴的虚假诉讼可能过渡的罪名不都是虚假诉讼罪,但是,已然构成虚假诉讼犯罪的行为人提起的民事诉讼,一定是虚假诉讼。既然刑法已经固化了虚假诉讼罪的内涵,《防范和制裁虚假诉讼指导意见》出台在先,其与《虚假诉讼解释》相异的部分,应当以后者为准。

故此,笔者认为,民事诉讼法范畴的虚假诉讼,是指行为人以谋取非法利益为目的,单独或者与他人串通,伪造证据,虚构民事法律关系提起的民事诉讼。

二、虚假诉讼的构成要素及识别

(一)虚假诉讼的构成要素

基于虚假诉讼概念的认识,结合《防范和制裁虚假诉讼指导意见》的合理部分,虚假诉讼应当同时具备以下要素:

1. 行为主体,可能是一方或者双方当事人,也可能同时有诉讼代理人、证人、鉴定人等;可能是自然人,也可能是单位。

诉讼是一个复杂的过程，虚假民事诉讼的完成往往更需要借助他人的力量。实践中，常见的虚假民事诉讼往往是原被告双方串通实施，共同完成，也不乏一方当事人与诉讼代理人、鉴定人员、证人等合谋实施，甚至是与审判人员合谋实施的，只是，这些不同主体在涉嫌犯罪的情况下所对应的罪名不都是虚假诉讼罪而已。例如，某省检察机关2015年至2019年查办虚假诉讼案件，从中发现移送了一批司法人员指使、参与的职务犯罪和违纪案件，仅2015年查办的虚假诉讼案件中，就查明审判、执行人员9人，律师、法律工作者各2人参与虚假诉讼。

2. 主观上，行为人必须出于故意，且以谋取非法利益为目的。首先，过失不构成虚假诉讼。所谓故意，是指行为人明知自己的行为会发生侵犯他人合法权益、妨害诉讼秩序的后果，仍然实施伪造证据、提起民事诉讼或者参与诉讼等行为。其次，一方故意或者双方共同故意均可构成虚假民事诉讼。这里的"双方"，是民事诉讼语境中作为诉讼"两造"的双方当事人。那种认为也包括一方当事人与其证人、诉讼代理人等构成的"双方"的认识，背离了民事诉讼基本常识。双方共同故意是虚假民事诉讼的多发情形，但是单方故意实施的虚假诉讼也不少见，一般表现为所谓的"原告"寻找"证人""鉴定人""代理人"等伪造证据提起的诉讼，与被告并无意思联络，更无共同"恶意"。这类案件法院常常是以公告送达、缺席审理完成诉讼的；有的则是因"原告"隐瞒事实真相，被告被欺骗而到庭应诉的。最后，必须以谋取非法利益为目的。这是行为人主观故意的核心内容。从各地查办的虚假诉讼案件看，行为人企图获取的"非法利益"常见的有：逃避合法债务、逃避法律文书确定的义务、独占或者多分遗产、离婚时多分或者独占夫妻共同财产、骗取保险理赔款等。《防范和制裁虚假诉讼指导意见》将"规避法律、法规或者国家政策"与谋取非法利益并列作为目的,似有不妥。行为人实施虚假民事诉讼的目的只有一个,那就是谋取非法利益,没有人以"规避法律、法规或者国家政策"为目的,"规避法律、法规或者国家政策"一定是为了谋取某种非法利益。例如湖北省几年前查办的系列"以房抵债"虚假诉讼案,案件的起因是当地出台了二套房限购政策,规避该政策显然不是当事人的目的,其目的是为所购二套房办证。可见,"规避法律、法规或者国家政策"与谋取利益是手段与目的的关系,并列表述并定义为目的,存在逻辑病语。

3. 客观上,以伪造证据,虚构案件事实或者隐瞒真相,以虚构的民事法律关系向人民法院提起民事诉讼骗取裁判文书为手段。伪造证据——提起诉讼——获得裁判文书,是完成虚假诉讼的"三部曲"。

4. "伪造证据"是行为始点。根据《民事诉讼法》第119条规定,"诉"的基本要素包括:原告必须是与本案有直接利害关系的公民、法人或者其他组织;有明确的被告;有具体的诉讼请求和事实、理由。虚假诉讼无非是围绕诉的诸要素,进行证据伪造,达到程序上符合人民法院受理立案、实体上足以影响人民法院裁判的效果。

伪造证据的作用之一是虚构案件事实。例如,刘甲为了对抗樊某某诉其借款(300万元)纠纷一案判决的执行,与刘乙合谋,伪造李某某向刘乙借款300万元、刘甲提供担保的合同、借款实际发生及借款未还的系列证据,由刘乙提起诉讼,请求李某某还款、刘甲承担连带还款责任。在诉讼中双方快速达成调解,刘乙以该案调解书向前案执行法院申请执行异议。此类情形是伪造证据捏造案件事实、虚构法律关系的典型虚假诉讼。

伪造证据的另一作用是隐瞒真相，或者既虚构案件事实也隐瞒真相。例如湖北省某县法院审理的陈某、程某诉某能源公司、某房地产公司民间借贷纠纷案，法院判决两公司承担连带还款责任。检察机关根据两公司的举报查明：项某长期向许某借高利贷，以该两公司为担保人，累计借款2000余万元。许某因项某未偿还借款而诉至法院，判决支持了本金和依法应当保护的利息部分。许某为了获得判决未支持的高息，与陈某、程某合谋，伪造了项某与陈某、程某的借款合同2份，套用原担保合同印章，将以上两公司列为担保人；许某通过银行转款至项某，项某再转到陈某、程某账户，形成项某向许某借款用于偿还陈某、程某借款的假象；同日，两"借款人"通过银行将款项回流到许某账户。此后，两"借款人"诉至法院，请求两担保公司承担连带还款责任。本案即属于为了谋取高息这一非法利益而伪造证据，既虚构事实又隐瞒真相（纠纷已经通过判决了结）的虚假诉讼。《防范和制裁虚假诉讼指导意见》仅以"虚构事实"为客观要素，不能全面揭示伪造证据的实际作用，似有不妥。根据《虚假诉讼解释》，隐瞒债务已经全部清偿的事实，向人民法院提起民事诉讼，要求他人履行债务的，也属于"以捏造的事实提起民事诉讼"。

提起诉讼是虚假诉讼的关键步骤。这里的"诉讼"，是指民事诉讼法分则规定的各种诉讼程序、非诉程序以及执行裁定异议、复议程序。《虚假诉讼解释》对"提起诉讼"作了扩大解释，规定"向人民法院申请执行基于捏造的事实作出的仲裁裁决、公证债权文书"也属于"以捏造的事实提起民事诉讼"。

获得生效裁判文书是行为终端，也是行为人的目标指向。

"生效裁判文书"包括判决书、裁定书、调解书、支付令等，如果裁判文书具有给付内容，则行为人还会进一步申请人民法院强制执行。是否实际取得裁判文书、是否实现执行利益，均不影响虚假诉讼的成立。

5. 侵犯的客体具有双重性。虚假诉讼行为人以谋取非法利益为目的，侵犯的直接客体是他人的合法权益，同时，是把司法权作为谋取非法利益的工具，异化了民事诉讼的制度功能，是对司法秩序的破坏。在特定案件中，虚假诉讼不一定能够进行完毕获得生效裁判，或者获得了生效裁判后在执行中被发现而被阻却非法利益的实现。但是，无论非法目的是否实现，虚假诉讼行为一旦实施，即产生扰乱司法秩序、损害司法公信力的后果。司法公信力在社会诚信体系中居于特殊重要的地位，司法秩序作为社会秩序的子系统，属于社会公共利益的范畴，司法公信作为公平正义的最后保障，是最大的社会公共利益。这也是民事诉讼法赋予人民法院对虚假诉讼行为人司法制裁权、刑法将虚假诉讼罪放置于"妨害司法罪"一章的原因所在，同时也是检察机关有权依职权监督的原因所在。

（二）识别虚假诉讼的几个常见问题

结合近年来检察机关民事检察部门开展虚假诉讼监督的实践，判断是否构成虚假诉讼，需要注意区分以下情形：

1. "临时起意型"虚假诉讼。实践中，不乏当事人基于真实的诉讼，因情况变化而临时起意，伪造证据变更诉讼请求谋取非法利益的诉讼。此类案件是否属于虚假诉讼，存在争议。笔者以为，需具体案件具体分析，宜根据伪造的证据对案件基本事实认定和实体判决的影响程度而定。例如，某乙向某甲借款3万元，某甲提起诉讼后得知某乙不在原居所地，法院告知经过了公告送达，决定缺席审理，某甲遂伪造了一张80万元借条，变更诉讼请求，并申请将某乙的商品房予以保全。该案经缺席审理、公告送达判决书，至执行程序启动，某乙始知有此诉讼。该案由于原告伪造证据企图谋取的利益已远超过了合法范畴，行为性质发生了质变，定性为虚假诉讼为妥。

2. "衍生型"虚假诉讼。指当事人之间存在合法的债权债务关系，一方为谋取超出合法权利的不法利益，而伪造证据提起的诉讼。有学者称之为"借题发挥型"虚假诉讼。这类虚假诉讼主要以民间借贷居多。有观点认为，这类案件不属于"无中生有"而是事出有因，不宜定性为虚假诉讼。近年来民间借贷比较频繁，民间借贷约定的利息一般高于银行利率，当事人自愿履行约定"高息"因而没有进入诉讼的案件不在少数。但是，一旦进入诉讼，则应当依法判决。根据《民间借贷司法解释》的规定，对于约定的高利息条款，实行分段处理，即约定利率未超过年利率24%的，为有效约定，出借人请求借款人按照约定的利率支付利息的，人民法院应予支持；约定的利率超过年利率24%未超过36%的部分，为自然之债，债务人自愿履行的，法律不予干预；超过年利率36%的部分，为无效。一些放贷主体为了实现该部分利息，往往采取伪造证据虚构借款关系提起诉讼的手段，符合虚假诉讼的全部要件，认定为虚假诉讼为妥。例如某县法院审理的陈某、程某诉某能源公司、某房地产公司民间借贷纠纷案，因生效判决已经判决驳回了其超出法律保护的利息诉求，许某为实现原借款合同约定的"高息"，与他人合谋伪造证据提起了另一个民间借贷诉讼，即属于衍生型虚假诉讼。对于"衍生型"虚假诉讼，如果人民法院孤立地审理个案，很难发现诉的虚假性，只有在"被告"到庭的情况下，围绕该"另一个民间借贷"的基本事实进行审理，采纳发现支持"原告"诉讼请求的证据系伪造、还原利息条款的无效性以及诉请目的的非法性。

3."维权型"虚假诉讼。指当事人之间存在债权债务关系，一方为实现合法权利而伪造证据，虚构另一法律关系提起的诉讼。例如某甲为了退出在某公司的股份，因公司不同意，遂指使某乙伪造借据，以某甲为被告申请支付令，法院签发支付令后，某乙申请强制执行某甲在公司的股份，某乙获得股份对价后，扣留事先约定的报酬后，余款还给某甲。这类案件，虽然"原被告"伪造证据虚构了借款事实提起了诉讼，具备了虚假诉讼的客观要素，但是由于行为人不是为了谋取非法利益，欠缺虚假诉讼的主观要素，笔者认为不应定性为虚假诉讼。对于伪造证据及指使伪造证据的行为人，如果情节严重社会危害性达到了刑罚的程度，宜以妨害作证罪论处。

4. 虚假诉讼之"伪造证据"与《民事诉讼法》第200条第3项规定"原判决、裁定认定事实的主要证据是伪造的"的区别。二者都具备"伪造证据"的行为外观，区别在于前者是"假纠纷假证据"，后者是"真纠纷假证据"，是一方为求胜诉或者抗辩对方的诉请而伪造证据。检察机关对于虚假诉讼产生的判决或者调解的监督方式应当是直接建议法院撤销、调查其承办人是否存在应当追责的情形依法依规予以处置，与同法院自己发现虚假诉讼后的处理程序一样。在目前的检察实践中，依据《民事诉讼法》第200条第3项提出抗诉或者再审检察建议，只是遵循"最相类似"的法律适用原则的权宜之计，不能据此反推《民事诉讼法》第200条第3项规定的情形也是虚假诉讼，或者包含了虚假诉讼。

三、虚假诉讼监督与民事检察职能的关系

从一些地方的民事检察职能介绍、职能宣传稿件以及领导讲话中，我们发现存在将虚假诉讼监督作为一项新的、独立的民事检察职能对待的倾向或者认识。之所以存在这种倾向或者认识，可能是对检察机关开展虚假诉讼监督的法律依据、监督对象等存在认识误区所致，需要及时澄清，否则可能导致产生检察机关越俎代庖或者自我扩权的误解。

（一）民事检察部门开展虚假诉讼监督的法律依据

从《民事诉讼法》第十章"妨害民事诉讼的司法强制措施"规定的内容看，有权对包括虚假诉讼在内的妨害诉讼程序的行为人采取司法拘留、罚款等司法强制措施的主体，是人民法院。《民间借贷司法解释》第19条进一步规定："人民法院审理民间借贷纠纷案件时发现有下列情形，应当严格审查借贷发生的原因……等事实，综合判断是否属于虚假民事诉讼：……"第20条还规定："经查明属于虚假民间借贷诉讼，原告申请撤诉的，人民法院不予准许，并应当根据民事诉讼法第一百一十二条之规定，判决驳回其请求。"可见，在民事诉讼领域，立法已经将预防、发现和制裁虚假诉讼的职权赋予人民法院了。这是因为法庭是审理民事案件的"场"，是虚假诉讼发生的"第一现场"，法官是"现场目击者"，具有发现和阻却虚假诉讼的天然便利，法官具有甄别虚假诉讼的专业能力。根据法律授权，人民法院在受理时发现，应当不予受理；在审理中发现，应通过判决驳回诉讼请求，并予以司法制裁；如裁判文书已生效，则应当依职权撤销裁判文书；对达到刑事立案标准的，应当移送侦查予以刑事追究。问题是，在司法实践中，因当事人手段过于高明导致审判人

员难以发现而完成虚假诉讼的有之，审判人员放弃职守以致发生虚假诉讼的有之，审判人员收受贿赂或者徇私舞弊指使、策划甚至主导"当事人"进行虚假诉讼的也有之。对于当事人而言，虚假诉讼的实质是审判权被异化为谋取不法利益的工具；对于审判人员而言，则是对神圣的司法职责的背离。民事检察作为检察权的一部分，开展虚假诉讼监督，是检察权监督公权力的属性决定的，是以审判人员存在参与虚假诉讼的嫌疑为切入口的。

就具体的法律依据而言，《民事诉讼法》第14条、第112条、第113条、第208条及相关司法解释，都是民事检察部门开展虚假诉讼监督的程序法依据。实体法上的依据，主要是《法官法》、《人民法院工作人员处分条例》、最高人民法院《关于完善人民法院司法责任制的若干意见》等规定。如《人民法院工作人员处分条例》第50条规定："违反规定私自办理案件的，……内外勾结制造假件的……"《防范和制裁虚假诉讼指导意见》第14条规定："人民法院工作人员参与虚假诉讼的，要依照法官法、法官职业道德基本准则和法官行为规范等规定，从严处理。"根据这些规定，对虚假诉讼产生的生效判决、调解，检察机关应当根据《民事诉讼法》第208条第1款、第2款规定，依职权提出抗诉或者再审检察建议；对于审判人员参与虚假诉讼的，应当根据《人民法院工作人员处分条例》等实体法和《民事诉讼法》第208条第3款规定，提出检察建议，建议人民法院予以追责；涉嫌违纪或职务犯罪的，移送监察委立案调查，或根据刑事诉讼法有关规定直接立案侦查。

（二）虚假诉讼监督不是民事检察的独立职能

民事检察作为检察机关诉讼监督的子系统，无疑包含了对虚假民事诉讼的监督。民事检察的主责是民事诉讼监督，审判人员是诉讼程序的主导者、推动者、控制者，裁判是审判人员职务行为作用的结果。虚假诉讼之所以得以实施和完成，从根源上，还是审判人员在受理、立案、审理、裁判过程中没有尽到相关法定职责所致。因此，加大对审判人员行为的监督，有利于从源头上预防虚假诉讼，促进司法诚信体系建设，符合源头治理理念，符合检察监督的本意。正因为如此，2012年修改后《民事诉讼法》第208条第3款①将审判人员违法行为作为一项民事检察职能予以明确，消除了这一过去既不能抗诉，也不能侦查的监督盲区。民事检察部门开展虚假诉讼监督，正是以审判人员违法行为监督这一职能为依据的。

从检察机关办理虚假诉讼监督案件的结案方式亦不难看出，虚假诉讼监督并不是民事检察的新的独立职能。民事检察部门办理该类案件的结案方式不外乎以下几种：对诉讼尚在进行的，建议人民法院对"当事人"予以司法制裁；对行为既遂情况下的生效判决或者调解，提出抗诉或者再审检察建议；对进入执行的案件，发送检察建议，监督人民法院撤销执行裁定；认为审判人员存在违法犯罪的，则根据性质及情节，分别向人民法院发出检察建议、向同级纪委监察委移送线索、移送检察机关刑事执行监督部门立案侦查。显然，虚假诉讼监督的结果，分别转化为民事裁判结果监督、审判人员违法行为监督、执行监督的成效，完全融入了民事检察三大法定职能之中。

（三）民事检察部门开展虚假诉讼监督的对象

诚然，公、检、法三家都有打击虚假诉讼的职责，检察机关

---

① 《民事诉讼法》第208条第3款规定："各级人民检察院对审判监督程序以外的其他审判程序中审判人员的违法行为，有权向同级人民法院提出检察建议。"

各业务部门也都有此职责。但各家分工不同,检察机关各业务部门也有明确的职责界限。民事检察部门开展虚假诉讼监督与公安机关、检察机关刑事检察部门的视角不同。民事检察作为一种事后监督,对虚假诉讼的监督,是以法律赋予的审判人员违法行为监督职能为依托,关注的重点应当是司法人员在虚假诉讼案件中是否存在违法、该虚假诉讼案的裁判是否损害了国家社会公共利益。最高人民检察院强调民事检察部门常态化开展虚假诉讼监督,是希望以此为举措,加强审判人员深层次违法问题的监督,从源头上遏制虚假诉讼。至于发现当事人、证人等刑事犯罪线索,只是虚假诉讼监督的副产品,且并非监督的性质。由于民事检察部门调查核实虚假诉讼,往往要从当事人、证人伪造的证据入手,往往能够发现一些虚假诉讼犯罪及妨害作证等相关刑事犯罪线索,客观上有利于加强对妨害司法秩序类犯罪的打击。但是,民事检察部门不能驻足于发现移送犯罪线索,而是要进一步借助侦查机关的证据,为强化民事诉讼监督服务。如果仅仅满足于发现和移送虚假诉讼犯罪线索,或者满足于通过虚假诉讼监督增加几件抗诉案件,必然偏离加强深层次违法问题监督的初衷。

需要强调的是,不可夸大民事检察部门发现虚假诉讼犯罪的优势。理论上的推导不等于可以实现。事实上,近年来地方各级检察院民事检察部门最为困惑的,恰恰是虚假诉讼"线索发现难""调查核实难"。民事检察部门没有侦查权,书面审查和所享有的一般调查权,远不能满足发现虚假诉讼事实的需要。某市检察院借助大数据平台和"爬虫"技术发现虚假诉讼线索,通过移送公安机关侦查、以侦查所获证据作为民事抗诉证据的路径和成效,恰恰说明民事检察部门不具备发现线索的优势、不具备获取虚假诉讼证据的手段和能力。相反,对于人民法院来说,案件就在那里、案卷就在那里、线索就在那里，并不需要依靠高成本投入的大数据技术手段，即很容易发现和甄别虚假诉讼，更具线索发现优势和查证优势，况且，探知案件事实，原本就是法官庭审的核心职责，虚假诉讼原本就属于人民法院的职权探知事项。① 我们欣喜地看到，一些地方法院正在积极探索发现、阻却、制裁虚假诉讼的路径。例如，江苏省沭阳线人民法院出台了《关于开展虚假陈述专项整治活动的通告》，所列出的六类虚假陈述中，包含"故意隐瞒对方当事人已经履行全部义务""通过虚构法律关系、捏造案件事实等手段，对对方当事人主张的案件事实进行抗辩"两种虚假诉讼情形。上海市第一中级人民法院专题研究《第三人撤销之诉中虚假诉讼认定的审理思路和方法》并汇编了此类虚假诉讼典型案例，用于指导司法实践。

---

① 刘君博：《论虚假诉讼的规范性质与程序架构》，载《当代法学》2019 年第 4 期。

第四部分

民事虚假诉讼监督相关典型案例及评析

民间借贷纠纷虚假诉讼监督案例

张某平等民间借贷纠纷虚假诉讼监督系列案

案件承办单位

浙江省杭州市西湖区人民检察院

基本案情

2015年起,以赵某赟为首的团伙开始从事违法放贷业务。在放贷过程中,利用不特定人员急需用钱的心理,欺骗诱惑债务人签下远超出实际借款金额的借款合同。并通过银行转账的方式制造与借款合同记载金额相对应的资金走账记录,再以转账或取现的方式扣除相关款项。债务人到期未能还款后,通过向法院起诉的方式要求债务人归还虚高本金及相应利息。

2016年1月至2017年4月期间,赵某赟以张某平的名义先后向杭州市西湖区人民法院提起(2016)浙0106民初935号等13件民事诉讼,分别起诉赵某某等13人未按期归还债务。案件涉及的债务从数万元至十数万元不等,金额总计上百万元。杭州市西湖区人民法院对案件进行审理后,于2016年4月至2017年

10月陆续作出一审判决，均对张某平的诉求予以支持，判处赵某某等13人向张某平归还相应借款本金及利息。

检察机关监督情况

1. 开展线索初查。杭州市西湖区人民检察院在履职过程中，发现上述民间借贷纠纷案件可能存在虚假诉讼情形，遂依职权立案审查。以民行部门为主体，抽调人员成立专案组。从两个方面进行初查，获取主客观两部分的证据。一方面，约谈部分债务人制作询问笔录，具体了解借款的经过，核实借款过程中是否存在签订虚高协议以及还款等情况。另一方面，查询银行转账记录，具体了解借款的转账金额，核实是否存在刻意制造资金走账流水等情况。经初查，认为该系列案件中可能存在欺骗诱惑债务人签下超出实际借款金额的借款合同，且案件中张某平并非实际债权人。张某平以借款合同记载的金额向法院起诉，获取法院民事判决的行为涉嫌虚假诉讼。

2. 引导侦查取证。因该案同时可能涉嫌刑事犯罪，且后续的调查以张某平等人为主要对象，杭州市西湖区人民检察院将案件移送西湖区公安分局立案侦查。但考虑到由公安机关进行侦查取证，待刑事案件办结后再启动民事监督程序，存在办案周期过长、进程不可控、取证针对性难以保证等问题。杭州市西湖区人民检察院确立了直接参与、引导公安侦查取证的工作思路。通过与公安机关刑侦部门沟通协调，明确了由杭州市西湖区人民检察院民行部门提前介入刑事案件办理，直接参与侦查取证工作，化被动等待为主动作为。刑事案件侦查过程中，杭州市西湖区人民检察院民行部门实际参与调查银行账户、约谈询问证人、讯问犯罪嫌疑人等工作。全员异地出差，与公安干警同吃同住、同步作息，开启侦查办案工作模式。通过直接参与侦查取证，确保了取证工作的针对性，并在第一时间完整地掌握了张某平等人实施虚假诉讼的证据。

3. 提出再审建议。2018 年 7 月和 9 月杭州市西湖区人民检察院分两次向杭州市西湖区人民法院发出西检民（行）监〔2018〕33010600020 号等 13 件再审检察建议，建议对上述 13 件民间借贷纠纷案件予以再审，并依法纠正。后杭州市西湖区人民法院启动再审程序，经再审认定张某平作为原告的上述 13 件民间借贷纠纷案件存在虚假诉讼情形，对杭州市西湖区人民检察院的检察建议予以采纳，对上述 13 件案件以（2018）浙 0106 民再 9 号等 13 份再审裁定予以撤销。从而保障了债务人的合法权益，维护了司法的公正和权威。该职业放贷团伙成员无视法纪、肆意妄为，在被刑事立案后，目前也已被依法逮捕。

典型意义

虚假诉讼属于"刑民交叉"领域，既涉及刑事案件的办理，也涉及民事案件的监督。当前，随着国家扫黑除恶专项斗争的开展，以及办理"套路贷"案件指导意见的出台，民间借贷纠纷案件中涉嫌刑事犯罪问题的查处得到加强，虚假诉讼刑事案件的办理得到进一步重视。但同时，也在一定程度上导致了虚假诉讼民事案件监督成为刑事案件办理的副产品。多数情况下都是由公安机关先进行刑事立案，开展侦查取证工作，待刑事案件办结后再启动民事监督程序。一方面使部分检察机关产生了"等、靠、要"的思想，不利于检察监督的权威的树立。另一方面也为民事监督案件的办理带来一定的风险,即因为刑事部分最终未成案,而民事监督案件的取证过于滞后,存在证据灭失的风险。

在张某平虚假诉讼系列案件办理过程中,杭州市西湖区人民检察院通过提前介入虚假诉讼刑事案件办理,直接参与侦查取证工作,一定程度上对"民行部门引导侦查"模式进行了探索。虚假诉讼刑事案件和虚假诉讼民事监督案件,虽然分属刑事、民事两个领域,但在行为本身上具有同一性,针对刑事、民事两部分的取证也完全可以一步到位。该案的成功办理,正是采取了民行部门引导侦查,与公安机关同步开展取证的工作模式,最终取得了较好的效果。使得对虚假诉讼的监督不但顺利完成,而且完成时间远远早于刑事案件的起诉、审判。不仅有效地维护了司法的公平公正,体现了检察监督的质量;更及时地保障了人民群众的合法权益,体现了检察监督的效率。

彭某枫等民间借贷纠纷虚假诉讼监督系列案

案件承办单位

浙江省绍兴市上虞区人民检察院

基本案情

彭某枫于 2016 年 6 月至 2018 年 5 月期间在绍兴市上虞区人民法院频繁进行民间借贷纠纷案件的起诉、撤诉与申请执行，其中法院作出的相应生效裁判案件多达 50 件，涉案金额合计 271.67 万元。2018 年 6 月，绍兴市人民检察院通过"智慧民行"软件系统[①]发现并分析认为该 50 件案件存在虚假诉讼嫌疑，遂将该线索移送绍兴市上虞区人民检察院进行初查。上虞区人民检察院经审查不仅发现该批案件确实存在虚假情形，且背后还存在一个以程某君、彭某枫等人为首的高利贷团伙，可能制造参与了一系列涉黑涉恶犯罪活动。上虞区人民检察院随即将该涉黑涉恶案件线索上报绍兴市人民检察院。2018 年 7 月 17 日，绍兴市人民检察院将该线索移送公安机关。

---

① "智慧民行"软件系统，系绍兴市人民检察院自主研发的民事裁判文书智慧监督系统。

检察机关监督情况

2018年6月，上虞区人民检察院对该批案件涉嫌虚假诉讼的民事情形开展调查核实工作。2018年8月，上虞区公安分局对检察机关移送的涉黑涉恶刑事案件线索开始立案侦查。这是绍兴检察机关首次尝试在办理民事监督案件过程中将检察民事调查与公安机关刑事侦查相结合，实现民刑案件同步推进、调查工作两轮驱动。

2018年9月，上虞区人民检察院基本查明了案件事实，以程某君为首、彭某枫等人为骨干的高利贷团伙，通过开办二手车交易行和典当行作为平台，采用威逼利诱等手段，与借款人、保证人约定高额利息，在扣除头期利息和各种手续费后交付，同时强迫对方出具虚增借款金额的借条，对未能收回的高利贷债权除采取各种暴力手段进行催讨外，主要由彭某枫出面凭借虚增借款金额的借条、隐瞒自己非债权人的身份以及借款方已全部或部分归还的事实进行频繁起诉和申请执行，骗取法院的判决和执行裁定来维护高利贷非法利益。

2018年10月，上虞区人民检察院对于其中已事实清楚、证据充分的4件案件以原审事实认定存在错误和原告不适格为由向法院发出绍虞检民（行）监〔2018〕33068200014—17号4份再审检察建议。2019年4月，上虞区人民法院经再审采纳了检察机关的监督意见，作出了（2019）浙0604民再2—5号4份民事裁定书，均裁定撤销原判，驳回原审原告彭某枫的起诉。

2019年4月，上虞区人民检察院在全面整合民行部门调查核实情况与公安机关侦查结果的基础上，结合对关键法律问题的专家论证意见，以原审事实认定存在错误和原告不适格为由对剩余46件涉嫌虚假诉讼案件进行了监督，案号为绍虞检民（行）监〔2019〕33068200013—58号，其中提请绍兴市人民检察院抗诉2件，向上虞区人民法院发出再审检察建议44件。对以彭某枫为原告的50件涉嫌虚假诉讼的民间借贷纠纷系列案件均进行了监督。

对于程某君等14人涉黑涉恶刑事案件，上虞区人民检察院亦于2019年4月向上虞区人民法院提起公诉，涉及的罪名包括：组织、领导、参加黑社会性质组织罪，敲诈勒索罪，寻衅滋事罪，非法拘禁罪，诈骗罪，虚假诉讼罪等。

典型意义

本案系全国检察机关首起通过"智慧民行"系统主动发现民事虚假诉讼案件线索，继而又从中发现并形成涉黑涉恶刑事案件的"民刑双查、互为借力"的重大特色案件。在本案的办理过程中，绍兴检察机关秉承"主动监督""类案监督""系统监督"三大监督理念，勇于探索，敢于创新，开创了民行部门既坚守初衷、严厉打击虚假诉讼，又不忘大局、坚决助推扫黑除恶的工作新局面，并逐步探索形成了以"智能排查+人工审查+深入调查+移送侦查"为特色的"四查推进式"虚假诉讼监督"绍检模式"，实现了民事诉讼检察监督从个别、碎片、偶发、被动监督向全面、整体、系统、主动监督的转变。

1. 智慧民行系统解决了民事检察案源困境。绍兴市检察机关为破解民行部门普遍面临的有效案件线索较为匮乏的困境，提升监督的主动性与成效性，以民行检察部门依职权监督职能为突破口，于2018年初自主研发设计了"民事裁判文书智慧监督系统"(以下简称"智慧民行"系统),主要是通过人工智能技术,从海量文书中筛选异常裁判,将文书数量降低至人力可以处理的量级。该系统经过一年多的探索实践,已经成为当前该市两级检察机关主动寻找并发现案件线索的智能排查利器,并逐渐在浙江全省检察机关中予以推广。本案的成功办理证明,"智慧民行"系统能够切实帮助民行检察部门及时发现大量有价值的民事诉讼监督案件线索,实现案件线索排查工作的智能化、高效化、常态化,这为有效解决长期困扰全国民行检察部门的案源问题提供了一种有益的创新与成功的借鉴。

2. 解决法律争议提供了类似案件办理思路。本案的办理在法律适用上主要存在两个争议问题:一是检察机关是否可以依职权监督的问题。根据相关法律与司法解释规定,虚假诉讼一般以原被告双方恶意串通,利用虚假法律关系或案件事实提起诉讼,且结果损害他人合法权益为构成要件,故该批案件并非双方恶意串通,而是一方当事人胁迫对方出具与实际借款金额不符的借条。由此,在未有案件当事人申请监督的情况下,检察机关对该批不属于双方串通的虚假诉讼案件是否可依职权进行监督存在争议。上虞区人民检察院分析认为,考虑到该系列案中原告凭借虚增金额借条,在部分案件中隐瞒被告还款事实,且谎称其系出借人的方式,长期频繁起诉,目的是利用司法机关作出的合法判决来保护基于高利贷而产生的高额非法利益,故无论从时间跨度、案件数量、涉案金额还是最终结果上来看,该批案件已严重妨害了司法秩序,法律后果恶劣,社会危害极大。因此,检察机关应以长期恶意损害司法秩序即损害国家利益为由,依职权进行监督。该问题的解决为检察机关今后持续打击含有虚假成分的恶意民间借贷诉讼行为提供了实践支撑。二是以"原告不适格"作为监督理由的合理性问题。本案中，该批案件的原告彭某枫与案外人程某君均承认彭某枫系受实际出借人程某君指派，以彭某枫自己的名义代为起诉之事实，且不存在债权转让、赠与之情形。有观点认为，由于该批案件中部分案件的借款事实尚未查清，故不宜进行全案监督，或认为法院以"原告不适格"为由驳回起诉，因实际出借人今后另案起诉几无可能，将产生批量债务人实际上的不当得利问题。上虞区人民检察院分析认为，依据相关法律规定，本案原判确属"原告不适格"之情形，个案中的借款事实问题是否查清以及若起诉被驳回后续实际出借人是否会另案起诉不影响监督理由的成立。为精准监督，上虞区人民检察院将此问题提交绍兴市人民检察院民事行政检察监督案件专家委员会进行咨询论证，多数专家持支持观点。因此，上虞区人民检察院以"原告不适格"作为监督理由之一对全部50件案件进行了监督。

3. 打击虚假诉讼促进了民间金融风险防范。党的十九大报告提出"三大攻坚战"任务，其中第一项便是要防范化解重大金融风险，而对民间借贷相关的金融风险进行防范化解应为其中内容之一。我国社会民间借贷较为普遍，而与之伴生的大量高利贷从业人员为维护非法利益极易引发诸如暴力催讨、虚假诉讼等违法犯罪行为，给借款人造成各种损失与伤害，如程某君等人涉黑涉恶案件中查实了一起因暴力追讨高利贷债务而导致一家三口自杀，最终造成两死一伤的恶性事件。通过本次对民事虚假诉讼的监督与刑事黑恶势力的打击，上虞地区民间金融风险在一定程度上得到了化解与防范。一是本地高利贷乱象得到明显遏制。本案的办理对本地的高利贷从业人员产生了极大的震慑力，目前与高利贷相关的如暴力收债、虚假诉讼等违法犯罪现象得到了明显遏制。二是促进了人民法院审理民间借贷纠纷诉讼活动的规范化。通过对本案的监督，促进了人民法院在民间借贷纠纷类案件的受理、审理、执行等各个环节中依法审查核实的力度。2018年12月，上虞区人民法院制定了《关于建立"职业放贷人名录"制度的意见（试行）》，进一步规范了民间借贷案件的办理。

4. 民事助推刑事服务了扫黑除恶工作大局。扫黑除恶专项斗争是当前司法机关的中心工作，本案的办理证明民行检察部门在扫黑除恶专项斗争工作中同样大有可为。一是要打破部门界限，加强线索发现与移送意识。民行部门在工作中应树立大局意识，在办案中要有为扫黑除恶专项斗争摸排、发现线索的意识，并及时将发现的涉黑涉恶案件线索移送至公安机关。二是要协助公安机关和刑事检察部门，加快刑事案件进度。一方面，要充分利用公安机关侦查活动取得的证据，作为民事监督的支持。另一方面，民行部门要也主动向公安机关和刑事检察部门通报关联民事监督案件的办理情况，积极提供相关数据、材料、线索。在本案的办理过程中，上虞公安机关便是依据上虞区人民检察院民行部门提供的材料线索查实了多起此前未掌握的犯罪事实。在公诉部门审查起诉阶段，对民行部门已经掌握但公安机关未曾查明或遗漏未报的犯罪情节及时向公诉部门进行补充。

扬州广某医院等民间借贷纠纷虚假诉讼监督系列案

案件承办单位

江苏省扬州市人民检察院、江苏省扬州市广陵区人民检察院

基本案情

2012年8月,丁某与陈某晴、陈某林(以下简称陈氏兄弟)筹备开设扬州广某医院,其股东为丁某(院长)、陈某晴、陈某林。从2012年年底起,广某医院因不能偿还到期债务,被众多债权人先后起诉至法院,丁某去向不明。在执行过程中,法院将广某医院不动产评估拍卖,共拍得6000余万元执行款。为套取拍卖执行款,2013年年底前后,陈氏兄弟虚构陈某红与广某医院存在借款债权债务关系,先后伪造了27张假借条、2张利息欠条和36笔对账清单及一份对账确认书,并将上述材料交陈某祥。

2014年4月,陈某祥全权代理陈某红持上述虚假证据将广某医院起诉至江苏省扬州市中级人民法院,要求判令广某医院偿还借款本金25449600元及利息6135888元。2014年6月16日,陈某红的代理人陈某祥与广某医院的代理人阮某波(系广济医

院总账会计)达成调解协议,同日扬州市中级人民法院作出民事调解书载明:(1)双方当事人确认广某医院共欠陈某红借款本金为25449600元。(2)广某医院承诺在2014年6月23日前向陈某红还清上述全部债务。

另,陈氏兄弟请托和授意顾某、刘某以广某医院为被告向法院起诉还款。2014年6月,顾某、刘某以陈氏兄弟伪造的借条、流水账等材料将广某医院起诉至扬州市中级人民法院,要求判令:广某医院偿还借款及利息。顾某、刘某与广某医院代理人陈某晴在扬州市中级人民法院达成调解协议,扬州市中级人民法院于2014年6日作出两份民事调解书载明:(1)双方确认广某医院欠顾某、刘某借款本金分别为4620062元、3040000元;(2)广某医院承诺在2014年7月10日前向顾某、刘某还清上述全部债务。

此外,陈氏兄弟还冒用原告赵某英的签名、代签《授权委托书》请托律师樊某作为赵某英的代理人,并伪造、变造借条、凭证等相关证据材料,将广某医院起诉至扬州市中级人民法院,要求判令:(1)广某医院偿还赵某英借款3265000元及利息;(2)广某医院偿还从石某处受让债权2915000元及利息。扬州市中级人民法院于2014年7月14日作出民事调解书载明:(1)双方当事人确认广某医院共欠赵某英借款本金6180000元及相应利息。(2)广某医院承诺在2014年7月21日前向赵某英还清上述全部债务。

检察机关监督情况

2014年至2015年,广某医院被众多债权人起诉,累计申报债权人14人，债权18笔，数额超过2亿元。2015年9月，债权人匡某某等人得知广某医院申报的债权中存在虚假诉讼的行为，遂向检察机关控告举报。扬州市人民检察院启动一体化办案机制，联手广陵区人民检察院对该系列案开展调查核实。

在多次线索研判的基础上，两级院有序开展调查核实工作。第一步，通过到公安机关调取人口户籍信息等外围调查措施，查明陈某红、陈某林、陈某晴、陈某祥系兄弟姐妹关系，丁某系陈某晴的同学。第二步，到扬州市中级人民法院调取原审卷宗，发现广某医院向陈某红出具的27张借条格式相同，陈某红代理人陈某祥与广某医院代理人阮某波在诉讼过程中对借款事实等问题的陈述高度一致，且在庭审中双方主动达成和解协议，缺乏对抗性。第三步，通过银行查询借款资金流向，发现陈某红的"借款"去向并非广某医院公有账户，而是陈氏兄弟的个人账户。第四步，移送犯罪线索后与公安机关分工配合询问、讯问广某医院股东陈某晴、陈某林、会计阮某波。陈某林、陈某晴在公安机关供述称，广某医院资不抵债以后，为挽回其所谓的投资损失，指使广某医院会计阮某波提供虚假进账凭证，自己书写借条，以陈某红的名义打假官司，以便参与广某医院执行款分配；阮某波在公安机关供述称，陈某红案借条系陈某林、陈某晴根据进账凭证伪造，陈某林、陈某晴编造广某医院向陈某红借款的目的是欲通过诉讼参与广某医院执行款的分配。第五步，阮某波被公安机关以涉嫌帮助伪造证据罪刑事拘留后，为深挖该案虚假诉讼线索，检察机关派员继续到扬州市看守所询问阮某波，其交代除陈某红案为虚假诉讼外，顾某、刘某、赵某英案也为虚假诉讼案件。第六步，通过外围调查发现顾某、刘某与陈某晴系高中同学关系。同时继续与公安机关分工配合询问、讯问顾某、刘某、赵某英。顾某、刘某在接受公安机关询问时亦承认该案系虚假诉讼；赵某英、陈氏兄弟在公安机关询问时一致表示赵某英并未委托律师起诉广某医院，该虚假诉讼案件是陈氏兄弟一手操纵而成。

2016年4月至9月，扬州市人民检察院就广某医院案的4份民事调解书向扬州市中级人民法院提出4份再审检察建议，认为这四起案件双方当事人以虚构法律关系、捏造事实、伪造证据等欺诈手段，骗取生效民事调解书损害了国家利益和社会公共利益。同时，为防止广某医院6000多万元的执行款分配错误，导致难以执行回转，在提出再审检察建议前向扬州市中级人民法院发出4份中止执行的检察建议。

扬州市中级人民法院对4份中止执行检察建议及时予以采纳，并于2016年9月至2017年8月，先后对扬州市人民检察院四起再审检察建议案件作出再审判决，均判决驳回原告诉讼请求。另，检察机关向公安机关移送陈某林等6人犯罪线索，均被刑事立案。2018年8月，陈氏兄弟和阮某波被法院分别以妨害作证罪和帮助伪造证据罪，判处有期徒刑。

典型意义

该系列虚假诉讼监督案获评"2017年江苏民行检察八大典型案例"和"江苏检察机关2017年度保障民生十大优秀案件"。系扬州市检察机关办理虚假诉讼案件以来涉嫌虚假诉讼金额最大、办案投入人力最多，政治效果、社会效果和法律效果都较好的虚假诉讼监督案件。

1. 在虚假诉讼查处中推动建立民事检察与刑事侦查协作配

合机制。虚假诉讼中往往民事刑事法律关系交织在一起，存在取证难、查处难等问题，扬州市检察机关通过该案的成功办理，探索了检察机关与公安机关协作办理虚假诉讼监督案件的新模式。2018年扬州市人民检察院与扬州市公安局率先在全国会签《关于加强虚假诉讼查处中民事检察与刑事侦查协作配合的意见》，为办理虚假诉讼监督案件提供了全新的思路和实践基础。

2. 进一步完善虚假诉讼上下一体化查办机制。该机制有效发挥市级人民检察院统筹把关作用，基层人民检察院的办案能力也在实战化的"传帮带"中不断提升，确保了两级院整体办案规模稳定，质量提高。

3. 精准有效的调查核实实现案件突破。广某医院虚假诉讼系列案件，虽然表面上当事人之间的借贷关系有借条、银行进账记录加以证明，但是通过深入调取银行交易的影像资料、审计报告的资产负债表、年检报告及注册事项的变更资料，发现银行进账记录指向的资金或用于验资或用于调头，与借条载明的借款没有内在联系。通过检察机关的询问突破，在大量人证、书证相互印证的基础上，当事人最终交代了虚假诉讼的经过。

孙某虹等民间借贷纠纷虚假诉讼监督案

案件承办单位

江苏省扬中市人民检察院

基本案情

2017年初，曹某文以其父亲曹某寿名义经营的娱乐会所被拆迁征用，应得补偿838.6万元。由于曹某文对外负债近3000万元，为了不让拆迁款旁落他人口袋，其指使孙某虹伪造一份文某公司及该公司法定代表人曹某寿，欠孙某虹借款共1156万元的"结账凭证"。2017年6月13日，孙某虹起诉至江苏省扬中市人民法院，要求二被告曹某寿、文某公司偿还借款人民币1156万元及利息。2017年6月21日，扬中市人民法院作出（2017）苏1182民初2076号民事调解书，内容如下：（1）被告曹某寿、文某公司结欠原告孙某虹借款本金1156万元，于2017年6月26日前偿还孙某虹借款本金1156万元，于2017年12月31日前偿还本金500万元及相应利息，尚余借款本金556万元及相应利息（上述利息均自2017年6月1日起，按月利率2%计算）于2018年5月31日前还清。（2）若被告曹某寿、文某公司有一期未按时足额还款，则原告有权就所有未还借款本息一并申请扬中市人民法院强制执行。2017年7月4日，孙某虹向法院申请强制执行。8月30日，扬中市人民法院从扬中市交通局账户上强行扣划744.6万元，并于次日转入孙某虹账户。

检察机关监督情况

2018年1月，扬中市人民检察院根据案外人控告，依托在法院成立的执行监督检察室，从中搜寻有关曹某文、孙某虹的案件执行信息。经查阅该案审判、执行卷宗，发现该案涉案金额高达1156万元，但孙某虹起诉所提供的证据仅有一张打印的"结账凭证"，无其他银行转账、借条、基础会计往来等凭证作为佐证。经初步审查，扬中市人民检察院发现孙某虹与曹某寿、文某公司民间借贷纠纷案存在虚假诉讼嫌疑，遂依职权开展监督。

经调查核实，孙某虹承认其与曹某寿、文某公司之间不存在借贷关系，"结账凭证"是其根据曹某寿之子曹某文的要求伪造，且其套取法院执行的拆迁款后又按照曹某文的要求将其中639.6万元转入了曹某文控制的丁某银行卡中。曹某寿亦承认其与孙某虹之间不存在借贷关系。孙某虹等人的行为妨害了司法秩序，损害了国家利益、社会公共利益，应依法予以纠正。据此，扬中市人民检察院提请镇江市人民检察院抗诉。镇江市人民检察院经审查后认为本案符合抗诉条件，并于2018年2月6日向镇江市中级人民法院抗诉。镇江市中级人民法院于2018年6月4日判决撤销原审民事调解书，驳回孙某虹的诉讼请求。

在办理该案的同时，扬中市人民检察院将曹某文、孙某虹涉嫌虚假诉讼罪线索移送公安机关立案侦查，2018年9月28日，曹某文因犯虚假诉讼罪被判处有期徒刑10个月，缓刑1年，并处罚金 20 万元；孙某虹因犯虚假诉讼罪被判处罚金 15 万元。针对该案执行活动中的不规范行为，向扬中市人民法院发出执行监督检察建议书 1 份，该院领导非常重视，第一次针对个案中出现的问题进行专项整顿，并责成政治、监察部门对该案进行核查，对相关人员给予了批评教育；向扬中市司法局发出整顿行业作风类检察建议书 1 份，并受邀在该局开展了"珍惜职业荣誉 远离虚假诉讼"法治教育活动，取得了良好的法律效果和社会效果。

典型意义

1. 披露了虚假诉讼"重灾区"。该案原被告双方相互串通、虚构债权债务，涉案金额高达 1156 万元，系扬中市人民检察院近年来查处的案值最大的虚假诉讼案，也是《刑法修正案（九）》实施后，镇江地区查办的首例涉嫌虚假诉讼犯罪案件。同时，该案直指扬中市虚假诉讼主要集中在民间借贷领域这一"重灾区"，具有典型意义。

2. 挖出了一串虚假诉讼案件。通过深挖曹某文所涉案件，发现其在 2014 年有另两起案件的操作手法与本案如出一辙。该两起案件中原告起诉依据均只有一张打印的结账凭证，无其他任何证据证实，且诉讼金额巨大，分别为 605 万元、536 万元。上述两案经向镇江市人民检察院提请抗诉，镇江市人民检察院抗诉后，镇江中级人民法院于 2018 年 8 月 27 日判决撤销原审民事调解书，驳回原告诉讼请求。

3. 整合了内外两大办案资源。对内，形成内部合力。首先是向上借"指引力"，及时将案件查办情况向镇江市人民检察院汇报，镇江市人民检察院决定将该案刑事部分实行异地办理，多次召开检察和公安协调会，沟通案情，推进办案进度；同时，向内设各部门借"凝聚力"，本案办理过程中，扬中市人民检察院由检察长召集公诉、侦监、民行等部门，共同分析、研讨、把关案件的定性、证据固定等关键问题，形成了查处虚假诉讼全院一盘棋的工作格局。对外，向公安借"优势力"，主动帮助公安厘清民事法律关系，寻找案件突破口，引导公安侦查取证；公安则发挥侦查优势，震慑犯罪嫌疑人，为最终突破案件打出漂亮的"刑民联动"组合拳。

4. 彰显了检察作为。一是多媒体联动，通过《检察日报》《镇江日报》《江苏法制报》和微信、微博等媒体进行广泛宣传，并召开专题新闻发布会，营造良好社会氛围。二是多群体参与，邀请人大代表、政协委员、人民监督员、律师和群众代表旁听虚假诉讼庭审，积极弘扬诚实守信的社会公德。三是多部门协作，在办案基础上，扬中市人民检察院联合法院、公安局、司法局等部门，会签《关于强化执行监督暨防范和查处虚假诉讼的司法协作实施意见》，实现跨部门资源信息共享，凝聚了扬中市防范和打击虚假诉讼合力。

5. 保障了债权人合法权益。建议法院加快启动再审程序，防止矛盾激化；建议公安机关就追赃问题对曹某文释法说理；及时向被害人通报案件进展情况，开展民行申诉个案答询，以公开透明的办案方式，取得被害人理解支持。在公、检、法共同努力下，共帮助被害人挽回经济损失500余万元。其中，为非公企业挽回经济损失200余万元，一定程度上保障了非公经济健康发展。

刘某峰等民间借贷纠纷虚假诉讼监督案

案件承办单位

江苏省南通市启东市人民检察院

基本案情

2009年至2013年间，南通万某房地产公司法定代表人崔某涛为了发展业务多次向刘某峰、杨某涛、杜某军三人借高利贷。2013年，崔某涛的公司开始衰败，随时面临破产。为了在破产债权分配中主张高利贷利息，刘某峰、杨某涛、杜某军和崔某涛相互串通，通过伪造借条和银行转账记录，虚构了刘某峰等14名亲友与南通万某房地产公司存在债权债务关系的"事实"，并以刘某峰等14名亲友的名义，以借条和银行转账凭证为证据向南通、启东两级法院起诉，要求崔某涛及其南通万某房地产公司归还借款总计约1.1亿元。庭审过程中，刘某峰等人与崔某涛纷纷达成调解协议，法院作出14份民事调解书对上述债权债务全部予以确认（其中13起案件在江苏省南通市启东市人民法院审理，1起案件在江苏省南通市中级人民法院审理）。2014年7月14日，崔某涛的房地产公司申请破产，刘某峰等人以生效民事调解书为依据向破产清算小组进行债权申报，要求参与破产债权分配。

检察机关监督情况

由于该案企业债权申报清单中所列的债务总额畸高，破产清算难以推进，其余债权人认为有虚假成分，多次向当地政府信访要求彻查。2017年初，该信访件移送至启东市人民检察院。检察机关经过调查相关银行转账交易记录发现：刘某峰等14人账户上转出去的借款均来源于刘某锋、杨某涛和杜某军三人，且最终又回到该三人的账户，可以认定出借人刘某峰等14人与借款人南通万某房地产公司之间均无真实的借款交付行为。其后，检察机关对涉案当事人进行询问，所有人员均承认14个案件的原被告之间无真实债权债务关系，银行转账凭证系为佐证借条内容而对资金进行循环操作所得，查实该系列案确属虚假诉讼。

启东市人民检察院以该系列案涉嫌虚假诉讼为由向启东市人民法院发出再审检察建议书，并将南通市中级人民法院调解的案件移送至南通市人民检察院。两级法院经再审后撤销了原14份民事调解书，并驳回所有原告的诉讼请求，18名涉案人员分别被处以3万元至10万元不等的罚款及5日至15日不等的司法拘留等处罚措施。

典型意义

2017年，该案分别被评为南通市、江苏省检察机关"十大保障民生典型案例"，相关做法在全省予以推广。该起虚假诉讼系列案件是企业破产领域虚增债务，将高额利息合法化从而侵害企业合法债权人财产权益的典型案例。该案的成功办理，监督的不仅仅是14份生效裁判，更是对遏制企业破产领域虚假诉讼高发乱象具有现实意义。通过办案，有效化解了积存多年的信访矛盾，维护了31家企业对该破产企业的合法债权，为经济社会的健康发展起到了强有力的司法保障作用，充分体现了检察机关服务大局和保障民生的应有之义。

1. 精准把握虚假诉讼特质，找准突破口。办案检察官凭牢牢抓住虚构"事实"需要伪造证据进行佐证这一特点，在借条和银行转账凭证中准确判断证据有无客观性，最终通过查明虚假诉讼人循环汇款的事实，成功打开案件的突破口。

2. 充分发挥内外协作效用，锁定证据链。在没有现成成功案例可借鉴的情况下，启东市人民检察院集思广益，该院民行、反贪部门协作，联合纪委、公安的力量，成立五个小组对18名当事人同时进行询问，快速打破所有涉案当事人心理防线，锁定全案证据链。

3. 潜心探究民行办案模式，创设新样本。针对企业破产领域虚假诉讼案件易发、频发的现状，对破产案件进行集中梳理，深入研究该类案件的发案规律，积极寻求突破该类案件的方式方法。在全省率先建立了"法院破产清算案件常态化参与机制""企业破产清算单位的常态化联络机制"等两个机制，打造了"检察机关查处虚假诉讼涉嫌刑事犯罪案件移送公安机关"这个平台，并让两机制一平台成为今后查办虚假诉讼案件的样本模式，形成民行检察多元化产权保护格局。

傅某、郎某东等民间借贷纠纷
虚假诉讼监督案

案件承办单位

北京市昌平区人民检察院

基本案情

康某哲、徐某革与郎某东于 2016 年 1 月 27 日签订《北京市存量房屋买卖合同》，约定郎某东将其拥有所有权的北京市昌平区回龙观镇某小区 601 室出售给康某哲、徐某革，后双方因合同履行发生纠纷，康某哲、徐某革将郎某东诉至法院，法院于 2016 年 11 月 30 日作出（2016）京 0114 民初 9572 号民事判决，判令郎某东继续履行其与康某哲、徐某革签订的《北京市存量房屋买卖合同》。双方不服一审判决均上诉。北京市第一中级人民法院于 2017 年 3 月 27 日作出二审判决，驳回上诉，维持原判。上述案件二审期间，傅某起诉至北京市昌平区人民法院，请求判令郎某东立即偿还傅某借款本金人民币 300 万元、利息人民币 6 万元、罚息人民币 10 万元，共计人民币 316 万元。同时，傅某对郎某东名下的某小区 601 室提出诉前财产保全申请，法院对该房产进行查封。北京市昌平区人民法院于 2017 年 6 月 19 日作出（2017）京0114民初5842号民事判决。庭审中，傅某提供了其与郎某东之间的借款协议以及傅某于2016年12月31日、2017年1月3日分三次向郎某东转账共计人民币300万元的银行交易记录。法院认定上述借款关系成立，判令郎某东偿还傅某借款本金人民币300万元、利息人民币6万元及相应罚息。

检察机关监督情况

康某哲在对其与郎某东房屋买卖合同纠纷一案生效判决申请执行期间发现，601室已在傅某和郎某东民间借贷纠纷一案中被法院查封并采取强制拍卖措施，致使其与郎某东之间关于房屋买卖合同纠纷的生效判决无法执行，严重损害了康某哲的合法权益。康某哲向北京市昌平区人民检察院举报，认为上述欠债是虚构的债务，昌平区人民法院（2017）京0114民初5842号民事判决确有错误。昌平区人民检察院经初查，认为本案主要存在以下几大疑点：一是诉讼产生时间与前一诉讼二审时间高度吻合。此案产生于康某哲与郎某东房屋买卖合同纠纷一案一审判决作出后，正值郎某东提起上诉期间，郎某东对抗再次败诉风险的意图较为明显。二是诉前财产保全对象不合常理。诉讼时郎某东名下有两套房产，即坐落在北京市海淀区某小区602室与回龙观镇某小区601室。其中，602室与郎某东户籍所在地及身份证的地址一致，对一般债权人具有更强的知悉可能性，傅某作为原审原告不要求法院查封602室，而要求对存在诉争的601室采取保全措施，指向如此明确，明显不合常理。三是证据形式过于完美。通常情况下，借款纠纷诉讼中，出借人与借款人在约定还款日未还款的，往往经过催收、谈判等过程，持续一段时间后，借款仍无法归还，出借人才会起诉到法院要求对方还款，但是本案借款期限仅两个月，在还款日到期后，出借人没有经过上述过程，直接到法院进行起诉，所持证据形式完美，有借款协议，有转账记录，不容反驳，给人过犹不及之感。四是庭审过程配合痕迹较重。郎某东作为被告对于原告傅某提出的300万元借款事实和诉讼请求，没有提出任何抗辩理由，全盘接受，不符合民间借贷纠纷案件激烈对抗的一般规律。综合上述几个方面的疑点，认为本案存在虚假诉讼的重大嫌疑，故依职权进行了受理。

案件受理后，经过分析研判，确定了以客观性证据入手的调查核实工作思路，即从调查三张100万元转账记录着手，查清资金的来源和流向。承办人到南京、上海等地的工商银行、招商银行对资金流向涉及的9人10个账户进行跟踪查询，最终还原了同一笔资金在多人多账户之间的整体走向：由原一审中郎某东的代理律师沈某伟账户转出100万元到杨某玲账户，后由杨某玲账户转入傅某账户，由傅某"出借"转给郎某东，再由郎某东转入他人账户后几经转手再次转入傅某账户，依次循环，在四天之内产生了三次傅某向郎某东转账的记录，100万元最终回到了沈某伟的账户。

至此，本案客观证据的调查核实工作已经取得重大突破，并成立了以主管检察长为组长，各相关业务部门及法警大队为成员的办案组，并制定了相关工作预案及保密规范措施。办案组加强与公安机关的沟通，及时向公安机关通报了案件进展情况，要求公安机关配合对人员进行控制，确保涉案人员傅某与郎某东同时到案，并同步开展询问工作，避免因二人串供影响本案正常办理，同时，抽调具有长期职务犯罪侦查经验和刑检工作经验的人员组成两个询问组，随时准备开展询问工作。2019年4月25

日，经公安机关对涉案人员行动轨迹进行跟踪，傅某、郎某东同时到案的时机已经成熟，要求公安机关协助将傅某、郎某东两人从各自单位带到公安机关询问场所进行询问。在询问过程中，傅某、郎某东百般狡辩，拒不承认存在虚假的借款事实，也不承认实施了虚假诉讼。根据前期预案，通过对二人身份背景、社会关系、家庭情况入手开展心理战，终于在强大的心理攻势和客观证据面前，二人承认了合作制造虚假诉讼的全部经过，即先由沈某伟提供资金，其他人按照郎某东的指示进行循环转账，人为制造出三次傅某向郎某东转账100万元的记录，后由郎某东提供诉讼费用和保全费用，由傅某进行起诉和申请财产保全，进行虚假诉讼目的就是对抗康某哲与郎某东的房屋买卖合同纠纷案件的败诉风险，阻却该案的执行。

现有新的证据足以推翻（2017）京0114民初5842号民事判决，且该判决损害国家利益、社会公共利益，昌平区人民检察院于2019年4月29日向昌平区人民法院发出京昌检民监〔2018〕11011400011号再审检察建议。昌平区人民法院裁定撤销了该民间借纠纷的判决。因本案涉案房屋已由昌平法院进行了司法拍卖，正在办理过户手续，检察机关同时向昌平法院发出要求中止执行的工作函，法院已接受工作建议，中止了相关的执行工作。

傅某、郎某东因涉嫌虚假诉讼罪已被批捕，另公安机关在侦查过程中，又追捕同案犯一人，目前已提请检察机关批捕。

典型意义

本案系虚假诉讼入刑以来，首都检察机关办理的首例由民事检察部门通过调查核实确认构成刑事犯罪的虚假诉讼案件。检察机关聚焦民事诉讼监督薄弱环节，在精准监督上下功夫，强化线索发现和收集力度，不断提升民事诉讼监督质效。同时，本案的办理，得益于公检联合办案的制度设计，为拓宽发现此类案件线索途径、丰富民事部门调查核实手段积累了经验。总结如下：

1. 整合上下级检察院力量，勇于探索积极作为。在案件办理的过程中，面对没有成熟的案例和过往的经验可以借鉴、公安机关提出的与区法院进行的接触需求无法保障工作保密性、检察机关询问相关人员没有强制措施、在合法的前提下采取何种手段保证两名当事人同时到案等新问题，上下级检察院形成坚定信心、大胆尝试、依法办理的共识，没有经验创造经验。并形成了由主管检察长牵头、多部门参与的联合办案组，进行了多次全方位多角度的研究讨论。针对询问能力不足的问题，决定抽调富有侦查经验和刑检工作经验的干警开展询问工作，从人员社会关系、家庭背景等方面入手制订全面的询问计划，为询问工作取得突破打下坚实基础。此外，协调全院在车辆、装备、出差等方面提供支持，为案件的顺利办理创造了良好条件。

2. 发挥公检联合办案优势，凝聚合力形成共识。积极与公安机关沟通衔接，充分发挥公安机关在取证、技术手段、办案场所和检察机关在询问、证据研判、证据运用等方面的优势，探索建立公检联合办案模式，做到优势互补、合力共赢。随后，部署安排了确保涉案人员同时到案的方案，由公安机关负责通过技术侦查手段摸清人员活动规律，锁定人员位置，公检联合派员查找当事人，并将人员带回公安机关的询问场所进行询问。既保证了人员可以顺利到案，又不违反检察机关询问不得限制人身自由的规定，取得了良好的办案效果。通过本案的办理，公检双方也对未来开展相关工作达成共识，对于公安机关受理的当事人举报或者法院移送的虚假诉讼案件线索，全部抄备检察机关，由检察机关提前介入，引导侦查思路和方向，借助公安机关的取证手段，取得人员背景资料、社会关系、家庭成员、资金往来情况等，由检察机关结合法院裁判对证据进行整体梳理和分析，联合办理案件。在人员的接触上按照检察机关的要求开展工作，包括人员的范围、接触当事人的时间、接触当事人的方式等，公安机关提供技术、人员、手段支持，询问工作由检察机关主导，借助公安机关办案场所，以保护人员安全和办案安全。

3. 立足大局深化职能宣传，聚焦重点创新推动。加大职能宣传力度为监督线索发现提供了新思路，本案即是案外人向检察机关提供举报线索发现的。同时，虚假诉讼的发生与某一区域经济社会发展的特点存在一定的联系，因此有必要针对区域特点开展虚假诉讼防范和打击工作。比如浙江省民营经济发达，民间借贷频繁，虚假诉讼往往以"套路贷"形式出现，成为浙江虚假诉讼的特点。昌平区位于城乡结合部，交通便利，距离中关村、上地、望京等商业中心和科技创新中心较近，外来人口众多，人口流动量大，房屋买卖频繁，又因经济适用房等政策房体量巨大，违规操作情形时有发生，在房屋交易过程中利用虚假诉讼规避法律政策以及第三人诉求的情形是客观存在的，本案的发生就是符合了这个特点，检察机关根据这一特点，主动出击，利用大数据分析和执行监督等手段，依职权发现相关线索，重点打击该领域内的虚假诉讼活动。

天津长某公司等民间借贷纠纷虚假诉讼监督案

案件承办单位

天津市人民检察院第一分院、天津市宝坻区人民检察院

基本案情

2012年2月29日,朱某珍以民间借贷纠纷为由将天津长某公司起诉至天津市宝坻区人民法院,请求法院判决长某公司偿还其借款人民币160万元及自2009年1月1日起按同期银行贷款利率所应支付的利息,至还清日止。

朱某珍向宝坻区人民法院提交了三组证据:一是长某公司于2011年4月20日出具的"证明"(落款处加盖长某公司印章),载明:自2008年5月开始长某公司法定代表人分多次向朱某珍借款用于公司经营,共计借款160万元整;以前双方债权、债务及各种手续全部作废,以此证明为准;自2009年1月1日开始按银行同期贷款利率支付利息,直到还清为止。二是长某公司法定代表人任某贵于2011年8月9日出具的两张借据,分别载明:今借朱某珍人民币壹佰万元整,任某贵(签字捺印);今借朱某珍人民币陆拾万元整,任某贵(签字捺印)。三是中国工商银行

转账支票 1 份、交通银行转账支票 1 份、天津市企业单位往来收据六份，上述票据均为复印件。

宝坻区人民法院经审理认为，由朱某珍提交的证明、借据及企业往来收据等证实朱某珍与长某公司存在民间借贷关系，长某公司应当向朱某珍清偿人民币 160 万元债务并支付逾期还款利息，利息按约定期限及利率计算；长某公司未派员出庭亦未提交证据予以反驳，应当承担由此产生的不利后果。遂于 2012 年 7 月 2 日作出（2012）宝民初字第 1519 号民事判决，判决：长某公司偿还原告朱某珍借款 160 万元并自 2009 年 1 月 1 日起按银行同期贷款利率支付利息至还清之日止。

检察机关监督情况

2017 年 3 月 21 日，长某公司以审判人员程序违法和朱某珍提交的证据涉嫌伪造为由向天津市宝坻区人民检察院申请检察监督。检察机关经调查核实后发现，原判决存在审判程序违法且认定事实的主要证据系伪造等问题：一是审判人员在明知长某公司法定代表人任某贵被依法羁押的情况下，仍以其下落不明为由公告送达，不符合文书送达的法律规定。检察机关调查后发现：宝坻区人民法院于 2012 年 2 月 29 日受理本案，后于同年 3 月 23 日以在《人民法院报》刊登公告方式向长某公司送达诉状副本和开庭传票，同年 6 月 25 日在长某公司未出庭情况下开庭审理；而长某公司法定代表人任某贵于 2011 年 8 月 15 日因涉嫌犯罪被广东省广州市公安局天河分局刑事拘留，2012 年 5 月 22 日被广州市天河区人民法院判处有期徒刑 5 年 6 个月，9 月 25 日进入广东省韶关监狱服刑，直至 2017 年 2 月 8 日刑满释放后才得知朱某珍诉长某公司一案已进入法院执行阶段。并且经查明，本案审判人员所在审判庭曾于 2011 年 8 月 15 日起负责审理长某公司与张某国民间借贷纠纷一案，并于 2013 年 5 月 6 日将诉讼文书送至韶关监狱内任某贵所在监区；朱某珍就本案提起诉讼当日同时申请诉前财产保全，本案审判人员在查封过程中对朱某珍制作的问话笔录显示，朱某珍曾明确向审判人员反映了任某贵已被广州市公安局逮捕的事实。由此检察机关认为，宝坻区人民法院审判人员在明知长某公司法定代表人任某贵被依法羁押的情况下仍以任某贵下落不明为由进行公告送达的行为系审判程序违法行为。二是宝坻区人民法院认定事实的主要证据系朱某珍伪造，其他证据复印件均无法与原件核对。首先，经长某公司申请，宝坻区人民检察院委托天津市天鼎物证司法鉴定所对朱某珍所提交"证明"上的长某公司印章进行鉴定。经鉴定，该印章系伪造。其次，经检察机关调查发现，朱某珍提交的交通银行 1914462 号转账支票复印件同时出现在了长某公司与张某国民间借贷纠纷一案的卷宗证据中，不同点只是长某公司与张某国民间借贷纠纷一案卷宗中的支票收款人一栏为"张某国"，而任某贵证实该支票系其给张某国出具，进而证实了朱某珍向法院提交的交通银行转账支票亦系伪造。最后，朱某珍向法院提交的其他转账支票以及天津市企业单位往来收据均为复印件，不能作为民事诉讼证据单独使用。由此，检察机关认为，本案中朱某珍向人民法院提交了伪造的证据，构成虚假诉讼。

2017 年 4 月 20 日，宝坻区人民检察院向宝坻区人民法院发出津宝检民（行）违监〔2017〕12011500002 号检察建议书，建议该院以审判监督程序对原审审判程序违法情形进行纠正并对该案重新进行证据审查和事实认定。同年 6 月 16 日，宝坻区人民法院予以回复称,当事人可以向人民法院申请再审。

2017年7月,长某公司向天津市第一中级人民法院申请再审,请求撤销宝坻区人民法院(2012)宝民初字第1519号民事判决书,驳回被申请人朱某珍的诉讼请求。同年8月2日,天津市第一中级人民法院裁定,驳回长某公司的再审申请。

2017年11月2日,长某公司向宝坻区人民检察院申请检察监督。2017年12月8日,宝坻区人民检察院提请天津市人民检察院第一分院向天津市第一中级人民法院抗诉。天津市人民检察院第一分院以津检一分院民监〔2017〕12810000433号民事抗诉书向天津市第一中级人民法院提出抗诉。2018年6月6日,天津市第一中级人民法院裁定:撤销天津市宝坻区人民法院(2012)宝民初字第1519号民事判决书,本案发回天津市宝坻区人民法院重审。

2019年4月10日,宝坻区人民法院以(2018)津0115民初5546号民事裁定书作出裁定:驳回原告朱某珍起诉。

典型意义

本案中,朱某珍通过伪造证明、银行转账支票等证据进行虚假诉讼,不仅侵害长某公司的合法权益,扰乱正常的审判与执行秩序,而且严重损害了司法权威和司法公信力。检察机关立足民事诉讼监督职能,从审判认定事实的主要证据入手,深挖细查、还原真相,以法律明确规定的诉讼监督程序为依托,循序渐进、据理力争,为民事诉讼监督工作积累了经验。

1. 严查细审,最大限度还原事实真相。检察官在办案过程中积极与涉案人员进行沟通,确定从法院认定事实的主要证据入手开展调查，对"证明"印章、借据、支票等书证的真伪逐一进行鉴定、核实，对与本案长某公司相关联的民间借贷纠纷案件卷宗证据进行逐一比对，对审判环节笔录、记录进行反复核查，最终使真相得以还原，确定本案系一起虚假诉讼案件。

2. 科学决策，保证监督程序运用得当。检察官在查清事实的基础上，精研民事审判监督法律规定，准确把握诉讼监督规律，根据实际制定了优先向本级人民法院提出检察建议的监督策略，并在当事人的再审申请被驳回后，果断作出提请上一级检察机关提出抗诉的决定，为本案合法合理高效的成功办理指明了方向。

李某雄等民间借贷纠纷虚假诉讼监督案

案件承办单位

河北省张家口市万全区人民检察院

基本案情

2013年10月10日,张家口恒某公司董事长孙某权因筹建公司向万全区人民法院法警队长宋某先后三次借款共计1000万元。后双方因还款发生纠纷,宋某指使李某雄向万全区人民法院提起诉讼。2015年3月20日万全区人民法院立案受理,同年4月23日审判人员霍某适用简易程序调解结案,并作出(2015)万民初字第307号民事调解书,认定恒某公司偿还李某雄借款本金1000万元,于2015年5月10日前付清。案件进入执行程序,法院将恒某公司的财产进行查封扣押,孙某权以该案涉嫌虚假诉讼为由,向张家口市人民检察院举报,并向张家口市万全区人民检察院申诉。

检察机关监督情况

检察机关审查认为,法院案卷内的现有证据不足以证实李某雄与恒某公司之间存在真实的借贷关系。首先，调取了有关李某雄身份和经济能力的证据，查明2009年1月张家口市万全区民宗局将李某雄及其配偶确定为低保户，故其不具备出借1000万元的经济基础，客观上表明李某雄不具备出借1000万元的经济能力。其次，两次询问李某雄，六次询问孙某权，他们均承认不存在债务纠纷。检察机关对承办法官和书记员进行详细调查后查实：恒某公司与李某雄之间并不存在借贷关系。实际是宋某和孙某权之间存在借贷关系，宋某以自己系法院工作人员，个人不便参加诉讼为由，指使无业人员李某雄作为本案原告提出虚假诉讼，扰乱正常司法秩序，办案法官存在违反法定程序办案情况。最后，该案存在违反级别管辖规定受理案件，在未经庭审质证直接进行调解，且调解书认定的借款事实没有转账凭证等相关证据佐证，未形成完整的证据链条，不能证实一审原被告双方客观上存在民间借贷关系。万全区人民检察院经本院检察委员会研究决定，向万全区人民法院发出再审检察建议，同时建议法院中止对该案判决执行，建议法院处罚内部工作人员。

万全区人民法院于2017年7月11日向万全区人民检察院作出书面回复，内容如下：一是拟依照监督程序对河北省万全区人民法院（2015）万民初字第307号民事调解书提起再审。二是对案件承办人霍某和法警大队队长宋某拟给予全院通报批评。2017年9月15日，万全区人民法院作出（2017）冀0729民监2号民事裁定书裁定该案再审，并中止原判决执行。2017年10月31日，张家口市中级人民法院作出（2017）冀07民辖41号裁定书指令该案由河北省怀安县人民法院再审。2018年3月5日，怀安县人民法院作出（2018）冀0728再1号民事判决书，判决：驳回李某雄的诉讼请求，原审案件受理费40900元，由李某雄负担。

典型意义

随着我国市场经济的快速发展和法治建设的深入推进，诉讼已成为相关社会主体维护自身合法权益的重要手段，然而也出现了部分诉讼主体违背诚实信用原则，滥用司法程序，浪费司法资源，借助虚假诉讼谋取不正当利益问题。检察机关作为法律监督机关，积极对相关问题进行监督，有效维护了司法权威和司法公信。

1. 缜密审查材料，厘清案件疑点。经审查举报材料，办案人员梳理出孙某权反映本案为虚假诉讼的重要信息。孙某权称2013年其因筹建公司借款1000万元的债权人为万全区人民法院法警队长宋某，而不是原审原告李某雄，其与李某雄并不认识，打给李某雄欠条是虚假的。张家口市人民检察院认为，本案可能存在李某雄作为虚假债权人提起诉讼情形，决定围绕此点展开调查核实。

2. 全面调查核实，锁定虚假事实。张家口市人民检察院调取了万全区人民法院原审卷宗，发现调解书认定的借款事实没有转账凭证等相关证据佐证，随即启动检察一体化办案机制，成立了以张家口市人民检察院领办，万全区人民检察院和桥东区人民检察院协办的办案组。首先对李某雄进行询问，其陈述"其及配偶均是低保户，恒某公司并没有向其借过款，其仅是名义上的原告，实际上是宋某的原告"，然后调取了万全区民宗局书证，显示2009年1月万全区民宗局将李某雄及其配偶确定为低保户，初步表明李某雄并不具备出借1000万元的经济能力；其次对宋某进行询问，其陈述"其在法院工作，不方便抛头露面，提议找李某雄出面，让孙某权给李某雄写了借款1000万元的虚假欠条";接下来,在检察机关调查核实过程中,审判人员霍某向检察机关提交了书面情况说明,其陈述"面对如此大的款项,应深入审查每一项借款的来源,草率地根据当事人一致认可的事实作出调解,致使案件当事人上访告状,应深刻反省"。办案人员采用"由浅入深、由外围向内部"调查核实策略,锁定了宋某指使李某雄提起虚假诉讼及审判人员霍某玩忽职守造成错案的事实。

3. 强化跟踪监督,确保监督质效。万全区人民检察院向万全区人民法院提出再审检察建议后,主动加强与相关法院的沟通联系,万全区人民法院对审判人员霍某和法警大队队长宋某给予全院通报批评,张家口市中级人民法院依据万全区人民法院的回避申请,指令怀安县人民法院再审此案,怀安县人民法院经再审,认为李某雄与恒某公司之间不存在借贷关系,驳回了李某雄的诉讼请求。办案人员持续跟踪监督,确保了检察监督办案效果,排除了李某雄依据虚假欠条提起诉讼后,宋某又以其手持真实欠条再次提起诉讼,损害孙某权的合法权益情形出现的可能性,有效保障了孙某权合法权益,维护了司法权威和司法公信,对滥用司法程序、浪费司法资源行为,进行了有力打击。

张某果等民间借贷纠纷虚假诉讼监督案

案件承办单位

山西省太原市人民检察院

基本案情

2008年1月4日，张某果向山西省太原市杏花岭区人民法院提起两起诉讼，请求判令郑某归还所借人民币145万元、150万元或以其房产折价顶抵所欠款项。

在两起案件的审理过程中，双方自愿达成协议：一是双方确认郑某欠张某果人民币分别为145万元、150万元及两年利息53万元、45万元整；二是经双方协商，张某果同意郑某以其所有的坐落于太原市柳北中某大厦北侧第二间、第三间底商折价195万元及198万元顶抵所欠张某果欠款；三是郑某在双方签订本协议并经法庭确认生效后三日内向张某果移交房产（房产手续在借款时已移交），并协助张某果办理房产过户手续和其他手续，过户手续费用由郑某承担；四是其他双方互不纠缠；五是诉讼费由郑某承担，张某果已预交，由郑某直接支付给张某果。杏花岭区人民法院于2008年1月29日作出（2008）杏民一初字第162号、163号民事调解书，予以确认。

另，原审卷中，确认上述调解协议中用以抵顶欠款的太原市柳北中某大厦北侧第二间、第三间底商为郑某所有的证据，系郑某1997年2月16日、3月18日分别与山西中某公司签订的商品房买卖合同书，以及相应的收款条、房屋产权移交证明书。

检察机关监督情况

2014年7月16日，山西省人民检察院将中某公司反映的该两案及相关系列案件线索交办太原市人民检察院办理。中某公司认为该两案及系列案件涉嫌以虚假诉讼手段侵占其房产、侵害其合法权益。太原市人民检察院在审查过程中依法将发现的相关人员涉嫌诈骗、敲诈勒索等犯罪线索移送公安机关。公安机关立案侦查后，检察机关与公安机关密切配合，共同推进刑事案件和民事检察监督案件的办理工作。依据相关证据，太原市人民检察院于2018年先后依职权受理该两案及相关系列案件。

在刑事侦查中，太原市公安局刑事侦查支队对郑某作出询问笔录，郑某就与张某果的该两起民间借贷一事陈述，不认识张某果，也未向其借过款，没见过与张某果的借条，对借条的内容不知情；关于购买山西中某公司商铺一事陈述，其本身为打工者，没有能力买商铺，亦没买过商铺；关于该两案诉讼一事其认为，未参加过诉讼和调解，未接到过杏花岭法院的诉讼文书，杏花岭法院工作人员也未联系过自己；关于该两案诉讼过程中在相关文书及证据材料上"郑某"的签名和捺印，认为不是其本人签名；关于张某果在起诉时提供自己的身份证复印件一事，郑某本人认为身份证复印件应该在典当行做下夜工作时留下的。太原市公安局司法鉴定中心（并）公（司）鉴（文）字〔2015〕0179号鉴定文书证明，太原市杏花岭区人民法院（2008）杏民一初字第162号和（2008）杏民一初字第163号民事调解案卷中相关材料及法律文书上"郑某"签名字迹与郑某本人签名字迹不是同一人书写。

在民事案件审查过程中查明，一是该两案认定民间借贷事实存在的证据仅有借款人"郑某"签名的借款条这一孤证，没有相应的借款支付过程、支付凭证、借款用途等证据印证；二是该两案认定太原市柳北中某大厦北侧第二间、第三间底商为"郑某"所有的证据，系盖有中某公司公章和"郑某"签名的商品房买卖合同，以及盖有中某公司公章、落款日期同为"97年3月18日"的收款条和房屋产权移交证明书，没有中某公司的收款人、经办部门负责人、经办人等相关人员签字，没有款项支付过程和相应支付凭证。同时，发现该两案审判程序存在以下问题：一是审判案卷中"郑某"身份证签发日期为1988年12月31日，有效期10年，在诉讼时该身份证已过期；二是审判案卷显示，该两案送达张某果举证通知书，送达郑某应诉通知书、举证通知书、风险提示书、起诉状，郑某当事人送达地址确认书，调解协议书、调解笔录、调解协议的时间，送达开庭传票、签发民事调解书的时间均为2008年1月29日。

综合刑事侦查与民事审查过程中的证据，太原市人民检察院认为该两案民间借贷事实系虚构、"郑某"购买中某公司商铺并用以抵债的事实系虚构、被告系冒名顶替，并于2018年4月3日，以调解书损害国家利益和社会公共利益、侵害案外人中某公司合法权益为由，向太原市中级人民法院提出抗诉。同时，将该两案原审承办法官刘某涉嫌职务犯罪的线索移送太原市监察委员会。

太原市中级人民法院于 2018 年 5 月 15 日裁定提审。2019 年 3 月 6 日，太原市中级人民法院再审裁定撤销原调解书，将该两案发回娄烦县人民法院重新审理。太原市监察委员会将职务犯罪线索交太原市杏花岭区监察委员会审查，太原市杏花岭区监察委员会于 2018 年 7 月 4 日以刘某涉嫌玩忽职守罪立案调查，2018 年 8 月 3 日移送太原市杏花岭区人民检察院审查起诉。

典型意义

人民检察院加强法律监督，依法办理虚假诉讼监督案件，对于维护司法公正和权威，促进社会诚信建设，具有十分重要的意义。

1. 重点关注虚假诉讼易发领域，加强虚假诉讼甄别的敏锐性。相对于普通民事案件，虚假诉讼案件更为隐蔽和复杂，检察官时刻保持高度警觉性，树立调查意识，擦亮双眼，深挖疑点，查实虚假诉讼行为。该两起案件及相关系列案件的特点是在虚构民间借贷事实的同时又虚构商品房买卖、房屋租赁等事实，并通过冒充当事人身份来规避诉讼争议、快速达成调解、侵占案外人财产，多手段炮制虚假诉讼。检察机关在办理案件过程中，注意发现线索，层层深入，突破假借诉讼的合法外衣，剥出虚假诉讼的隐藏事实。截至目前，太原市人民检察院已办理涉及中某公司的 6 起虚假诉讼案件，涉案金额 850 余万元，涉及侵占该公司房产底商 2 套、写字楼 4 间、营业用房 3000 多平方米。

2. 刑事侦查与民事检察监督互相配合，形成打击虚假诉讼合力。针对该系列案件预谋性强、作案手段隐秘、突破难度大的特点，检察机关在办理过程中，主动加强与公安机关的联系、配合，多次就案件进行会商。在公安机关立案侦查后，及时跟进，对具备监督条件的案件抓紧启动监督程序进行监督，实现了刑事侦查与民事检察监督携手打击虚假诉讼的合力。

3. 运用一体化机制，形成监督合力。实行上下联动，市院成立专案组积极开展调查核实，基层院积极协助调卷和初步审查工作。加强左右互动，侦监、民事部门各自发挥职能优势，一方面，检察机关加强对公安机关的立案监督和指导，及时收集、固定相关证据，为民事监督提供有力的证据保障；另一方面，民事部门依法监督启动民事案件再审程序并移送职务犯罪线索，为刑事案件的认定提供相应支持。实现了上下联动、左右互动、共同发力打击虚假诉讼的良好格局。

王某晨、唐某杰等民间借贷纠纷虚假诉讼监督案

案件承办单位

内蒙古自治区赤峰市元宝山区人民检察院

基本案情

2014年12月23日，赵某峰起诉至内蒙古自治区赤峰市元宝山区人民法院，要求王某晨、唐某杰给付借款本息共计336000元。赤峰市元宝山区人民法院于2015年4月16日作出（2014）元民初字第3774号民事判决，查明：2014年5月18日，王某晨作为借款人向赵某峰借款300000元，并出具借据一枚，内容为："今借给王某晨人民币叁拾万元整，￥300000元，利息为月息2分，2014年5月18日。"该院认为，该案事实清楚，证据充分，王某晨应负偿还责任。因该笔借款发生在夫妻关系存续期间，属于夫妻共同债务，王某晨妻子唐某杰亦应承担责任。判决王某晨、唐某杰偿还赵某峰本息336000元。

检察机关监督情况

赤峰市元宝山区人民检察院受理王某晨的监督申请，在审查中发现，赵某峰提供的资金来源凭证中，有20万元并非来自其名下银行账户，通过银行查询，证实该20万元来自他人银行账户，与本案没有关联。在询问赵某峰时，其两次陈述前后矛盾，出入较大。询问证人王某岐时，所作证言也是破绽百出。结合申请人提供的录音证据，承办人判断该案涉嫌虚假诉讼，在查明上述基本案件事实的基础上，主动向内蒙古自治区赤峰市公安局元宝山区分局移送本案涉嫌刑事犯罪线索，提供了相关人员询问笔录。在公安机关的协助下，赵某峰最终承认，王某晨未向其借款，借钱的经过都是其编造的，是李某勇指使起诉王某晨。李某勇也承认，实际是他借款10万元给陈某勇，并让王某晨写了30万元的借条作为变相担保。后陈某勇无力还款，李某勇让赵某峰以此借条起诉了王某晨，向法院提供虚假银行流水，并指使王某岐、吴某出庭帮助作伪证。

元宝山区人民检察院于2018年6月27日作出元检民（行）监〔2015〕15040300005号再审检察建议书，认为赵某峰、李某勇在公安机关的供述能够证实，王某晨与赵某峰之间并无30万元的借贷关系，原审判决认定的事实是赵某峰等人虚构的，故本案系虚假诉讼。李某勇、赵某峰等人不但提供了虚假的书证，王某岐、吴某还出庭帮助作伪证，判决书生效后又申请执行冻结了王某晨、唐某杰的工资账户，给当事人生活带来了严重不便。整个案件历经了公检法三家机关，严重扰乱了司法秩序，既浪费了司法资源，又极大损害了司法公信力，应当依法对相关人员进行司法处理。元宝山区人民检察院经检察委员会讨论，向赤峰市元宝山区人民法院提出再审检察建议,同时,建议法院根据《民事诉讼法》第 111 条规定,对相关违法人员进行司法处理。

2018 年 9 月 17 日,元宝山区人民法院作出(2018)内 0403 民再 7 号判决,认定赵某峰与王某晨、唐某杰之间不存在借贷关系。原判决认定事实有误,导致裁判结果错误,依法予以改判,判决:撤销原判,驳回赵某峰的诉讼请求。

2018 年 11 月 5 日,元宝山区人民法院作出(2018)内 0403 司惩字 7 号决定书,认为李某勇、赵某峰以捏造事实提起虚假诉讼,吴某、王某岐出庭作伪证,影响法院公正判决,严重妨碍民事诉讼正常秩序、浪费司法资源,决定对李某勇罚款 3000 元、对赵某峰罚款 3000 元、对吴某罚款 1000 元、对王某岐罚款 1000 元。上述罚款已经全部缴纳。

典型意义

虚假诉讼是指民事诉讼当事人或者其他诉讼参与人之间,恶意串通或者单方采取伪造证据材料、虚构法律关系、虚构案件事实和理由、冒充当事人提起民事诉讼的手段,利用人民法院的审判权、执行权谋取非法利益的行为。本案的成功办理,具有以下积极意义:

1. 实践中应考虑与法院的工作协调,加强与再审法院的沟通交流,建立案件会商协作机制,更好地发挥检察监督职能。虚假诉讼使当事人无端陷入诉累之中,会严重影响生活、工作,为了维护申请人合法权益,对于此类案件,检察机关应当在发出再审检察建议后,积极跟进,督促法院快审快判,使当事人尽快回归正常生活。本案中,承办人积极与法院承办法官多次沟通,法院及时审理并作出判决。

2. 虚假诉讼案件监督点不能仅限于裁判结果，还包括当事人、诉讼代理人、其他诉讼参与人以及法官的违法行为等。检察机关既要运用再审检察建议或抗请抗诉等方式加强对裁判结果的监督，又要运用检察建议等方式督促法院对参与虚假诉讼的当事人、代理人、证人等进行相应惩处；对涉嫌犯罪的，还应将线索移送相关部门。因该案发生在《刑法修正案（九）》增设虚假诉讼罪之前，公安机关未刑事立案，故检察机关在提出再审检察建议的同时，建议法院对相关违法人员进行司法处理，并得到法院积极回应，这也是探索监督对象的多点化、监督方式的多元化来巩固拓展监督效果的一种尝试。

3. 该案通过再审检察建议的方式，促使法院对已生效案件进行重新审理并改判体现了民事检察部门坚持敢于监督、善于监督、依法监督、规范监督的司法理念。法院采纳了检察机关要求对参与虚假诉讼和作伪证的诉讼参与人进行司法处罚的检察建议，不但打击了虚假诉讼行为，维护了当事人的合法权益，还有效地提升了检察机关的司法公信力，取得了良好的社会效果和法律效果。

徐某亮、秦某等民间借贷纠纷虚假诉讼监督案

案件承办单位

吉林省伊通满族自治县人民检察院

基本案情

2018年6月5日，徐某亮因与秦某民间借贷纠纷一案将秦某起诉至伊通满族自治县人民法院，要求秦某偿还借款本金300万元及利息15万元，本息共计315万元。伊通满族自治县人民法院于2018年6月5日作出（2018）吉0323民初963号民事调解书。伊通满族自治县人民法院审理认定，2018年4月2日，被告秦某因做生意需要在原告处借款人民币300万元，双方约定月利2分，还款时间为2018年6月2日，借款到期后经原告多次催要未果，故起诉至法院。伊通满族自治县人民法院在审理过程中，经主持调解，双方当事人自愿达成如下协议：被告秦某偿还原告徐某亮借款本金300万元及利息15万元，本息共计315万元，此款于2018年6月15日前履行。

判决作出后，案外人、原审被告秦某的父亲秦某玉认为该案系自己的女儿和外人串通，通过虚假诉讼逼自己要钱，申请检察机关监督。

检察机关监督情况

伊通满族自治县人民检察院接到秦某玉提供的线索后，首先调取了法院卷宗，发现徐某亮诉秦某民间借贷纠纷一案卷中证据只有双方当事人签写的借条和收条，对借贷发生的地点、款项来源、支付方式、款项流向以及借贷双方的关系、经济状况等均未说明，且当庭和解，庭审毫无对抗性。经进一步调查，发现：

秦某在该案借款时间时系在读学生，没有做生意，也没有赌博、吸毒等不良嗜好，没有借款300万元的理由。秦某在接受检察机关调查时，说不出借款用途、时间、资金流向，只是强调自己就是欠了300万元，就是要让父亲秦某玉替自己还钱。徐某亮父母家境一般，本人系在外地打工人员，不具备出借300万元的能力。

通过询问该案的调解法官、书记员，并调取庭审录像，查明被告秦某系同男友和原告徐某亮三人一同去法院出庭，在诉讼过程中存在默契，没有实质性对抗，诉讼时间短，很快就以调解结案，且视频中表现的关系比较和谐、密切，完全不像涉及300万元欠款的债权人和债务人。秦某玉在检察机关调查时表示，本案系女儿秦某受男友蛊惑，串通徐某亮进行虚假诉讼，想借此逼着找自己要钱。

经上述一系列调查核实，伊通满族自治县人民检察院经检察委员会讨论决定，于2018年9月7日向伊通满族自治县人民法院发出伊检民（行）违监〔2018〕2203230007号再审检察建议，认为伊通满族自治县人民法院（2018）吉0323民初963号民事调解书所认定的基本事实缺乏证据证明，建议再审。

伊通满族自治县人民法院接到检察建议后，于2018年9月12日复函，对伊通满族自治县人民检察院的建议予以支持，裁定再审此案。

典型意义

本案属于当事人利用虚假诉讼的方式基于亲情达到侵害真实权利人的非法目的，系典型的民间借贷类型虚假诉讼。

检察机关通过对照关于虚假诉讼的相关法律规定，逐一对借款原因、借贷发生的地点、款项来源、支付方式、款项流向以及借贷双方的关系、经济状况等相关情况进行了调查核实。阅卷过程中发现原告提交的相关证据简单单一，只有借条，没有打款的相关凭证，不足以证明借款关系是否真实发生。通过询问该案的调解法官和书记员以及调取庭审录像，了解到原被告之间配合默契，在诉讼过程中不存在实质性对抗，并且诉讼时间较短，达成调解协议较快，从录像中可以看到当事人之间可能存在某种身份关联。在对原告的调查中发现原告诉请保护的标的额与自身的经济状况不相符。通过调查核实查证的事实，证明本案确系双方当事人恶意串通的虚假诉讼。该案虽然是以调解方式结案的，但是当事人这种以调解形式达到非法目的或获取非法利益的行为，利用了人民法院的审判权，从实质上突破了调解各方私益的范畴，所处分和损害的利益已不仅仅是当事人的私益，妨碍司法秩序，损害司法权威，侵害国家和社会公共利益，应当依法监督。

对于此类虚假民事调解，检察机关应当依照民事诉讼法和最高人民检察院民事诉讼监督规则的相关规定进行监督。通过对案件的监督，更好地体现了检察机关的监督职能，彰显了司法公信力，为今后办理相类似的虚假诉讼案件提供了更多的经验。

范某传等民间借贷纠纷虚假诉讼监督系列案

案件承办单位

安徽省合肥市人民检察院

基本案情

2010年至2013年间,范某传以工程项目需要资金周转等理由,从郑某斌等8名出借人处借款462万元。这些借款均以范某传个人名义出具了借条。2014年七八月间,因无力偿还个人借款,范某传向该8名出借人出具私自加盖常某公司四分公司公章及范某浩私章的新借据,借款金额、借款时间、借款利息等其他内容不变。随后,范某传提供代理律师、缴纳诉讼费用,指使该8名出借人持盖章的新借据向法院提起民事诉讼,诉请法院判令常某公司四分公司、常某公司偿还借款本息。合肥市中级人民法院于2016年12月26日作出(2016)皖01民终5868、5870、5871、5872、5873、5874、5876、6340号民事判决,判决常某公司四分公司向郑某斌等8人支付借款462万元及相应利息;常某公司四分公司的财产不足以清偿债务的,由常某公司以其财产清偿。

检察机关监督情况

常某公司以涉嫌虚假诉讼向公安机关报案,公安机关未予立案侦查,常某公司遂向检察机关控告范某传涉嫌虚假诉讼。检察机关受理后,该案由合肥市高新区人民检察院进行了立案监督,公安机关于 2017 年 7 月决定立案侦查。合肥市高新区人民法院作出一审刑事判决,以虚假诉讼罪判处范某传有期徒刑 9 个月。合肥市人民检察院认为该案量刑过轻,向合肥市中级人民法院提出抗诉,二审法院采纳检察机关的抗诉意见,于 2018 年 12 月 19 日依法改判范某传有期徒刑 4 年。

合肥市人民检察院民行部门一直密切跟踪此案的进展。范某传涉嫌虚假诉讼的刑事案件起诉后,立即依职权受理了该系列民事虚假诉讼监督案件。2018 年 9 月 14 日,合肥市人民检察院向合肥市中级人民法院发出合检民(行)监〔2018〕3401000096—103 号 8 份检察建议书,合肥市中级人民法院对该 8 个系列案依法启动再审。

典型意义

查处范某传民间借贷系列虚假诉讼案,既是公检法三机关检坚持相互配合和制约,依法惩处犯罪、维护司法公正和权威的结果,也是检察机关坚持"四大检察"共同发展的理念,充分发挥刑事检察、民事检察协作配合、保护民营企业合法权益的实际行动。

1. 开展立案监督,持续追踪近三年,终将案件侦破。检察机关受理常某公司控告范某传诈骗犯罪的申诉材料后,经过初步讨论，存在较大分歧，部分观点认为该案属于民事经济纠纷，不宜以诈骗论处。2015年11月1日，《刑法修正案（九）》新增虚假诉讼罪，以此为契机，高新区人民检察院重新启动了对该案的立案监督工作，在省、市院督办下，侦监、民行等部门与公安机关多次召开联席会议，商讨分析案件证据情况。最终该案以虚假诉讼罪立案。

2. 开展刑事诉讼监督，对一审判决量刑过轻依法提起抗诉。一审刑事判决作出后，检察机关认为该案在两方面存在认定事实错误、量刑过轻情况，认为范某传的犯罪行为恶劣，后果严重，应当予以严惩，向法院提出了抗诉。二审法院采纳了检察机关的抗诉意见，改判范某传有期徒刑4年，并处罚金5万元，使范某传得到了应有的惩处，有力打击了虚假诉讼行为，维护了诉讼诚信和司法公正。

3. 开展民事诉讼监督，依法保护民营企业合法权益。为保护民营企业合法权益，帮助常某公司及时走出困境，检察机关在依法追究范某传刑事责任的同时，启动了对系列民事案件的监督工作。检察机关认为范某传指使他人以捏造的借据提起民事诉讼，妨碍司法秩序并严重侵害他人的合法权益，涉嫌虚假诉讼。基于范某传已被法院以虚假诉讼罪作出有罪判决，其涉及的8起民事诉讼判决已全部丧失事实基础，应当予以撤销。经检委会讨论决定，合肥市人民检察院对8起民事案件向合肥市中级人民法院提出再审检察建议，全部被法院采纳。

王某等民间借贷纠纷虚假诉讼监督案

案件承办单位

安徽省合肥市蜀山区人民检察院

基本案情

2016年，王某为偿还他人债务先后从岳某阔处借款100万元、80万元，计180万元，王某在收到第一笔借款后向岳某阔出具了一张100万元的借条，后王某先后归还岳某阔77万元、80万元，合计归还157万元。王某因欠案外人杜某400万元被起诉，该案已进入执行程序，王某的两处房产被查封。2016年10月10日，王某、岳某阔二人经共同商议，约定由王某伪造一张落款日期为2016年10月8日从岳某阔处借款80万元的借条，再由岳某阔使用该借条以及王某之前所出具的100万元借条向法院起诉，虚构王某尚欠岳某阔180万元未还的事实，意图参与王某已被法院查封的两处房产的拍卖分配。

2016年10月12日，岳某阔以王某欠款180万元未还为由向合肥市蜀山区人民法院提起诉讼，同时提交了伪造的借条及相关银行流水。法院受理后，开庭期间王某及岳某阔一致认可借款事实，隐瞒还款情况，并达成调解协议。法院作出（2016）皖

0104民初8094号民事调解书,确认王某偿还借款人民币180万元。后岳某阔申请法院强制执行,以虚假债权参与至王某查封房产的拍卖分配。

检察机关监督情况

案外人杜某向检察机关申请监督,安徽省合肥市蜀山区人民检察院受理后,运用调查核实权,通过查询银行开户和交易记录确定岳某阔起诉的180万元借款中的157万元已归还。检察机关审查认为,岳某阔借给王某180万元后,王某随即返还157万元,两人恶意串通,利用此前的转账凭证和借条向法院起诉,隐瞒还款事实,意图参与到案外人对王某的债权分配中,本案为虚假诉讼。2017年11月6日,合肥市蜀山区人民检察院向法院发出〔2017〕蜀检民(行)监34010400003号再审检察建议。2019年4月24日,合肥市蜀山区人民法院作出(2019)皖0104民再1号判决驳回岳某阔的诉讼请求。

同时,将王某、岳某阔涉嫌犯罪的线索移送公安机关,公安机关立案侦查移送起诉,蜀山区人民检察院以虚假诉讼罪对王某、岳某阔提起公诉,二人分别被判处有期徒刑1年和10个月,并处罚金。

典型意义

当前,民事虚假诉讼现象呈高发、多发之势,不仅严重侵害国家利益、社会公共利益或者当事人合法权益,也扰乱了正常的诉讼秩序,损害司法公正和司法权威,人民群众反映强烈,造成了恶劣影响。由于民事检察监督重在书面审查，发现及查办虚假诉讼的思路还在摸索，手段也存在局限，实践中各地虚假诉讼很大程度上依托刑事案件的办理。而本案从发现线索到调查取证及移送犯罪线索，整个过程中民事检察监督发挥了主导作用，该案的成功办理取得了良好的成效，也为今后民事检察部门办理民事虚假诉讼监督案件起到了较好的示范作用。

1. 筛查不合理疑点，强化线索甄别意识。虚假诉讼具有隐蔽性和欺骗性，仅从表面证据很难发现线索，但虚假诉讼的基础是建立在全部虚假或部分虚假的事实之上，总会存在漏洞或无法自圆其说的情况，需要全面详细研判案件事实。本案的案外人杜某因自身债权在执行中被稀释从而怀疑存在虚假诉讼，向法院、公安举报无果后，向检察机关民事检察部门提出监督申请。本案中，王某、岳某阔提出二人存在长期借款及相关操作的辩解，公安机关和检察机关对于本案是不是虚假诉讼以及刑事上是否构罪均存在争议。民事检察干警没有轻易被表面的合法现象所迷惑，注重案件发生的细节，对于本案中双方对之前大额借款现金交付、无相关记录等不符合常理部分深入分析，从中发现案件线索。并牢牢锁定本案中起诉的这一笔借款是否已全部或部分归还，即债权债务是否真实为突破方向，制订了调查计划，引导侦查方向。

2. 及时固定证据，多种调查手段还原案件真相。本案中，检察机关在固定裁判文书、调卷审查后，通过询问当事人和案外人、查询银行开户和交易记录等方式收集和固定证据。最终确定起诉的180万元借款中的157万元已归还。对该节隐瞒已经构成虚假诉讼，并涉嫌犯罪，检察机关在对民事案件进一步审查的同时将线索材料及时移送公安机关。

3. 发挥检察一体化办案作用，形成内部监督合力。虚假诉讼的防范和查办，需要运用民事、刑事等多种手段进行综合惩治，形成共同防范和查办虚假诉讼的合力。虚假诉讼多以调解方式结案，因此多是一审生效裁判，多发生在基层法院，基层检察院是办理虚假诉讼的主力，纵向上，安徽省三级检察机关建立了上下联动的一体化办案机制，省市院加强指导，形成办案合力。横向上，本案中，民行科向公安机关移送虚假诉讼刑事案件线索后，同时告知侦查监督部门，并由侦监部门、民行部门共同做好引导侦查和跟踪监督工作，确保有效地打击虚假诉讼。

4. 加强协作配合，优化监督外部环境。一是向公安侦查机关借力。本案中，检察院将涉嫌虚假诉讼犯罪线索移送公安机关处理，公安机关立案后，通过发挥刑拘等强制手段优势，突破涉案当事人的心理防线，实现零口供取得突破。二是加强与审判机关的沟通。虚假诉讼监督的效果最后取决于再审法院是否采纳检察机关意见，虚假诉讼的认定标准、对是否损害两益的理解、结案方式的处理等在理论和实践中存在不同观点，蜀山区人民检察院向法院提出再审检察建议后，加强再审跟踪，使检法两家对案件适用法律、证据采信等方面达成共识，最终法院采纳了检察机关的监督意见。

王某翔等民间借贷纠纷虚假诉讼监督案

案件承办单位

安徽省凤阳县人民检察院

基本案情

2017年，王某翔委托律师向法院起诉王某潇，要求偿还800万元借款以及利息、违约金等，并向法院提供了其与王某潇签订的《房地产借款抵押合同》和向王某潇支付800万元借款的银行转账记录。双方在法院主持下达成调解协议，凤阳县人民法院于2017年4月18日作出（2017）皖1126民初1054号民事调解书，确定由王某潇分期偿还王某翔借款800万元及相应利息，并赔偿王某翔损失2.1万元。

检察机关监督情况

安徽省凤阳县人民检察院在公安机关查处虚假诉讼刑事犯罪时发现该民事案件线索，移送民行部门审查。由于该案涉案金额较大，民行部门及时向检察长汇报，得到了院领导支持。案件受理后，民行干警多次前往公安机关，与侦查人员共同讨论案情，分析调查核实方向，就侦查重点进行协商，取得共识，为案件的快速侦办打下了良好基础。

经调查核实查明：褚某（王某潇的前夫）与王某潇在上海市有一套位于闵行区富都路的婚内房产，价值约1000万元。离婚后，王某潇为了保住该套住房，请求现任丈夫施某华帮忙，施某华找到其同事王某飞共谋，欲通过虚假诉讼的方式来达到保全房产的目的。施某华、王某飞安排王某飞的弟弟王某翔与王某潇签订虚假的《房地产借款抵押合同》，主要内容为以上述位于上海市闵行区富都路的房产作为抵押，由王某潇向王某翔借款800万元，并采取通过多个银行账户循环转账等方式伪造了王某翔向王某潇转账支付800万元的银行流水。之后，在施某华的安排下，王某翔委托律师向安徽省凤阳县人民法院申请诉前财产保全，法院于2017年2月作出民事裁定书，查封了案涉房产。后施某华又安排王某翔委托律师向该院起诉王某潇要求偿还借款800万元本金以及利息、违约金等。

凤阳县人民检察院提请抗诉，2018年4月18日，滁州市人民检察院以滁检民（行）监〔2018〕34110000020号民事抗诉书提出抗诉，滁州市中级人民法院指令凤阳县人民法院再审。2018年12月20日，凤阳县人民法院作出（2018）皖1126民再2号民事判决书，采纳了检察机关的抗诉意见，驳回王某翔的起诉。

2018年12月20日，凤阳县人民法院作出（2018）皖1126刑初211号刑事判决书，判决施某华犯虚假诉讼罪，判处有期徒刑1年，宣告缓刑2年，并处罚金人民币30万元；判决王某飞犯虚假诉讼罪，判处有期徒刑10个月，宣告缓刑1年6个月，并处罚金人民币20万元；判决王某潇犯虚假诉讼罪，判处有期徒刑10个月,宣告缓刑1年6个月,并处罚金人民币20万元。2018年12月29日,凤阳县人民法院作出罚款决定书,决定对王某翔罚款20000元。

典型意义

1. 本案虚假诉讼监督效果突出。该案涉及的民间借贷纠纷系虚假诉讼高发领域,是以调解结案,没有发生当事人之间的对抗,符合虚假诉讼的表现形式,案件的办理对今后办理同类案件提供了丰富的经验。该案最终经过检察机关抗诉得到改判,而且相关当事人不仅受到民事处罚,还被追究刑事责任,有力打击了虚假诉讼,维护了正常的经济秩序,营造了诚信社会环境,取得了良好的社会效果和法律效果。

2. 加强协作配合,凝聚监督合力。针对虚假诉讼案件可能涉及刑事犯罪、行政违法,以及往往跨区域的特点,积极推行一体化办案模式。一是加强上下联动。市级院发挥办案"龙头"作用,对于重大复杂的虚假诉讼窝案串案,集中全市民行办案骨干进行突破,办案力量统一调配。二是加强部门联动。民行与刑检、控申、技术等部门协调配合,整合力量,拓展案件来源渠道。三是加强公安、法院的沟通协调,协作配合,发挥打击虚假诉讼的合力。

郑某华等民间借贷纠纷虚假诉讼监督案

案件承办单位

福建省福州市鼓楼区人民检察院

基本案情

2013年12月27日,蒋某慧起诉至福州市鼓楼区人民法院,称郑某华因资金周转需要,向其借款。至2013年12月11日,蒋某慧通过银行转账112万元人民币和现金人民币18万元(马币兑换),共借出人民币130万元,郑某华于当日亲笔写下借条一张。请求法院判令:郑某华向蒋某慧偿还借款130万元人民币及利息。

福州市鼓楼区人民法院于2014年3月20日作出(2014)鼓民初字第177号民事调解书。经人民法院主持调解,双方当事人自愿达成调解协议如下:(1)蒋某慧与郑某华共同确认本案中双方之间的借款金额为人民币129.9万元。(2)蒋某慧同意郑某华分期偿还上述借款金额,具体还款方案如下……(3)若郑某华未在上述约定任何一次还款期限内偿还约定金额,剩余全部未还借款部分视为全部到期,则蒋某慧有权要求郑某华一次性还清剩余全部未还款项,并支付相应的利息。2014年7月2日,鼓楼区人民法院作出民事裁定书，裁定（2014）鼓民初字第177号民事调解书第2页下部落款中"二〇一三年三月二十日"更正为"二〇一四年三月二十日"。

检察机关监督情况

案外人郑某建认为郑某华与蒋某慧民间借贷一案存在虚假诉讼嫌疑，向福州市鼓楼区人民检察院举报。

鼓楼区人民检察院经调查核实，查明本案当事人郑某华因民间借贷纠纷，被多名债权人起诉至法院。其名下房产被晋安区人民法院拍卖，拍卖所得款项用于债权人的执行分配。郑某华为逃避债务减少损失，通过咨询福建某律师事务所律师林某阳并在林某阳的传授下，伙同蒋某慧虚构了郑某华向蒋某慧借款130万元的事实，即由郑某华出具其向蒋某慧借款130万元的借条一张，2013年12月4日、12月5日、12月6日、12月7日、12月9日、12月11日通过从郑某华建设银行卡取现，然后郑某华将取现的现金拿给蒋某慧，由蒋某慧存入其银行账户，再从蒋某慧银行账户转账到郑某华银行账户的方式，形成郑某华向蒋某慧借款112万元的银行转账记录，造成郑某华向蒋某慧借款112万元的假象。由于借条上写的是借款金额为130万元，银行转账记录只有112万元，对于另外的18万元，郑某华和蒋某慧经商量认定是蒋某慧将马来西亚币兑换成18万元人民币现金借给郑某华，从而捏造了总共130万元的债权债务。本案经民事调解结案后，蒋某慧申请强制执行并参与了晋安区人民法院的执行款分配，根据分配方案蒋某慧可分配到的执行款为376512.05元。因鼓楼区人民检察院发函给晋安区人民法院，晋安区人民法院暂缓了本执行款的发放。

鼓楼区人民检察院于 2016 年 11 月 2 日向福州市鼓楼区人民法院发出鼓检民（行）监〔2016〕35010200003 号再审检察建议书。同日，鼓楼区人民检察院向福州市司法局发出检察建议，要求该局：（1）针对律师林某阳的违法行为依法作出相应的处理；（2）健全管理制度，加强对律师的职业道德教育及执业纪律教育。

2017 年 6 月 7 日，福州市鼓楼区人民法院作出（2016）闽 0102 民再 30 号民事裁定书，撤销原民事调解书，驳回蒋某慧的起诉。

2016 年 11 月 21 日，福州市司法局回函称采纳检察建议，已责成对福建某律师事务所的管理进行整改，并暂收林某阳律师执业证，同时约谈林某阳对其批评教育。另外表示今后将加大监管和惩戒警示力度，结合少数律师违法违纪的案例，组织律师进行专题讨论，认真查摆问题，提高思想认识，提出整改措施，使全市律师从中吸取教训，举一反三，引以为戒。

同时，将涉嫌虚假诉讼犯罪的线索移送公安机关立案侦查。后郑某华犯虚假诉讼罪被判处有期徒刑 1 年，并处罚金人民币 1 万元；蒋某慧被判处有期徒刑 7 个月，缓刑 1 年，并处罚金人民币 3000 元；林某阳（郑某华在民事诉讼中的律师）被判处有期徒刑 9 个月，缓刑 1 年，并处罚金人民币 5000 元。

典型意义

近年来，随着市场经济的不断发展，在民事诉讼领域的虚假诉讼也呈蔓延之势。此类行为既妨害司法秩序，浪费司法资源，违背诚实信用和公序良俗，损害司法权威和司法公信，也侵害了国家利益或案外人合法权益。查办此类案件发挥了检察机关的民事诉讼法律监督职能，对维护司法权威，构建社会诚信体系起到十分重要的作用。

1. 查办虚假诉讼案件调查核实权运用是关键。修改后的《民事诉讼法》第210条虽赋予了检察机关调查核实权，但该权力如何实施尚需要在实践中予以探索。本案的成功办理主要通过依法行使调查核实权，强化查证确认工作。一是根据案件类型确定调查核实方向。本案属于民间借贷案件，通过制定调查核实方案，确定从债务产生的时间、地点、原因、用途、支付方式、交易细节、借条的形成以及债权人和债务人的经济情况等方面进行调查核实。二是运用好调查核实措施。特别是运用好查询、调取、复印相关证据材料，询问当事人等调查措施。本案承办人到深圳建设银行调取当事人双方的银行账目明细，发现了双方通过取现、转存等方式形成了转账记录，虚构了郑某华向蒋某慧借款112万的假象；同时通过营造气氛、掌握时机、善用策略等方法在询问过程中突破案件当事人。三是加强与公安机关的沟通配合。充分发挥公安机关在调查取证方面的优势，有效收集当事人相关信息。本案中民行部门将该案线索移送福州市鼓楼区人民检察院侦监部门，由侦监部门将该线索移送公安机关要求立案侦查，2016年9月2日，公安机关以涉嫌虚假诉讼对郑某华、林某阳（原审被告郑某华的代理律师）、蒋某慧立案侦查，从而以刑事立案侦查程序的启动倒逼法院民事再审程序的推进，提高监督效率。四是加强与法院的沟通协调。针对本案中虚假诉讼认定标准、结案方式等存在分歧情况，主动与法院沟通、并跟进监督。以上做法为检察机关查办虚假诉讼案件积累了经验。

2. 本案具有教育警示的作用。虚假诉讼实质上不仅损害了司法公信力，而且严重损害了社会诚信，造成人与人之间的不信任，继而导致对审判机关判决的不信任，乃至对法律的不信任。本案的查办对那些想通过虚假诉讼侵犯他人合法权益的人来说也是一种警示，对其他守法公民来说也起到了教育作用，即进行虚假诉讼的当事人不仅不能获得其所期望的利益，而且要承担相应的刑事责任、民事责任。本案当事人郑某华等人为其虚假诉讼行为付出了巨大代价。本案的成功查处，维护了当事人合法权益，提升了司法公信，推动了社会诚信体系建设，取得良好法律和社会效果。

王某甲等民间借贷纠纷虚假诉讼监督案

案件承办单位

山东省日照市人民检察院

基本案情

2014年4月28日，王某乙、王某丙、徐某明三人（以下简称王某乙等三人）同时委托世纪星律师事务所律师李某焱将詹某波、王某甲起诉至山东省日照市东港区法院，三人均称詹某波、王某甲向其借款，金额分别为156万元、117万元、40万元，且借款全部为现金交易，起诉证据只有詹某波、王某甲书写的借据，王某甲及其委托代理人詹某意（系詹某波之弟）庭审时均承认确实有欠款。东港区人民法院遂于2014年6月20日作出（2014）东民一初字第1862、1863、1864号民事判决，判令王某甲承担还款责任。判决生效后，王某乙等三人通过法院执行程序申请查封了詹某波名下房产一套，并将詹某波名下240余万元现金强制执行，执行后詹某波及王某甲名下无任何房产及存款。

检察机关监督情况

2018年6月,案外人许某师、王某丁、李某开等人向日照市人民检察院控告,称王某甲与王某乙等三人民间借贷纠纷案是王某甲为转移财产,与王某乙三人串通进行的虚假诉讼,目的是通过法院执行的方式将詹某波(系王某甲之夫,已故)名下的房产及存款转移,以逃避山东省五莲县人民法院关于王某甲等人与案外人机动车交通事故责任纠纷案生效判决的执行。

日照市人民检察院接到举报后,对线索评估认为,该三案虚假诉讼嫌疑较大,遂依职权进行受理,抽调山东省莒县人民检察院两名干警与日照市人民检察院组成专案组,对案件进行调查核实,具体过程如下:

一是书面审查,初步判定原审民事判决涉嫌虚假诉讼。第一,调阅、审查原审诉讼及执行卷宗材料,发现王某乙等三人均于2014年4月28日委托同一律师起诉王某甲,起诉书内容基本一致,三人提交的证据仅有落款为詹某波、王某甲的欠条,无任何银行转账记录及其他证据,被告方委托代理人詹某意(系詹某波之弟)庭审上承认确实有欠款,没有其他任何答辩,审理过程十分简单,没有对抗性,从起诉到判决所用时间较短。法院判决生效后,王某乙等三人委托律师直接申请强制执行,将詹某波名下的房产及存款全部执行完毕。第二,审查关联诉讼卷宗材料,将关联诉讼与本案进行比对分析,全面分析掌握涉嫌虚假诉讼的疑点和初步证据。经审查五莲县人民法院(2016)鲁1121民初208、209、240号民事判决卷宗材料发现,2014年4月19日,詹某波(系王某甲之夫,已故)驾驶载有许某、李某、王某戊三人的小型客车发生安全事故,至车上四人全部死亡,经交警部门认定，詹某波负事故全部责任。2014年4月28日，王某乙三人向东港区人民法院提起诉讼。2016年7月，五莲县人民法院作出民事判决，判令王某甲等人需向案外人赔偿共计180余万元。从诉讼时间来看，王某甲与王某乙等三人民间借贷纠纷案发生于詹某波、许某、李某、王某戊交通事故9天后，在时间上存在为转移财产而进行虚假诉讼的可能。从案件标的额来看，王某乙、王某丙、徐某明的诉讼标的额合计为313万元，与詹某波、王某甲名下的财产价值相当，执行完毕后，詹某波、王某甲名下就无任何房产及存款，案外人诉王某甲等人的机动车交通事故责任纠纷案民事判决无法得到执行。通过书面审查，初步认定王某甲与王某乙等三人的民间借贷纠纷案存在较大的虚假诉讼嫌疑。

二是调查核实，虚假诉讼初现端倪。本案双方当事人均主张借款为现金交易，为查清涉案借款是否真实存在，检察人员依法询问了债权人王某丙，王某丙起初一口咬定其与詹某波确有借款的事实，在办案干警的说服教育下，王某丙最终承认其与詹某波之间的借款是虚假的，且承认该案从起诉到执行都是由詹某意安排，其本人并未参与，相关的执行款也没有打到其账户。根据王某丙交代的这一线索，检察人员立即到日照银行、中国农业银行日照分行查询该案执行案款的流向。经查询，涉案240余万元执行款，均未转至胜诉当事人王某乙、王某丙、徐某明的名下，而是通过支票背书、第三人银行账户全部转到了败诉方代理人詹某意名下的银行账户。检察机关通过充分行使调查核实权查实了涉案款项的真实走向，对认定本案虚假诉讼奠定了坚实基础。

三是检警联合，虚假诉讼事实水落石出。在查明涉案执行款流转情况后，日照市人民检察院向五莲县公安局发出《犯罪线索移送函》，将詹某意、徐某明、王某乙、王某丙涉嫌帮助毁灭、伪造证据罪犯罪线索移交至五莲县公安局（因涉案人员提起虚假诉讼时《刑法修正案（九）》尚未实施，故只能按帮助毁灭、伪造证据罪移送相关线索），五莲县公安局及时传唤了詹某意、王某甲、徐某明、王某乙、王某丙等人，对主犯詹某意依法立案侦查并采取拘留刑事强制措施，詹某意交代了全部犯罪事实：詹某意为逃避其哥哥詹某波在交通事故中的赔偿责任，通过王某乙等三人伪造借条共计313万元，并委托律师进行民事诉讼，将詹某波名下的240余万元现金执行并转入詹某意的银行账户，同时冻结詹某波名下房产一处，使詹某波再无财产可供另案执行。

2018年7月19日，日照市人民检察院向日照市中级人民法院发出日检民（行）监〔2018〕37110000047—49号民事抗诉书，认为（2014）东民一初字第1862、1863、1864号民事判决认定事实的主要证据是伪造的。同时，向公安机关移送犯罪线索。

五莲县公安局接到线索移送函后，即对詹某意涉嫌帮助毁灭、伪造证据罪立案侦查。詹某意因犯伪造证据罪被五莲县人民法院判处有期徒刑1年，缓刑1年。王某乙等三人情节轻微未予刑事立案。

2018年8月，日照市中级人民法院裁定撤销该三起案件的民事判决并指令东港区人民法院再审。2018年11月15日，东港区人民法院作出（2018）鲁1102民再13、14、15号民事判决，驳回原审原告王某乙、王某丙、徐某明的诉讼请求。11月16日，东港区人民法院作出（2018）鲁1102司惩1、2、3、4号罚款决定书，对王某甲、王某乙、王某丙、徐某明分别作出罚款 1000 元的处罚决定。

经检察机关抗诉后，詹某意与案外人许某师、王某丁、李某开等人达成和解，将机动车交通事故所需赔偿的 180 余万元赔偿款全部赔偿到位。

典型意义

该案是典型的为逃避法定义务而与他人恶意串通，伪造证据，虚构民事纠纷，向人民法院提起民事诉讼的虚假诉讼案件。该案是检察机关民事检察人员熟练运用调查核实权、公检法联手打击虚假诉讼的典型案件。

1. 该案充分展现了民行办案模式的成功转变。传统的民事诉讼监督案件的办案程序，民事检察人员养成了书面审查案件材料、由当事人提供证据的办案模式，缺乏主动取证意识，缺乏指挥协同作战、分组取证的经验等。对于民事诉讼法赋予民事检察人员可以主动出击的调查核实权，曾一度无从下手，而虚假诉讼案件的办理，最关键的是要用好调查核实权，查清虚假诉讼背后的案件真相。该案由日照市人民检察院统一指挥，成立由市县两级检察院办案骨干组成的三个办案组，制订周密调查计划，抢抓时机，调查步骤一环扣一环，从 6 月 20 日受理到 6 月 26 日查清虚假诉讼事实、向公安机关移送犯罪线索，仅用了一周时间，充分体现了兵贵神速、主动出击的办案意识，实现了由"坐堂问案"到"主动出击"办案方式的转变。

2. 该案充分展示了检察机关熟练运用调查核实权的能力。调查核实类似于刑事案件的侦查，有很强的技巧性。受理该案后，检察人员连夜进行了审查分析，在充分梳理、分析、归纳提炼的基础上制订了周密的调查工作计划，为防止当事人串供，兵分三路，突出一个"快"字，在拿下王某友的口供后，银行取证组立即展开查询工作，当天就查明涉案240余万元执行款均未转至胜诉当事人名下，而是通过支票背书、第三人银行账户全部转到了败诉方代理人名下的银行账户的事实，迅速地拿下了认定本案虚假诉讼的关键证据。

3. 该案是公检法联手打击虚假诉讼的典型案例。犯罪线索于2018年6月26日移交公安机关，6月29日公安机关即立案，依法拘留主要犯罪嫌疑人詹某意，并迅速取得其口供。后詹某意因犯伪造证据罪被五莲县人民法院判处有期徒刑1年，缓刑1年。三起民事案件抗诉后，东港区人民法院再审该案，在撤销原判决、驳回原审原告诉讼请求的同时，为惩治扰乱司法秩序的虚假诉讼当事人，对串通造假的原告和被告四名当事人分别作出罚款1000元的处罚决定。在办理该案中，公检法各自发挥职能作用，密切配合，携手打造了协作配合、共同打击虚假诉讼的示范案，为未来三家联合查办虚假诉讼提供了实践样板。

石某等民间借贷纠纷虚假诉讼监督案

案件承办单位

河南省宁陵县人民检察院

基本案情

2012年，马某军在任河南省商丘市梁园区人民法院平台法庭书记员期间，与其父马某海（已死亡）、李某共谋，伪造多份杨某英向石某、魏某莉、姬某等人借款的借据，并冒用石某、魏某莉、姬某等17人的名义以5份民事起诉状将杨某英、石某国作为被告起诉至梁园区人民法院，请求依法判令杨某英、石某国偿还上述借款。

梁园区人民法院将该5起案件分流到平台法庭办理，由孟某担任审判长，马某军担任书记员。而马某军实际上为5起案件的具体承办人并单独办理案件，在被告杨某英不知情的情况下，由李某、李某翔、曹某光、姚某、代某丽分别作为杨某英诉讼代理人参与诉讼。马某军在审理该5起案件中明知双方当事人均未到庭或虽然到庭但未实际参与调解，私自制作调解笔录、调解协议并将调解笔录、调解协议交由其父马某海找他人签字，并违规制作民事调解书，该5份民事调解书中涉案标的为650万元。后马某海等申请强制执行，梁园区人民法院依据民事调解书查封了杨某英、石某国所开发的株洲花园小区房产数套。

杨某英等向纪检部门举报该 5 起案件系虚假诉讼，纪检部门将案件移交检察机关。宁陵县人民检察院受商丘市人民检察院指派，对该案进行审查。

检察机关监督情况

宁陵县人民检察院受理案件后，通过阅卷，发现每起案件中，除了一张借条之外，没有其他证据予以佐证，如杨某英向每人借款多少、怎么借的、何时借钱等相关证据，也没有银行转账凭证或流水单，有虚假诉讼的嫌疑。承办检察官认真进行调查核实。因该 5 起案件涉及的当事人多达 26 人，户籍分布在商丘市下辖 4 个县（区），办案干警多次前往商丘市梁园区、睢阳区、城乡一体化示范区、虞城县的公安派出所查询当事人的户籍信息，发现部分当事人为空挂户，为办案增加了一定的难度。办案干警通过与辖区民警协作配合，深入社区逐户排查，最终全部找到了案件的当事人，证实案件虚假。

同时，经对原审承办法官孟某、书记员马某军进行调查，确认马某军不具备独立审理民事案件的资格，在审理案件过程中违法制作民事调解书；以及孟某明知书记员不能独立审理民事案件，仍对马某军独立办理的民事调解书予以签名确认的违法事实。

宁陵县人民检察院就其中 4 起案件提请商丘市人民检察院抗诉，商丘市人民检察院向商丘市中级人民法院提出抗诉，商丘市中级人民法院裁定撤销原调解书，发回梁园区人民法院重审。

2018年10月26日、2018年12月4日、2018年12月26日梁园区人民法院分别作出（2018）豫1402民初4659、4337、4338、4339号民事裁定书，裁定：驳回原告石某、魏某莉等13人的起诉。

2017年8月2日，宁陵县人民检察院对其中一案向梁园区人民法院提出再审检察建议。梁园区人民法院于2019年3月7日作出（2017）豫1402民再63号民事裁定书，裁定撤销该院民事调解书，驳回原审原告刘某军等4人的起诉。

2018年7月13日，宁陵县人民检察院向梁园区人民法院发出检察建议，建议对审判员孟某及该案的实际承办人马某军给予纪律处分。2018年8月10日，梁园区人民法院决定给予马某军行政记过处分，给予孟某诫勉谈话处分。

典型意义

该案系法官与当事人恶意串通的欺诈型虚假诉讼，法律关系和法律事实是虚构的，试图通过法院生效法律文书确认，不当获得利益。该案的实际承办人马某军与其父马某海（中院退休法官，已去世）、李某串通，利用职务之便在杨某英不知情的情况下，由李某、李某翔、曹某光、姚某、代某丽分别作为杨某英诉讼代理人参与诉讼，在双方当事人均未到庭或虽然到庭但未实际参与调解的情况下，私自制作调解笔录、调解协议，并私自代签或将调解笔录、调解协议交由其父马某海找他人签字，违规制作民事调解书，从而达到查封杨某英、石某国所开发的数套房产，损害当事人杨某英、石某国合法利益的目的。

查办本案时，商丘市人民检察院启动民行办案一体化机制，由商丘市人民检察院业务骨干与宁陵县人民检察院民行科干警组成办案组，指导宁陵县人民检察院从除了借条之外，没有其他可以证明借款事实的证据的"不寻常"之处入手，对该案的事实认定、法律适用及其他情况开展调查。在发现涉案当事人多达26人，户籍分布在商丘市下辖4个县（区）的情况下，积极争取公安机关的支持配合，深入社区逐户排查，最终找到全部案件的当事人，收集了大量证据材料，如调解双方当事人均未到庭参与诉讼、双方当事人彼此之间不认识、伪造当事人签名及审判人员涉嫌违法的相关证据材料，最终查明该案虚假事实。

本案的成功办理，不仅纠正了虚假诉讼的错误判决，还对审判员孟某、书记员马某军分别给予诫勉谈话、行政记过处分，有力打击了虚假诉讼行为，挽回了当事人巨额经济损失，维护了司法权威与公信力，取得了很好的社会反响和法律效果。

王某、程某军等民间借贷纠纷虚假诉讼监督案

案件承办单位

湖北省黄石市黄石港区人民检察院

基本案情

2014年6月20日，汤某龙向黄石同某丰公司法定代表人吕某敏借款625万元（已还），同年7月30日，汤某龙再次向吕某敏借款人民币500万元（未还）。

2014年10月10日，同某丰公司职工王某、程某军二人以个人名义向湖北省黄石市黄石港区人民法院提起三起民事诉讼，起诉汤某龙及湖北枫某公司，并向黄石港区人民法院提交吕某敏向汤某龙及枫某公司的部分汇款凭证作为证据。黄石港区人民法院对以上三案立案，诉讼总标的额为475万元。同月13日，王某增加诉讼请求180万元，程某军增加诉讼请求200万元，并提交2014年6月20日汤某龙向吕某敏借款4笔共计355万元的转账凭证（该笔资金已还）和2014年7月30日汤某龙向吕某敏借款10笔共计500万元的转账凭证作为证据材料。

2014年10月14日，王某、程某军的代理人曹某荟带人强

行将汤某龙从其办公室带到黄石港区人民法院执行法官赵某卿办公室内，在赵某卿办公电脑中打印了 2 份借款协议，并强迫汤某龙签字。随后，曹某荟又将汤某龙带至黄石港区人民法院黄石港法庭法官周某刚办公室。周某刚向汤某龙送达了王某、程某军的民事起诉状及其他法律文书，在原告方提供的汇款凭证明显有疑问，且曹某荟没有律师执业资格不得单独调解的情况下，依然对案件迅速进行调解，汤某龙分别与王某、程某军达成调解协议，承认向二人借款 850 万元，愿意偿还本金及利息。10 月 15 日，周某刚根据调解协议制作了〔2014〕鄂黄石港石民初字第 298、299、300 号 3 份民事调解书并送达。之后，曹某荟又向法院补充提交了吕某敏 2014 年 6 月 20 日银行流水，显示吕某敏当日向枫某公司汇款共计 625 万元，本案 355 万元的转账凭证系该 625 万元中的一部分。

2014 年 10 月 24 日，经王某、程某军申请，黄石港区人民法院依法对以上三案立案执行，执行文号分别为（2014）鄂黄石港执字第 339、340、341 号。同年 11 月 4 日，汤某龙向法院汇报了财产，包括其名下的门面房、龙某贸易公司位于挹江南路 3 号的门面、住房、车辆。同年 11 月 28 日，龙某贸易公司、徐某新（汤某龙之妻）、汤某（汤某龙之女）自愿被列为保证人，对汤某龙的债务承担无限连带责任。

执行过程中，执行员赵某卿对枫某公司银行账户、股权、名下 6 处房产及土地，汤某龙名下位于公园路 14 号的房屋及土地，龙某贸易公司名下的房屋，汤某龙、枫某公司、龙某贸易公司、徐某新、汤某名下所有车辆全部予以查封。2015 年 4 月，黄石港区人民法院以被执行人及保证人无财产可供执行为由终结本次执行程序。2015 年 6 月 19 日，赵某卿以汤某龙拒不执行法律文书确定的义务为由，经审批对汤某龙司法拘留 15 日。2015 年 6 月 26 日，赵某卿带领曹某荟一起提审了汤某龙，将汤某龙公司员工李某、严某加为保证人。同月 30 日，黄石港区人民法院提前解除对汤某龙的拘留。

2016 年 8 月 26 日，黄石港区人民法院依法对枫某公司生产设备、厂房、货物（茶油）全部予以查封。同月 30 日，赵某卿以汤某龙拒不执行法律文书确定的义务为由再次将汤某龙司法拘留 15 日。

检察机关监督情况

汤某龙不服，向检察机关申请监督。承办检察官收到申诉材料后，调取了相关案卷材料，询问了汤某龙、汤某等人，认为三案有以下疑点：（1）三案中原告提交的证明自己与被告之间存在债权债务关系的证据均是吕某敏与枫某公司之间的汇款凭证，但原告方未提交其他材料证实其与吕某敏之间的关系，证据与案件事实没有关联性；（2）虽然民事案件的调解以自愿为基本原则，但根据《民事诉讼法》第 93 条规定，人民法院应当在事实清楚的前提下组织调解，而这三起民间借贷案中，存在证据有瑕疵、案件事实不清的情形，且法官先调解，原告后提交证据，程序明显违法；（3）三起案件涉案金额总计 850 万元，从立案到执行，时间不超过 1 个月，诉讼过程异常顺利，明显不符合常理，法官可能涉嫌职务违法。

基于这一分析，检察机关邀请公安机关、职务犯罪侦查部骨干联合研判，分析案情，确定了本案"对事监督"和"对人监督"相结合的办案思路，并成立了以民事检察官为主导的办案组，借助公安机关力量，及时控制犯罪嫌疑人，从调查曹某荟、吕某敏妨害作证罪入手，突破口供，深挖审判人员、执行人员违纪违法问题，最终查明：2014年7月30日，汤某龙向吕某敏借款后未按期偿还，吕某敏、曹某荟多次向汤某龙催款，曹某荟还带人到汤某龙办公室逼迫还款，但汤某龙无法归还。吕某敏遂与曹某荟合议，指使同某丰公司职工王某、程某军起诉汤某龙及枫某公司。曹某荟还拟制了总金额为855万元的空白借款协议5份，并以暴力、威胁等方式逼迫汤某龙签订了部分借款协议，起诉后又带人强行将汤某龙带至赵某卿办公室签署了另一部分借款协议，随后将汤某龙带至周某刚办公室签署了调解协议。吕某敏、曹某荟二人违反了《刑法》第307条规定，涉嫌妨害作证罪。周某刚、赵某卿与曹某荟之间关系密切，周某刚多次利用职权帮助曹某荟介绍代理案件，并收受曹某荟礼品等财物9000余元，周某刚与赵某卿还多次委托曹某荟对外出借资金，赚取高额利息。基于这种关系，周某刚、赵某卿在明知以上三案系虚假诉讼的情况下，周某刚滥用审判权，迅速将案件调解结案，赵某卿则违规执行，查封被执行人一系列资产，意图帮助曹某荟逼迫汤某龙偿还上述虚假的855万元及利息。

2017年9月13日，黄石港区人民检察院以〔2014〕鄂黄石港石民初字第298、299、300号三案的民事调解书认定的基本事实缺乏证据证实为由，向黄石港区人民法院发出3份再审检察建议。10月12日，黄石港区人民法院对该三案裁定再审。2018年7月11日，经王某、程某军申请，黄石港区人民法院裁定准许该三案撤诉。

2017年6月14日，黄石港区人民检察院以吕某敏、曹某荟涉嫌妨害作证罪向黄石市公安局黄石港分局移交犯罪线索。2018

年 10 月 31 日，曹某荟因犯妨害作证罪被判处有期徒刑 1 年 3 个月；吕某敏因犯妨害作证罪被判处有期徒刑 1 年，缓刑 1 年 6 个月。

2017 年 8 月 30 日，黄石港区人民检察院以周某刚、赵某卿涉嫌违纪违法向黄石市纪委驻黄石市中级人民法院纪检组移交案件线索。2018 年 3 月 28 日，黄石港区纪委给予周某刚留党察看 1 年处分，黄石港区监察委给予周某刚撤职处分。2018 年 4 月 25 日，黄石港区纪委给予赵某卿党内严重警告处分，黄石港区监察委给予赵某卿记过处分。

典型意义

虚假诉讼案件中，有些当事人为了达成非法目的，往往会采取暴力、威迫、恐吓、唆使、欺骗等手段虚构事实、法律关系、证据，通过法院诉讼和执行活动获取利益，可能涉嫌虚假诉讼罪、妨害作证罪、非法拘禁罪、敲诈勒索罪、诈骗罪、职务侵占罪、伪造公司企业印章罪等罪名。实践中，民事检察部门在没有强制手段的情况下，如何突破当事人口供，让其供述案件真实情况是检察机关在办理虚假诉讼案件中最大的难点。

本案中，公司法人联合公司法务，指使公司员工虚构债权；审判法官滥用职权，迅速调解结案；执行法官违规执行，查封被执行人一系列资产，是典型的司法人员与一方当事人勾结型虚假诉讼案件。办案机关在监督过程中，商请公安机关提供支持，介入调查，查证有犯罪事实后，立即对涉嫌犯罪的有关人员采取强制措施，突破口供，查清案件事实。同时注重深挖法院有关人员是否在虚假诉讼案件中存在滥用职权等违纪违法行为，发现相关线索后及时移送有关单位或者部门处理，最终实现对裁判结果和审判、执行人员违法行为全面监督的目的，既避免了当事人因虚假诉讼遭受巨额损失，也使得参与虚假诉讼的相关人员、审判人员、执行人员受到了应有的法律纪律处罚，给法院审判、执行人员上了一堂警示教育课，彰显了检察监督的刚性。

吴某峰等民间借贷纠纷虚假诉讼监督案

案件承办单位

四川省威远县人民检察院

基本案情

2014年4月4日,吴某峰向四川省内江市威远县人民法院提起诉讼,要求翁某华、陈某芳夫妻返还借款50万元和利息1万元,合计51万元。威远县人民法院于2014年4月8日立案审理。在法院主持下,双方当事人达成调解协议:翁某华、陈某芳于2014年5月15日前返还吴某峰借款15万元,2014年9月30日前返还吴某峰借款20万元,2014年12月31日前返还吴某峰借款15万元;吴某峰自愿放弃借款利息。2014年4月29日,威远县人民法院以(2014)威民初字第939号民事调解书(以下简称939号调解书)调解结案。2014年5月26日,吴某峰申请强制执行。2015年12月1日,威远县人民法院执行人员告知吴某峰,在执行陈某芳与他人的另一案中,对被执行人陈某芳位于威远县严陵镇高笋塘街83号营业房进行拍卖,但经过三次拍卖均流拍,现另一案的申请人威远县鑫某公司愿意接受房屋抵债。如果吴某峰需要参与债权分配,依法应当提出申请。吴某峰于 2015 年 12 月 4 日、2016 年 1 月 15 日先后再次申请强制执行，要求将陈某芳的营业房拍卖后进行分配以实现债权。

本案原审被告陈某芳与原审原告吴某峰系姑侄女关系。吴某峰与证人吴某成系姐弟关系。原审被告陈某芳与证人夏某系姻亲婶侄女关系。翁某华、陈某芳系夫妻关系，双方于 2014 年 5 月 13 日登记离婚。

检察机关监督情况

2018 年，威远县鑫某公司向威远县人民检察院举报，称吴某峰与翁某华、陈某芳民间借贷纠纷一案，涉嫌虚假诉讼。威远县人民检察院受理该案后，调阅了原审法院卷宗，发现本案 50 万元借款的核心证据，只有借条和证人证言，没有银行交易凭证等证据，借款及借条的真实性存疑。于是开展了调查核实工作，查明：

2014 年 4 月初，陈某芳找到吴某峰称丈夫翁某华在外干工程欠了款，债权人申请强制执行属于自己的营业房，为保住营业房请求吴某峰帮忙提起诉讼，二人共同商量虚构借款金额 50 万元，并将借款时间提前至 2012 年 2 月 10 日。陈某芳出具借条，载明："今借到吴某峰现金伍拾万元整。定于 2013 年 12 月底前归还，借款人陈某芳（并捺印），2012 年 2 月 10 日。"陈某芳写完借条后交给吴某峰保存。二人商量好在诉讼时找吴某成、夏某作为证人出庭作证，以证明陈某芳向吴某峰出具借条、借款真实的事实。2014 年 4 月 4 日，吴某峰持借条起诉。庭审中吴某成、夏某二人出庭作证。同年 4 月 29 日，威远县人民法院调解结案。翁某华未直接参与诉讼，但全权委托陈某芳为诉讼代理人。

在查清本案事实后，2018 年 8 月 24 日，威远县人民检察院向威远县人民法院发出威检民（行）监〔2018〕51102400001 号再审检察建议书，认为 939 号调解书认定事实的主要证据是伪造的，调解内容是虚假的，涉嫌虚假诉讼，严重侵害案外人合法权益。吴某峰与翁某华、陈某芳之间实际上没有发生 50 万元的借款事实，借贷关系是虚构的。威远县人民法院在没有查明证明案件事实的证据是否真实的情况下，制作调解书予对虚假的借贷关系予以确认是错误的。

2018 年 11 月，威远县人民法院裁定再审并中止民事调解书的执行。吴某峰在再审中当庭提出书面撤诉申请，请求撤回对原审被告翁某华、陈某芳的诉讼。2019 年 4 月，威远县人民法院作出民事裁定书，不准许原审原告吴某峰撤回起诉。2019 年 4 月 11 日，威远县人民法院作出（2018）川 1024 民再 1 号民事判决书认为，吴某峰持陈某芳的虚假借条进行诉讼，二人诉讼中共同商量找证人吴某成、夏某作虚假证词证明借条借款的真实性，导致 939 号调解书认定事实错误，应依法予以撤销。吴某峰、陈某芳及证人吴某成、夏某实施了妨害民事诉讼的行为，应依法予以处罚。判决撤销 939 号调解书，驳回吴某峰的诉讼请求。2019 年 4 月 11 日，威远县人民法院作出（2019）川 1024 司惩 3 号、4 号决定书，对在本案中实施妨害民事诉讼行为起主要作用的陈某芳拘留 5 日、罚款 3 万元。同日，威远县人民法院作出（2019）川 1024 司惩 5 号决定书，对在本案中实施妨害民事诉讼行为起次要作用的吴某峰罚款 3 万元；作出（2019）川 1024 司惩 6 号、7 号决定书，对在本案中实施妨害民事诉讼行为起辅助作用的证人吴某成、夏某每人罚款 2 万元。2019 年 4 月 21 日，威远县人民法院将陈某芳、吴某峰等人涉嫌虚假诉讼犯罪的线索移送威远县公安局依法查处。2019年4月27日，威远县公安局作出威公（刑）立字〔2019〕536号刑事立案决定书，决定对吴某峰等人虚假诉讼案立案侦查。

典型意义

1. 充分发挥调查核实权在查处虚假诉讼中的作用。本案是亲属之间恶意串通，虚构借款事实和法律关系，企图通过诉讼方式侵害他人合法权益的典型虚假诉讼案件。民间借贷领域是虚假诉讼案件的高发区。此类案件具有线索发现难、寻找当事人难、突破难等特点。精心构建调查核实方案，找准突破口，调集精兵强将集中突破是关键。本案检察人员认真审阅案卷，察微析疑，结合吴某峰、夏某庭审陈述借款中分别有10万元、5万元是从银行取出的现金的情况，决定从外围入手，查询借款发生期间银行交易记录，同时制订了预防各种意外情形发生的调查核实方案，迅速将外围证据固定，查明了在借款发生期间，案件当事人及其家属在驻威远县的6家银行中根本没有交易记录的关键证据。为了迅速、高效地突破案件，彻底查明案件事实，由院领导统一指挥，组织协调民行、侦监、法警、案管、控申等部门检察干警，分成4个办案组，对相关人员同时询问，共享信息，仅用一天时间就彻底突破案件，查明了原被告及证人虚构借款事实和法律关系，企图通过诉讼方式侵害他人合法权益的经过和事实，还原了案件原貌，为检察机关依法行使法律监督权打下了坚实基础。

虚假诉讼已经成为侵害他人合法权益，妨碍司法秩序，浪费国家司法资源，损害司法权威的主要表现形式。威远县人民检察院通过最大限度发挥调查核实权的作用，根据法院原审卷宗中发现的疑点，抽丝剥茧，破解了一起损害他人合法权益、浪费司法资源的虚假诉讼案件，再次证明调查核实权在履行检察职能中是不可或缺的。

2. 多措并举，加大打击民事虚假诉讼的力度。本案检察机关采取多种监督方式，加大打击虚假诉讼的力度。在对民事虚假诉讼案件进行监督同时，也加强与公安机关和人民法院的协调配合，对虚假诉讼参与人的违法行为进行惩戒。一方面，通过再审检察建议的方式促成人民法院迅速启动再审，撤销原调解书，保护了案外人的合法权利。另一方面，促进人民法院对虚假诉讼案件中的违法者依法给予罚款和拘留，并将犯罪线索移送公安机关追究其刑事责任，严厉打击了虚假诉讼行为，维护了司法权威，打击了妨碍司法秩序、浪费国家司法资源、损害司法权威的不良行为，在全社会树立正确的导向，取得了较好的教育警示效果。

天某公司等民间借贷纠纷虚假诉讼监督案

案件承办单位

贵州省黔南布依族苗族自治州人民检察院

基本案情

2013年10月,范某华与任某颖(系水城县银某公司法定代表人)民间借贷纠纷一案,经贵州省六盘水市钟山区人民法院审理作出(2013)黔钟民初字第2202号民事判决,判令任某颖偿还范某华借款本息4143500元。该案在执行过程中,范某华与任某颖、银某公司达成执行和解,约定任某颖自愿于2014年6月15日前一次性支付范某华4168474元,银某公司承担担保责任。约定期限届满后,因任某颖并未偿还款项,钟山区人民法院遂于2014年8月7日作出(2013)黔钟执字第172号裁定,扣划了银某公司名下的土地补偿款款项490.89万元。

2013年12月,徐某祥(系银某公司法定代表人任某颖之夫)向陈某涛(系天某公司法定代表人吴某红之夫)借款100万元,并约定4分月息,徐某祥支付部分利息后无力偿还借款。为了达到清偿债务的目的,陈某涛、任某颖分别以天某公司、银某公司名义签订《合伙投资协议》，约定天某公司投资510万元与银某公司合作建房，同时约定天某公司在协议签订三日内将定金255万元打入案外人时某燕建行账户。2015年4月23日，天某公司以银某公司作为被告，以《合伙投资协议》及2012年4月28日陈某涛向时某燕转款255万元凭证等为据提起诉讼，请求返还定金255万元，并支付违约金182万元。

2015年5月11日，都匀市人民法院作出（2015）都民商初字第188号民事调解书：被告银某公司于2015年5月20日前归还天某公司合作投资款255万元及违约金180万元，共计435万元。执行过程中，人民法院将此案与范某华、任某颖民间借贷纠纷一案合并执行，按比例分配执行款，范某华分配得2534385元，天某公司分配得2238467元。

检察机关监督情况

范某华不服，以上述调解构成虚假诉讼为由向检察机关申请监督。经贵州省黔南布依族苗族自治州（以下简称黔南州）人民检察院调查查明，2012年4月28日，陈某涛借给案外人黄某255万元，此款通过陈某涛农业银行账户转账存入黄某之妻时某燕建设银行账户。同年5月7日，该笔款中的225.8万元转入王某菊建设银行账户，用于偿还时某燕对王某菊的借款。由此可见，天某公司与银某公司之间并不存在合伙投资关系，所谓的255万元投资款实为陈某涛对案外人黄某的个人借款。双方签订《合伙投资协议》是为了将个人债务转化为公司债务，并以公司名义提起诉讼获取调解书，并在执行中分配有限执行款。双方伪造事实证据提起诉讼并达成调解，实质是借民事诉讼之名，行非法占有之目的,既损害了公司利益,也损害了另一执行案当事人范某华的利益,已构成虚假民事诉讼。遂于2018年5月10日以黔南检民(行)监〔2016〕52270000087号民事抗诉书向黔南州中级人民法院提出抗诉。

黔南州中级人民法院于2019年2月25日作出(2018)黔27民再62号民事裁定,撤销都匀市人民法院(2015)都民商初字第188号民事调解书,将案件发回都匀市人民法院重新审理。

典型意义

近年来,一些人为了规避法律义务、非法获取不当利益,伪造证据、虚构民事法律关系,以诉讼的方式骗取人民法院的民事裁判、调解书,制造虚假案件,损害了诉讼秩序、司法权威和司法公信力。本案是在一方当事人为被告的另案已进入执行程序的情形下,双方当事人通过隐瞒事实真相、虚构民事法律事实及法律关系,并结合提起虚假诉讼的一方当事人曾借款给案外人这一事实,伪造、编造证据提起诉讼,以获取法院调解书参与到另案执行分配,达到稀释执行款,侵犯了另案申请执行人的合法权益,企图通过民事诉讼完成非法利益转移的典型案例。

本案有如下特点:一是虚构的法律事实围绕真实事实进行,手段隐蔽,情节极为复杂。二是案件标的较大、影响较大。三是检察机关以案外人控告的方式介入监督,方法得当,经大量调查取证提出抗诉,纠正本案存在的虚假诉讼,监督成效显著。四是高度重视,组织领导有力。因本案虚实交融,关键证人黄某又长期在海外,办案难度大。为攻破该案,州、市两级检察机关成立专案组并多次召开案件讨论会,制订调查方案,奔赴多地开展大量调查，查清事实，当机立断向法院提出抗诉，取得较好的法律效果和社会效果。五是凝聚内外力量，形成合力，体现监督实效。案件办理过程中，民行部门多方调查并听取侦监、公安的意见，确保在关键问题上取得共识，然后再针对存疑问题逐个通过调查、侦查攻破。

　　本案带来的启示主要有两点：一是虚假诉讼监督的属性为对公权力的监督以及对国家利益、社会公共利益的维护，检察机关可直接进行受理监督，可不必受再审前置的限制。《民事诉讼法》在第十二章"妨碍民事诉讼的强制措施"中规定了对虚假诉讼认定及处理的条款，目的在于保护人民法院正常民事诉讼秩序及案外人合法权益不受恶意当事人的侵犯，是诚实信用原则在民事诉讼中运用的具体体现。检察机关行使对虚假诉讼的监督权，是以诉讼本身为直接对象，主要目的在于保障人民法院民事诉讼程序在正常秩序下发挥正确的法律功能，并在监督效果中体现对虚假诉讼当事人诉讼行为的打击遏制，故在性质上应属对公权力的监督。同时，《民事诉讼法》第208条也规定了检察机关可以对损害国家利益或社会公共利益的调解书提出检察建议或提出抗诉。虚假诉讼当事人虚构事实与证据获取调解书，实质是利用司法程序达到非法目的，严重扰乱了司法秩序，浪费了司法资源，损害了司法权威，这无疑是损害了国家利益和社会公共利益。从这一角度理解，检察机关对虚假诉讼的监督也体现了对国家利益和社会公共利益的维护，而对国家利益和社会公共利益的维护正是检察机关的职责所在。

　　二是有必要建立防范和查处虚假诉讼的联动机制。由于虚假诉讼隐蔽性强、发现查处难度大，单靠检察机关一家之力难以予以有效打击。因此，需要在较大范围内建立健全防范和查处虚假诉讼的联动机制，加强公安、检察、法院等单位之间的协商与合作。法院在审查案件中发现有重大虚假民事诉讼嫌疑的，如需要由公安机关、人民检察院依法处理或协助处理的，将案件材料移送公安机关、人民检察院，由其依法调查或侦查。人民检察院发现有重大虚假民事诉讼嫌疑的，如该案属于人民法院正在办理的案件，可以审判人员违法的方式进行监督，及时阻止虚假诉讼当事人所追求的审判结果的形成，以维护人民法院民事诉讼正常秩序，防止案外人合法权益受到侵害；如虚假诉讼审判结果已经形成，应及时向人民法院提出再审检察建议或提出抗诉；虚假诉讼当事人涉嫌犯罪的，应依法将线索移送公安机关，由公安机关立案侦查。公安机关发现有重大虚假民事诉讼嫌疑的，要及时将线索移送人民法院、人民检察院，防止生效的判决、裁定或调解书进一步损害案外人利益。

卢某等借款纠纷虚假诉讼监督案

案件承办单位

江苏省徐州市铜山区人民检察院

基本案情

2016年10月31日,卢某申请查封江苏甲公司铜山分公司2300万元及3400万元的房产,2016年11月7日,江苏省徐州市铜山区人民法院作出(2016)苏0312财保440号、441号民事裁定,依法查封了登记在江苏甲公司铜山分公司名下价值2300万元及3400万元的房产。

2016年11月18日,卢某以江苏甲公司、徐州乙公司与卢某签订的1070万元、1050万元、980万元、1065万元和1040万元的借款协议及补充协议作为证据,向铜山区人民法院提起两起借款合同纠纷诉讼,请求判决江苏甲公司、徐州乙公司分别偿还借款本金2120万元、3085万元,利息1130666元、1542500元。

诉讼中,卢某与江苏甲公司、徐州乙公司分别达成调解协议,铜山区人民法院于2016年12月7日作出(2016)苏0312民初10057号、10058号民事调解书,分别确认江苏甲公司、徐州乙公司欠卢某借款本金2120万元、利息100万元,合计2220

万元,于 2017 年 6 月 30 日前给付。

江苏甲公司、徐州乙公司欠卢某借款本金 3085 万元、利息 100 万元,合计 3185 万元,于 2017 年 5 月 30 日前付清。调解书中具体写明了分期付清欠款本息的具体时间和还款金额。

2017 年 5 月,卢某申请铜山区人民法院强制执行。

检察机关监督情况

案外人徐州宝某公司向检察机关控告举报江苏甲公司、徐州乙公司与卢某之间涉嫌虚假诉讼,铜山区人民检察院受理后,依法开展调查核实,询问了当事人,查询了当事人之间的银行转账流水,认定如下事实:

2016 年,江苏甲公司在经营中出现资金链紧张,银行贷款利息以及民间借贷本息已无法正常支付,借款人欲查封其与徐州乙公司房产。江苏甲公司、徐州乙公司董事长均为夏某忠。2016 年 8 月,夏某忠让卢某办理一张银行卡交给了江苏甲公司,江苏甲公司分别将另外两家公司银行账户内的 5160 万元、2975 万元转至卢某银行账户内作为"出借"资金,上述款项后经江苏甲公司铜山分公司账户,又转到南京某公司账户。经过数次转账,该款项几日后又分别转回最初转出资金的两家公司的银行账户内。

在此期间,江苏甲公司、徐州乙公司与卢某恶意签订了 4 份借款协议,约定江苏甲公司借款 2120 万元和 3085 万元,徐州乙公司对上述借款及利息承担连带担保责任。卢某依此向铜山区人民法院提起本案两起借款合同纠纷诉讼。

根据查明的事实,本案系双方当事人恶意串通伪造证据、虚构法律关系提起的典型虚假诉讼,铜山区人民检察院于 2017 年

9月22日依法向铜山区人民法院发出铜检民（行）监〔2017〕32032300008号、铜检民（行）监〔2017〕32032300009号两份再审检察建议书，建议法院对此案进行再审。经该院审判委员会讨论决定，铜山区人民法院于2017年12月21日作出（2017）苏0312民再4号、5号民事判决书，判决撤销原民事调解书，并驳回卢某的诉讼请求。

在铜山区人民法院作出再审判决之前，为了阻止江苏甲公司转移财产，逃避债务，为了防止该案执行后难以执行回转，铜山区人民检察院于2017年9月22日作出铜检民（行）执监〔2017〕32032300009号、32032300010号检察建议书，建议法院暂缓对两案的执行。铜山区人民法院作出执行裁定书，中止了对涉案两件民事调解案件的执行。

铜山区人民检察院同时将卢某和江苏甲公司涉嫌虚假诉讼的案件线索移送给江苏省徐州市铜山区公安局。铜山区公安局于2017年9月，对夏某忠、卢某、江苏甲公司虚假诉讼案予以立案侦查，并于2018年12月13日移送起诉，目前该案在审查起诉过程中。

典型意义

卢某与江苏甲公司、徐州乙公司两起借款纠纷民事调解案，是两起典型的虚假诉讼案件，双方当事人恶意串通，虚构民事法律关系，伪造证据，通过法院的民事诉讼的裁决权和执行权来达到逃避债务的目的。两起案件涉案标的5405万元，是多年来铜山区人民检察院成功监督的徐州地区涉案金额最大的虚假诉讼案件。该案的成功监督，震慑了当事人虚假诉讼的嚣张气焰，维护了案外人的合法权益和社会和谐稳定，收到了良好的法律效果和社会效果，对如何利用调查核实权和综合监督手段打击虚假诉讼有着很好的指导意义。

1. 主动调查，揭开"虚假"面纱。社会法律意识增强的同时，也带来了不法分子滥用诉权的增多，恶意之诉、虚假诉讼的手段不断翻新，隐蔽性较强，可谓"道高一尺，魔高一丈"，审判人员防不胜防。本案中，检察机关察微析疑，先从卢某的出借能力、资金来源开展调查，检察机关历时一月有余，跑遍数家银行调查取证，调取银行凭证二十余份，缜密调查发现，卢某出借的资金来源于江苏甲公司安排的徐州两家公司，卢某将资金假借给江苏甲公司，后又将该款通过南京的两家公司中转，再打回徐州两公司，形成了完整闭合的资金链条，证实本案当事人之间并无真正的借贷关系。在掌握了以上客观证据的基础上，双方虚假诉讼的主观故意昭然若揭。检察机关依法对涉案当事人开展调查询问，当事人面对检察机关的询问，只能如实陈述真实情况。检察机关还高度重视案外人控告时反映的蛛丝马迹，不放过任何线索，通过走访、询问证人，获取关键证人证言，查实涉案当事人制造虚假诉讼的事实。检察机关主动出击，抽丝剥茧地开展调查取证工作，为案件的成功办理奠定了坚实的基础。

2. 多元化监督，打出监督声威。检察机关的民事法律监督对象是民事诉讼活动，检察机关在对确有错误的生效民事裁判等提出抗诉或检察建议等的同时，要对法院相关执行活动进行监督，同时对违法犯罪线索的发现、移送、协助查处等也是法律监督工作的重要职责。本案中，检察机关在发出再审检察建议后，监督工作并未止步，而是将涉嫌虚假诉讼罪的案件线索向侦查机关移送，侦查机关已对该案立案并移送起诉；同时考虑该案案情重大，法院收到再审建议至裁定再审期间可能存在监督空档期，当事人极易通过对生效裁判的执行程序达到转移财产的目的，故检察机关在发出再审检察建议同时，建议法院暂缓对涉案两件民事调解案件的执行，法院接到执行监督检察建议后，在裁定再审前即作出中止执行裁定，执行监督检察建议起到了应有的效果。检察机关的多元化监督，既纠正了错误的生效裁判，又避免法院的错误执行，同时还完成了对虚假诉讼当事人的刑事制裁，检察机关的"组合拳"监督，严重打击了虚假诉讼行为，维护了法律的尊严，树立了检察机关的监督权威。

3. 增强敏锐性，常态化监督虚假诉讼。虚假诉讼妨害司法秩序，损害法律尊严，浪费司法资源，已经成为扰乱司法活动的一个"毒瘤"。实践中，虚假诉讼案件因当事人的主观故意和事先通谋，给查明真相带来相当大的困难，查实一件得以改判着实不易，但仅通过民事监督手段远达不到综合监督效果。检察机关不断加强与监察委员会、公安、法院、司法局的外部联系配合，整合司法资源，形成打击合力，通过刑事追责、提出抗诉、检察建议、司法惩戒等多措并举共同维护司法秩序、司法公正和权威，有效遏制虚假诉讼高发态势。针对虚假诉讼渐趋严重的情况，检察机关要主动作为，凝聚合力，提升监督实效。充分运用法律赋予检察机关的调查权，依法开展调查取证，提升调查取证能力和水平。同时要善于总结研究，寻找虚假诉讼监督的特点、规律，分析虚假诉讼的动机、主要形式和手段、容易发生的领域，虚假诉讼当事人的心理等，探索源头防治、线索来源、调查方向、询问突破等方面查办虚假诉讼的方式方法，总结提炼虚假诉讼办案规则，寻求可复制的办案经验，为办理同类案件提供借鉴意义，达到监督一件、警示一片的社会效果。

全某公司等借款合同纠纷虚假诉讼监督案

案件承办单位

辽宁省人民检察院、辽宁省大连市人民检察院

基本案情

2014年12月31日，大连红某公司起诉至辽宁省大连市金州区人民法院，请求判令全某公司立即偿还10笔借款共7580万元，并给付利息。大连市金州区人民法院一审判决红某公司与全某公司签订的10份借款协议有效，全某公司应偿还红某公司借款及利息。全某公司不服上诉，大连市中级人民法院于2015年8月18日作出（2015）大民三终字第753号等10份民事判决，认为借款系各方当事人的真实意思表示，红某公司的放款义务已履行完毕，款项进入全某公司账户后，款项的流向不能否定红某公司已履行放款义务的事实。而且，全某公司将其公章、财务专用章、营业执照等证照交与红某公司控制，在无明确的使用授权限制的情况下，便是对使用其公章、财务专用章及营业执照等证照法律后果的认可。判决：驳回上诉，维持原判。

检察机关监督情况

本案为10件案件的串案（10笔借款），全某公司将其中4件案件再次向法院申诉，将其中6件案件向检察机关申请监督。

辽宁省大连市人民检察院受理该6起案件后，经调阅原审卷宗，初步审查发现红某公司与全某公司之间的借款关系明显不合乎企业间借贷的正常情况，可能涉嫌虚假诉讼，于是进一步进行了调查核实。为了查明案中涉及资金的流向，大连市人民检察院分别调取了红某公司、全某公司、第三人程某文等的相关账户资料及银行转账凭证，同时调取了相关公司的工商登记资料。查明：

全某公司系中外合资企业，东某域公司占75%股份，洪某植是东某域公司的大股东和法定代表人。2014年11月24日，东某域公司股东发生变更，洪某植持股5%，高某彬持股70%，高某彬通过控股东某域公司，成为全某公司的实际控制人，全某公司的法定代表人由洪某植变更为高某彬。2014年11月10日，红某公司会计代表红某公司从全某公司接收了公章、财务专用章、营业执照等文件，掌握了全某公司的银行账户。程某文与东某域公司、红某公司之间经常有大笔资金往来关系。参与案涉借款资金流转的红某公司、洪某植、程某文之间存在特殊的关联关系，红某公司可以操控案涉资金账户。

涉案的几笔借款的形成过程及资金流向明显不合常理。2014年11月18日，案外人亿某公司向红某公司账户汇入790万元，红某公司将其中660万元汇入全某公司账户，当日该660万元汇入程某文账户，又从程某文账户通过网银转账汇入红某公司账户。上述660万元的款项经过三次转账，形成了一个循环，又回到红某公司账户中。涉案的其余借款都是通过"案外人—红某公司—全某公司—程某文—红某公司"的顺序,通过资金过桥的方式形成闭合的资金循环链,每笔资金的流转过程均于当日完成。对于资金流动异常的情形,红某公司不能举证对其行为的合理性予以说明。从资金流转情况看,红某公司没有付出任何对价,仅是利用程某文的账户,将从第三方拆借的款项循环转账,造成借款给全某公司的假象。结合"借款"期间全某公司股东的变更情况、红某公司起诉情况以及上述操控账户、循环转账等事实,可以认定本案构成虚假诉讼,大连市人民检察院提请抗诉,辽宁省人民检察院于 2017 年 3 月 20 日作出辽检民(行)监〔2017〕21000000002—07 号 6 份民事抗诉书,向辽宁省高级人民法院提出抗诉。

辽宁省高级人民法院指令由大连市中级人民法院再审。大连市中级人民法院将包括向法院申诉的 4 件案件在内的全部 10 件案件发回大连市金州区人民法院重审。大连市金州区人民法院于一审作出 10 份民事判决书,判决驳回红某公司的诉讼请求。红某公司不服上诉,2019 年 6 月 27 日大连市中级人民法院作出(2019)辽 02 民再 91 号等 10 份民事判决,认为:红某公司在案涉借款过程中并未付出任何对价,仅通过资金搭桥的方式完成所谓的"出借义务",而全某公司实际上也并未真实地使用案涉借款,红某公司与全某公司之间并无真实的借款关系,判决驳回红某公司的上诉,维持原判。

典型意义

1. 关于民事虚假诉讼的调查方式。检察机关如何收集虚诉讼的证据，实践中的做法也并不相同。从以往的案件来看，有采用"关键要点模式"：即重视调取个别关键的、有突破意义的直接证据，如开展关键证据鉴定或收集相关人员"口供"或当事人自认的，比如近期检察机关公布的许多典型案例即是如此。也有采用"链条要点模式"：即列出案件的关键疑点，调取若干间接证据相互印证形成证据链条，从而通过逻辑分析而证成虚假的。

对此，我们认为，虚假诉讼调查实际上是通过"疑点缺口"逐步还原真相的历程，是"情景再现"的过程，证据应具有较强的关联性，应对证据应作"有序化"的收集，既要遵循办案思维的科学规律，又要有利于全面收集证据。因此可以考虑架构"路线图"式的调查指南，实行递进式的证据收集模式。具体而言，我们的经验是，依据控告人、申诉人的控告、申诉或检察机关主动排查的差异，其"调查路线"应有所不同。对于申诉人提供线索的案件：从其提供的民事法律基础事实问题入手，发现法律关系的异常，进而发现民事主体之间的潜在关联关系，最后发掘有关主体实施的虚假诉讼行为，即民事法律基础事实疑点—主体间关联关系—虚假诉讼行为。而对于检察机关排查发现的案件：建议一般先由诉讼行为疑点入手，进而发现主体的异常联系，再发掘民事法律事实的问题，即诉讼行为疑点—主体的异常联系—法律关系、基础事实问题。如此，形成证据链条，努力把检察机关要调查还原的事件过程讲清楚。例如本案。

本案是由申诉人全某公司提供的线索，检察机关就从其提供的线索入手，对异常转账的情况开展调查，逐步查明潜藏在诉讼背后的事实，发现了短时间内大额循环转账这一极不寻常的现象，认定了民间借贷的基础法律事实的异常情况；在此基础上对与转账行为相关的红某公司、程某文、全某公司相关人员等案涉有关民事主体之间的关联关系开展调查；此后进一步发掘线索，调查相关诉讼行为及潜在民事法律关系，最后揭示相关人员进行虚假诉讼的真实情况。在完成了民事法律基础事实疑点—主体间关联关系—虚假诉讼行为的整个调查"路线图"之后，也就完成了对民事虚假诉讼的调查。

2. 关于民事虚假诉讼的证明。民事虚假诉讼案件具有违法或准犯罪的实质内核，但其又始终依循于民事案件的基本规律并将这种"合法运作"作为其外在伪装，因此基于内外视角的不同，证明是否构成民事虚假诉讼，存在民事证明标准（外部视角）和"类刑事化"证明标准（内部视角）的两种不同的司法倾向。前者试图按照高度盖然性标准结合新的证据来证明案件外在伪装并不妥当，从而论证案件为虚假案件，是盖然性的民事标准的证明；而后者试图排除所有合理的可能性以确证案件的内在实质为违法行为，是排除式的类刑事标准的证明，显然后者的证明标准要求更高。对此证明标准问题，目前尚存在一定的争议，实践中两种方式都曾得到广泛的应用。

对此，我们的经验是：民事检察业务监督对象是民事案件，并因此配置了与民事案件相适应的办案权限，而一般不具备刑事强制措施，收集的民事案件证据特点也不同于刑事案件，更多的案件是由外部的民事证据合理推断内部的违法内核。在这一基本现实情况之下，高度盖然性标准应是实践中比较可行的标准，民事检察人员也较为熟悉和便于掌握，因此民事证明的盖然性标准仍应采用。但同时也应该看到，民事虚假诉讼案件具有如上所述的复杂的内外部属性特征，也存在恶意串通、欺诈等情形，且就目前的司法实践来看，民事诉讼中认定的虚假诉讼极易引发刑事追诉，成为刑事案件事实认定的重要证据，因此证明过程也应当慎重。所以，虚假诉讼的证明可以存在严格程度各异的层次化的标准，可以适当采用排除合理怀疑的标准，但应灵活掌握，避免僵化适用。

因此，我们建议对虚假诉讼开展层次化的证明，其法律依据可见于最高人民法院《关于适用〈中华人民共和国民事诉讼法〉的解释》第 109 条，即对欺诈、恶意串通等事实的证明要求予以排除合理怀疑。我们的具体的层次化方式为：一般情况下采用较严格的高度盖然性的标准即可，但为保证监督的审慎，在特殊情况下可以考虑适用排除式标准。比如发现案件存在重大的合理怀疑的情况（例如当事人提供了有关证据证明原审案件为真实案件），则案件的虚假性存在重大疑点，就需要对这种可能的合理性（虚假不易成立的可能）予以排除。

对于本案而言，首先按照民事证据的高度盖然性的标准，通过调查发现，本案存在短时间内大额循环转账的异常情况，这与民间借贷法律关系的一般经验法则明显相悖。之后，为保证监督的审慎性，要进一步排除案件的重要疑点，即部分适用排除合理怀疑的标准，对原审当事人的抗辩的合理性进行排除（即对不成立虚假案件的抗辩予以排除），为此检察机关对全某公司的借款等问题进行了调查，对其等提供的证据进行审查，排除了合法借贷的可能性。

3. 检察机关起到一定的司法引领作用。本案由于案涉数额较大，法律关系也较为复杂，法院在接到当事人对部分案件（其中 4 起案件）的再次申诉之后，对如何处理该案也存在较大争议。为此，法院也在积极与检察机关沟通，等待检察机关的抗诉意见。在此情况下，辽宁省、大连市两级检察机关通力协作，积极开展调查，认真研究案情，成功地对该案件开展监督。对检察机关调查的事实及对案情的分析，法院也高度认可，并最终促成了该 10 件案件的全案改判，在这一过程中检察机关的监督发挥了一定的个案引领作用，同时也促进了检法关系，并达成了对民间借贷虚假诉讼相关问题的比较一致的看法，达到了通过个案纠正类案的良好的审判监督效果，在本省检法系统内起到了良好的示范作用。

李某锋、李某东等借款合同纠纷虚假诉讼监督案

案件承办单位

吉林省东辽县人民检察院

基本案情

吉林省东辽县人民检察院刑事检察部门在履行刑事诉讼监督中发现了公安机关未予立案的李某东诉东辽县佳某公司借款合同纠纷虚假诉讼案件线索,将案件线索移送该院民事行政检察部办理。东辽县人民检察院民行部门经调查核实,查明:

2013年11月,李某锋和凌某合伙成立了粮食收购公司佳某公司,李某锋任法定代表人,投资30万元占股份60%,凌某投资20万元占股份40%。二人合伙经营至2015年,公司没有债务。2016年公司由李某锋独自经营,二人约定此后一切经济纠纷与凌某无关。2016年至2017年,公司在李某锋经营期间,欠8户粮农售粮款160余万元,8户农民向东辽县人民法院起诉佳某公司。

2017年4月,李某锋为逃避债务,与其朋友李某东串通,伪造2张李某锋欠李某东现金160万元的借条,分别载明:2015

年 6 月 2 日，李某锋向李某东借现金 75 万元；2016 年 5 月 20 日，李某锋向李某东借现金 85 万元，2 张借条上均盖有佳某公司印章。2017 年 5 月 3 日，李某东持这 2 张借条向东辽县人民法院提起民事诉讼。2017 年 5 月 10 日，东辽县人民法院作出（2017）吉 0422 民初 571 号民事调解书载明，被告佳某公司欠原告李某东借款本金 160 万元，利息 16 万元，此借款被告承诺于 2017 年 7 月 10 日前全部给付。

检察机关监督情况

案外人凌某于 2018 年 2 月 6 日向东辽县公安局报案称，其合伙人李某锋伪造借条向法院起诉，涉嫌虚假诉讼罪，其财产面临着法院执行。东辽县公安局认为无犯罪事实，于 2018 年 3 月 14 日作出不予立案决定。东辽县人民检察院刑事检察部门在监督中发现了此案案件线索，将其移送本院民事行政检察部。

办案人员经研究分析，认为本案可能存在虚假诉讼，依法启动了调查核实程序。通过走访调查相关证人、案发单位、银行等部门调取证据，在初步掌握了该案虚假诉讼证据的情况下，正面接触当事人。以相对薄弱的李某东为突破口进行询问，经办案人员耐心说服教育，李某东承认李某锋为逃避粮农的债务，与其串通，伪造借条、虚构借款，并由其向法院提起诉讼的事实。经东辽县人民检察院检察委员会讨论决定，认为该案构成虚假诉讼，于 2018 年 4 月 13 日向东辽县人民法院提出再审检察建议。2018 年 9 月 12 日，东辽县人民法院作出（2018）吉 0422 民再 2 号民事判决书，判决撤销东辽县人民法院（2017）吉 0422 民初 571 号民事调解书；驳回原审原告李某东的诉讼请求。

同时，民事行政检察部将李某锋、李某东已涉嫌构成虚假诉讼的材料移送本院刑事检察部门，刑事检察部向公安机关发出立案通知书，监督立案。2018年4月28日，李某锋被东辽县公安局执行逮捕。2018年8月16日，东辽县人民法院作出（2018）吉0422刑初66号刑事判决书，判决被告人李某锋犯虚假诉讼罪，判处有期徒刑1年，缓刑1年，并处罚金5000元。李某东犯罪情节轻微，如实供述主要犯罪事实，对案件办理起重大作用，东辽县人民检察院于2018年9月20日对其作出不起诉决定。

典型意义

本案是标准型的虚假诉讼案件，即双方恶意串通，虚构虚假债务，对抗第三人，法院以调解方式结案。该案不同于其他虚假诉讼案件主要是涉及与刑事相关的一些问题，具有一定的典型性。

1. 构建"一体化"诉讼监督工作格局。刑事检察部通过大数据平台发现案件线索，将线索移送民事行政检察部。民事行政检察部充分运用调查核实权，查清虚假诉讼案件事实，认为法院裁判错误，向法院发出再审检察建议，监督法院启动再审。民行部门在对民事虚假诉讼进行监督同时，将涉嫌犯罪的线索移送刑事检察部，刑事检察部监督公安机关立案，促进刑事案件的侦查。民事刑事检察部门双向线索移送，架起联动监督桥梁，互相配合，互相协作，体现了检察机关在办案中监督、在监督中办案的理念，构建起"一体化"立体监督工作格局。

2. 如何看待公安机关的侦查权与检察机关的调查核实权。

虚假诉讼入罪后，公安机关运用侦查手段和强制措施侦办此类案件，对打击虚假诉讼起到了重要作用。但从本案情况看，有的公安机关在办理虚假诉讼犯罪案件时还存在经验不足，力度不够的问题。而检察机关开展对民事虚假诉讼案件的监督已经多年，积累了一定的经验，且更加熟悉民事法律关系，因此开展的调查核实工作更具有针对性。但检察机关办理民事案件时不能对当事人采取强制措施，调查核实的方法存在一定局限。虚假诉讼入刑后，公安机关和检察机关应当在工作中加强协作和配合，发挥各自优势，共同防范和打击虚假诉讼的蔓延。

3. 虚假诉讼监督是否存在"先刑后民"的问题。对于当事人涉嫌犯罪的虚假诉讼案件，是法院先行启动民事再审撤销原裁判结果，还是待刑事案件结案后再行处理民事部分，对此问题在实践中存在一定的争议。对于当事人涉嫌犯罪的虚假诉讼案件，法律上并没有"先刑后民"的规定，且虚假诉讼民事案件和涉嫌虚假诉讼罪的刑事案件，有各自的法律调整范围和法律适用，不存在先后的问题，对虚假诉讼的民事监督和对涉嫌犯罪的刑事侦查、审判活动可以同时进行。就本案来说，先查清民事虚假诉讼并进行监督，对认定当事人是否构成犯罪、作出刑事判决起到了一定的辅助证明作用。

苏某霞等借款合同纠纷虚假诉讼监督案

案件承办单位

广东省肇庆市人民检察院、广东省肇庆市高要区人民检察院

基本案情

2018年1月16日，苏某霞起诉至肇庆市高要区人民法院，请求判令：（1）杨某偿还欠款本金共计273万元；（2）杨某偿还借款期内利息共计54600元，自逾期之日起至还清借款本息之日止支付违约金及罚金，暂计至2018年1月10日为763883.84元；（3）肇庆市广某公司对上述借款承担连带清偿责任；（4）杨某、广某公司承担案件诉讼费。

肇庆市高要区人民法院审理查明，杨某因生意资金周转向苏某霞借款，分别在2016年9月27日、10月10日、11月3日三次与苏某霞签订借款合同，约定杨某共向苏某霞借款人民币273万元，借款期限均为1个月，并承诺借款期内支付的利息款项，逾期还款需支付借款总额10%违约金及每日借款总额8‰的罚金等内容。借款合同签订后，苏某霞依约通过银行转账方式向杨某共支付借款人民币273万元，杨某分别写书面收据确认已收到借款。肇庆市广某公司经过股东会决议，作为担保人出具担保书，

对上述借款本息及其他费用承担连带清偿责任。杨某借款后，没有按期偿还借款也未支付过利息，苏某霞经多次催还未果，遂向该院提起诉讼。2018年3月28日，高要区人民法院作出（2018）粤1204民初187号民事判决：杨某偿还苏某霞借款本金人民币273万元、支付借期内利息人民币54600元、支付逾期利息763883.84元，广某公司承担连带责任。

检察机关监督情况

2018年7月17日，案外人魏某华向肇庆市高要区人民检察院控告称，苏某霞与杨某、广某公司民间借贷一案涉嫌虚假诉讼，损害其合法权益。

高要区人民检察院经调查查明：2016年9月27日、10月10日、11月3日，苏某霞三次与杨某签订借款合同，约定杨某共向苏某霞借款人民币273万元人民币的事实为虚构，虽有转账凭证，但并没有实际发生借贷行为。经查相关人员银行账户，资金往来的银行流水显示，2016年9月27日、28日，苏某霞各转账35万元给杨某，10月10日，苏某霞分两次转账给杨某，一次50万元，一次55万元。上述四次转账的175万元人民币，均是先由罗某勇转账到罗某丽的银行账户，再由罗某丽转账到苏某霞的银行账户，苏某霞再转账到杨某的银行账户，杨某于当天将款项转回罗某勇账户。2016年10月11日、11月3日，苏某霞分别转账50万元和48万元给杨某，资金走向的转账流程与前四次基本一致，只是最后杨某在收到相应款项后没有转回罗某勇，而是于当天转给陆某辉。

在魏某华诉杨某、罗某丽民间借贷纠纷一案中，肇庆市端州区人民法院于 2017 年 6 月 26 日作出（2016）粤 1202 民初 2021 号民事判决，判决杨某归还魏某华借款人民币 160 万元以及利息。杨某不服，上诉至肇庆市中级人民法院。肇庆市中级人民法院于 2017 年 12 月 20 日作出（2017）粤 12 民终 1990 号民事判决，驳回上诉，维持原判。2018 年 2 月 1 日，肇庆市端州区人民法院受理了魏某华针对该案的强制执行申请。日前，该案处于强制执行阶段，执行法院拟对杨某名下的房屋及车位进行处置。

本案判决生效后，苏某霞于 2018 年 5 月 7 日申请强制执行。2018 年 6 月 15 日，高要区人民法院向肇庆市端州区人民法院发出（2018）粤 1204 执 529 号《参与分配函》，请求参与分配肇庆市端州区人民法院处置被执行人杨某名下位于肇庆市端州区星湖大道星湖湾 A 区第 8 栋 A3 房、肇庆市端州区星湖大道星湖湾 A 区第 9 栋负一层小汽车位 010 号小汽车位。

苏某霞是罗某丽与罗某勇的母亲，罗某丽和罗某勇是姐弟关系。杨某与罗某丽于 2004 年 11 月 17 日登记结婚，于 2009 年 12 月 28 日协议离婚。

2018 年 8 月 27 日，高要区人民检察院将杨某等人涉嫌虚假诉讼犯罪的线索移送至肇庆市公安局高要分局，该局于同日立案侦查。

经高要区人民检察院提请，肇庆市人民检察院于 2018 年 11 月 19 日作出肇检民（行）监〔2018〕44120000039 号民事抗诉书，向肇庆市中级人民法院提出抗诉，认为苏某霞与杨某的借款事实属于虚构，目的是参与分配魏某华等债权人对杨某的执行债权，帮助杨某逃避法院对另案的强制执行。

2019 年 4 月 17 日，肇庆市中级人民法院作出（2019）粤 12 民再 4 号民事判决，判决撤销原审判决、驳回苏某霞的诉讼请求。

典型意义

1. 根据案件类型确定调查核实方向。民间借贷纠纷是虚假诉讼的高发领域。本案是民间借贷纠纷,根据案外人的举报,高要区人民检察院围绕借贷发生的原因、时间、地点、款项来源、交付方式、款项流向以及借贷双方当事人之间的关系、各自的经济状况等事实进行了调查,以核实本案是否存在虚假诉讼。通过调阅法院卷宗、查询苏某霞等人的银行账户资金走向、询问相关当事人等方式,查明借款合同系当事人串通伪造、杨某及苏某霞等人通过银行走账方式制造支付凭证、担保书和股东决议是在开庭前几天由杨某倒签日期制作、苏某霞并不具备出借能力等事实,从而认定本案为虚假诉讼。

2. 一体化办案,形成监督合力。首先,加强上下级联动。高要区人民检察院经初步调查,发现本案涉嫌虚假诉讼,但该院在办理虚假诉讼监督方面的办案经验不足,为了更好地办理案件,肇庆市人民检察院与高要区人民检察院成立联合办案组,制订了详细的工作方案,对办案予以指导和支持,使本案得以顺利查办。其次,强化内设机构的联动。高要区人民检察院将苏某霞等人涉嫌虚假诉讼罪的线索移送公安机关后,民行检察部门联合侦查监督检察部门办理该案,由侦查监督检察部门发挥提前引导侦查的优势,协助公安机关制作讯问提纲、参与讯问犯罪嫌疑人,积极引导公安侦查,在进一步巩固本案虚假诉讼民事证据的同时,深挖案件背后的刑事犯罪,取得良好的办案效果。

3. 加强与公安机关的沟通协作。在获取银行资金走向等证据证明苏某霞等人涉嫌虚假诉讼罪的情况下,高要区人民检察院将犯罪线索移送给肇庆市公安局高要分局,该局于收到线索当日立案侦查。本案也成为肇庆市检察机关首件办理民事诉讼监督案件中移送涉嫌虚假诉讼罪线索并促成公安机关立案的案件。公安机关立案后，高要区人民检察院多次与其沟通协调，促使该局发挥侦查资源优势将杨某等人抓获归案并成功突破其口供，推进了案件的办理。

4. 促使人民法院更加审慎行使审判职责，防范虚假诉讼案件。依法打击虚假诉讼行为，人民法院责无旁贷，对于涉嫌虚假诉讼的案件，法官不能仅仅是居中裁判，应根据最高人民法院《关于防范和制裁虚假诉讼的指导意见》要求，"对可能存在虚假诉讼的，要适当加大依职权调查取证力度"。本案出借人苏某霞作为一个农村妇女，短时间借出273万元，且庭审中被告未出庭，当事人根本没有对抗性，有涉嫌虚假诉讼的可能性。一审承办法官并未根据相关司法解释的规定审慎审查，从而作出错误判决。肇庆市人民检察院抗诉后，肇庆市中级人民法院再审后进行改判，必然会促使人民法院更加审慎审理类似案件。

廖某明等借款合同纠纷虚假诉讼监督案

案件承办单位

广东省广州市荔湾区人民检察院

基本案情

黄某、何某容、黄某斌不服广州市荔湾区人民法院（2016）粤0103民初4986号民事判决，认为该案当事人廖某明、陈某伟为非法侵占其房产，恶意串通，虚构借贷关系进行虚假诉讼，于2017年6月向广州市荔湾区人民检察院申请监督。荔湾区人民检察院受理该案后，办理该案的民事行政检察部门检察官经详细梳理案情，仔细分析证据，发现廖某明与陈某伟借贷纠纷案的确存在诸多疑点。一是诉讼时间有蹊跷。该案正好发生在黄某、何某容、黄某斌诉陈某伟等人关于涉案房产买卖合同无效的二审期间。二是诉讼过程缺乏对抗。陈某伟作为被告，在庭审过程中对原告诉求无任何实际抗辩。三是当事人态度可疑。办案检察官多次通知陈某伟、廖某明了解情况，二人均借故推托，跟办案人员"耍太极"，十分可疑。

发现疑点后，办案检察官制订了详细周密的调查计划，采取查阅相关案件卷宗，询问当事人及相关证人，到银行、房产登记等部门核实相关证据等一系列调查措施后，查明了本案事实：本案涉案房产位于广州市海珠区宝岗路（以下称"A房产"）原系登记在黄某名下的房产，后因其儿子黄某斌向陈某健借款60万元，在陈某健要求下，A房产作了析产处理，由黄某、何某容（黄某妻子）、黄某斌各占1/3产权，并由黄某斌作为受托人办理A房产一切抵押、买卖手续，且A房产抵押给陈某健。2014年5月，陈某健将对黄某斌的债权转让给李某恒，A房产也转抵押给李某恒，李某恒要求黄某斌将A房产代理权转委托给卢某凡（李某恒的朋友）。2014年5月，在未经黄某、何某容、黄某斌同意下，李某恒伙同卢某凡以委托代理人的名义与陈某伟（李某恒的同学）签订《存量房买卖合同》并申请办理产权转移登记手续，将A房产转移登记至陈某伟名下。2014年10月，李某恒又找来其朋友廖某明，将A房产抵押给廖某明。

在发现房产被非法过户后，2015年1月，黄某、何某容、黄某斌向广州市海珠区人民法院起诉被告陈某伟、第三人李某恒、卢某凡、陈某健、廖某明，请求确认A房产买卖合同无效，将A房产重新过户至黄某、何某容、黄某斌名下。海珠区人民法院于2016年5月判决支持原告全部诉讼请求。

为了推翻海珠区人民法院判决，继续非法侵占A房产，李某恒、陈某伟与廖某明等人想出了虚假诉讼的方法。一方面由陈某伟对海珠区人民法院判决向广州市中级人民法院提出上诉，为制造虚假诉讼赢得时间。同时，李某恒又伙同廖某明、陈某伟伪造了借款合同、银行转账凭证等证据，虚构了廖某明与陈某伟之间的债权债务关系，并由廖某明向广州市荔湾区人民法院起诉陈某伟，请求法院判令：陈某伟向廖某明归还借款本金118.5万元及逾期还款利息；廖某明对陈某伟名下A房产处置变现所得价款享有优先受偿权。广州市荔湾区人民法院于 2016 年 9 月作出（2016）粤 0103 民初 4986 号民事判决，支持廖某明上述诉讼请求。2017 年 3 月，廖某明依据生效的该民事判决，向广州市荔湾区人民法院申请执行。2017 年 6 月，广州市中级人民法院对黄某等三人起诉陈某伟等人确认 A 房产买卖合同效力纠纷一案作出二审判决，认定买卖合同无效，但因荔湾区人民法院的（2016）粤 0103 民初 4986 号民事判决，A 房产返还登记存在障碍，故判决撤销一审判决关于将 A 房产过户回黄某、何某容、黄某斌的判项。李某恒、陈某伟与廖某明等人制造的虚假诉讼致使广州市中级人民法院撤销了将 A 房产返还登记的判项，达到了继续非法侵占 A 房产的目的。

检察机关监督情况

在查明案件事实后，荔湾区人民检察院将相关线索及证据移送公安机关处理。2017 年 10 月，广州市公安局荔湾分局对涉案的 3 名当事人廖某明、陈某伟及李某恒以虚假诉讼罪立案侦查。2018 年 4 月，荔湾区人民法院作出（2018）粤 0103 刑初 349 号刑事判决，以虚假诉讼罪判处陈某伟有期徒刑 8 个月，判处廖某明有期徒刑 7 个月。2019 年 2 月，荔湾区人民法院作出（2019）粤 0103 刑初 201 号刑事判决，以虚假诉讼罪判处李某恒有期徒刑 9 个月。

2018 年 2 月 11 日，荔湾区人民检察院就（2016）粤 0103 民初 4986 号民事判决向荔湾区法院发出穗荔检民（行）监〔2017〕44010300001 号再审检察建议，认为结合调查取得的真实银行转账记录、印章使用说明、当事人调查笔录等新证据，该案属于虚假诉讼,建议法院重审该案。2018 年 8 月,荔湾区人民法院作出(2018)粤 0103 民再 4 号民事判决,以原审判决主要事实证据均系当事人伪造,认定事实错误为由,判决撤销了(2016)粤 0103 民初 4986 号判决,驳回廖某明的诉讼请求。

典型意义

该案系一起为非法侵占他人房产而实施的伪造证据、虚构借贷关系的典型虚假诉讼案件。该案督促法院撤销了原虚假诉讼民事生效判决后,陈某伟在判决撤销后自愿将涉案房产过户回原权利人黄某等 3 人名下,为黄某等挽回价值数百万元的房产,同时,该案以虚假诉讼罪追究了当事人的刑事责任,维护了司法权威,系虚假诉讼罪入刑以来,广州市范围内判决的第一起虚假诉讼犯罪案件,对打击虚假诉讼行为具有示范意义。

1. 该案具有虚假诉讼的典型特征。一是非法目的明显,当事人串通制造虚假诉讼,目的就是阻止相关法院将涉案房产返还原权利人的判决形成,继续侵占涉案房产;二是当事人之间关系特殊但又具有一定的隐蔽性,原告廖某明与被告陈某伟之间看似没有特殊关系,但其二人与幕后策划李某恒一个是同学关系一个是朋友关系;三是诉讼时间节点特殊,虚假诉讼故意在确定涉案房产权属的二审期间提起,以达到非法干涉二审中涉案房产权属认定的目的;四是诉讼缺乏对抗性,被告对原告的诉求无任何抗辩,全盘接受;五是关键证据系伪造,为了证明虚构的借贷关系,伪造银行印章和转账记录。

2. 充分利用检察机关的调查核实权查明案件事实。2017 年修订的《民事诉讼法》第 210 条规定,人民检察院因履行监督职责，可以向当事人或案外人调查核实有关情况。在办理该案的过程中，检察院民事行政检察部门充分利用民事诉讼法赋予检察机关的调查核实权，分别向建设银行、工商银行调取证据，查明了原审认定陈某伟与廖某明借贷关系的关键证据——100万元转账记录系当事人伪造的事实，为向公安机关移送犯罪线索及最终全案突破打下了坚实的证据基础。

3. 及时移送案件线索，争取公安机关配合，取得办案的全面胜利。在民事案件审查过程中，部分当事人非常警觉，不愿意配合调查，而民事行政检察部门也没有相应的强制措施，这给案件的进一步办理造成了一定困难。在此情况下，检察机关认为现有证据能初步认定相关当事人涉嫌刑事犯罪，于是将线索移送公安机关，利用公安机关的侦查力量推进案件办理。针对公安机关办案人员第一次接触该类案件，可能对案件性质、证据等把握不准的情况，检察院侦查监督部门提前介入。公安机关对3名涉案人员采取了刑事强制措施，取得了关键性口供，获得了全面证据，为追究虚假诉讼人员民事责任和刑事责任打下坚实基础。

4. 灵活运用再审检察建议，与法院良性互动，共同维护司法公正和权威。再审检察建议权是民事诉讼法赋予检察机关的一项民事检察监督权力，它与抗诉权共同形成一套完整的民事检察监督体系。在该案的办理过程中，检察院加强与法院的沟通，通过检察院发出再审检察建议，法院裁定再审并改判的形式，缩短了办案周期，节约了司法成本，维护了民事司法秩序和权威。

贵州百某公司等借款合同纠纷虚假诉讼监督案

案件承办单位

重庆市人民检察院

基本案情

2010年10月8日，贵州百某公司与应某喜签订借款协议约定：百某公司向应某喜借款270万元，期限为3个月，借款期限内按借款金额以每月1.4%计算利息；如逾期还款，则按人民银行同期贷款利息四倍计算利息，黄某荣、杨某利、李某鹄在该协议上作为担保人提供连带责任保证。应某喜还与重庆天某实业公司签订连带保证责任保证书，约定天某实业公司为百某公司提供连带责任担保。当日，应某喜与百某公司、四川省岳某公司签订协议书约定：岳某公司代应某喜向百某公司支付借款270万元。12月3日，岳某公司出具270万元的转账支票（开户行：中国银行九龙园区支行，账号：11020539××××），百某公司签收后出具收到借款确认书。该转账支票后被百某公司背书转让给重庆大某电器厂。

2012年2月，应某喜向法院起诉。重庆市第三中级人民法院一审判决百某公司归还270万元借款及利息，黄某荣、天某实业公司、杨某利、李某鹄承担连带保证责任。2013年1月，重庆市高级人民法院作出（2012）渝高法民终字第00253号民事判决：驳回上诉，维持原判。

检察机关监督情况

百某公司向公安机关报案，贵州省遵义市公安局红花岗分局向重庆市人民检察院第三分院进行了情况通报，该院立即对本案进行审查，先后多次前往贵州省遵义市调查案情、询问双方当事人、查阅原审案卷及调取相关款项的往来情况，基本查清了该案的事实：

重庆大某电器厂系刘某洪和刘某刚共同经营的私人企业，刘某洪为法定代表人，该厂挂靠岳某公司，由刘某洪和刘某刚每年缴纳管理费。百某公司与重庆大某电器厂之间没有债权债务关系。刘某洪和刘某刚系兄弟关系，应某喜系刘某刚的姐夫。

应某喜与百某公司之间并不存在真实的借款关系。据公安机关对应某喜及刘某刚的询问材料等证据证实，应某喜本人并没有与百某公司协商借款事宜，也没有实施借款行为，而仅仅是根据刘某刚的委托在协议文本上签署了自己的名字。刘某刚与百某公司之间也不是真实的借贷关系，刘某刚系与百某公司的黄某荣串通，将另案400万元真实借款的利息、逾期贷款利息和违约金共计270万元变更为借贷关系，目的是固定双方所约定的远远超过国家所允许的利率和违约金的款项，掩盖刘某刚放高利贷的非法利益。

经公安机关查证，岳某公司在签订该代付借款协议前已被工商局注销，该公司也未在中国银行九龙园区支行开立过银行账户。应某喜、刘某刚等人冒用岳某公司名义在中国银行九龙园区支行开设账户并开出270万元转账支票，开出支票所需270万元由刘某洪所支出。以百某公司为收款人，金额为270万元的转账支票开出后，加盖了伪造的百某公司财务专用章背书转让给重庆大某电器厂，刘某刚支出的款项又回到他控制的私人公司。

重庆市人民检察院认为本案系虚假诉讼，有新的证据足以推翻原审判决，提请最高人民检察院抗诉。最高人民检察院于2016年11月22日作出高检民监〔2016〕217号民事抗诉书向最高人民法院提出抗诉。最高人民法院指令重庆市高级人民法院再审此案。2018年11月23日，重庆市高级人民法院作出（2018）渝民再67号民事判决认为，应某喜虽然与百某公司、黄某荣等签订了借款协议，但既无出借意愿，又未履行出借义务，双方之间没有成立借贷关系。判决：驳回应某喜的诉讼请求。

典型意义

虚假诉讼可以分为双方串通型虚假诉讼和单方实施型虚假诉讼两种基本类型。本案不是双方串通型虚假诉讼，而是单方实施型虚假诉讼。本案办理过程中，有人认为本案不是虚假诉讼，理由是，本案并不是典型的串通型虚假诉讼，不具有恶意串通、损害案外人利益等构成特征，本案违反的是利息限额规定，要监督也只是调减高额利息的问题。

我们认为，虽然有观点认为虚假诉讼构成要件需具备当事人双方恶意串通。《民事诉讼法》第112条、第113条规定了合谋型或恶意串通（逃避执行）型虚假诉讼的法律责任，最高人民法院《关于防范和制裁虚假诉讼的指导意见》（以下简称《虚假诉讼指导意见》）第 1 条关于虚假诉讼一般构成要素中，也明确需双方当事人存在恶意串通的规定。上述规定将恶意串通型虚假诉讼确立为民事虚假诉讼的经典类型，但是这并不意味着虚假诉讼等同或仅限于双方串通型虚假诉讼。

1. 从民事诉讼法的相关规定在法律中的位置来看，其条款规定在第十章"对妨害民事诉讼的强制措施"中，该规定并非系对虚假诉讼的定性。《民事诉讼法》第 112 条"当事人之间恶意串通，企图通过诉讼、调解等方式侵害他人合法权益的，人民法院应当驳回其请求，并根据情节轻重予以罚款、拘留；构成犯罪的，依法追究刑事责任"之规定，其使命不在于定义何为虚假诉讼，而是确定人民法院有权对该种类型的虚假诉讼处以强制措施。而《虚假诉讼指导意见》亦仅是在现行民事法律渊源下所作的具体性规定。如果依据上述规范严格将虚假诉讼等同于或限定为当事人双方串通型虚假诉讼，是对虚假诉讼的片面理解。

2. 虚假诉讼罪的刑事法律规范中包含了单方实施型虚假诉讼行为。《刑法修正案（九）》对于虚假诉讼罪的行为描述是："以捏造的事实提起民事诉讼，妨害司法秩序或严重侵害他人合法权益的"，该规定并没有以双方恶意串通或通谋为要件。最高人民法院、最高人民检察院《关于办理虚假诉讼刑事案件适用法律若干问题的解释》第 1 条第（七）项明确规定，"单方或者与他人恶意串通，捏造身份、合同、侵权、继承等民事法律关系的其他行为"，捏造民事法律关系，虚构民事纠纷，向人民法院提起民事诉讼的，应当认定为《刑法》第 307 条之一第 1 款规定的"以捏造的事实提起民事诉讼"。显然，在虚假诉讼刑事法律规制中，虚假诉讼罪的客观行为包含了单方捏造事实的行为。

制裁手段更为严厉的刑事法律规范都不排除单方实施型虚假诉讼的情形,虚假诉讼的民事规制更不应当仅局限于双方串通型虚假诉讼,进而排除对单方实施型虚假诉讼的规制。

3. 司法实践中,检察机关监督的单方实施型虚假诉讼案件已占不少比重。2016 年、2017 年,重庆市检察机关查办的虚假诉讼案件中,双方串通型案件有 142 件,单方实施型案件为 32 件。可见,司法实践早已突破双方串通型的限制。

4. 单方实施型虚假诉讼也应是检察机关查办虚假诉讼的重点。有学者认为,一方当事人实施的虚假诉讼行为,远远多于双方实施的虚假诉讼行为。[①] 在英美侵权法体系中,虚假诉讼包括恶意诉讼和滥用程序两种:第一种是没有事实依据和法律依据的无由之诉;第二种是尽管有事实依据和法律依据但出于不当目的提起的不当之诉。[②] 英美法系没有单独规定双方串通型恶意诉讼,也从一个侧面反映出社会的诚信程度越高,恶意串通的诉讼行为就越少。可以预言,随着我国社会环境的变化和对双方串通型虚假诉讼的专项治理的深入推进,虚假诉讼更多地将指向单方实施型虚假诉讼。因此,我们需将虚假诉讼定性为,一方或双方共同捏造事实提起民事诉讼的行为[③],而非仅是串通型虚假诉讼。虽然司法机关近几年查办的案件主要集中于串通型,但随着串通的成本越来越高,惩处的力度越来越大,虚假诉讼的主要表现形式必然发生较大的转变。因而检察机关在查办民事虚假诉讼案件时,有必要加大对单方实施型虚假诉讼的监督力度。

---

① 张艳:《虚假诉讼类型化研究与现行法规定之检讨——以法院裁判的案件为中心》,载《政治与法律》2016 年第 7 期。
② 王飞跃:《虚假诉讼研究》,载《中南大学学报(社会科学版)》2013 年第 4 期。
③ 王飞跃:《虚假诉讼研究》,载《中南大学学报(社会科学版)》2013 年第 4 期。

昆明同某公司等委托贷款纠纷虚假诉讼监督案

案件承办单位

云南省人民检察院

基本案情

本案涉及一次虚假买卖、两次虚假借贷、三次虚假诉讼。

2011年1月,曾某文(已故)以昆明明某房地产公司、云南合某投资公司名义与乔某仁签订协议书,约定:以乔某仁在腾冲县永某房地产公司的股权转让为名,将该公司名下203亩国有土地使用权作价1.7亿元转让给合某投资公司、明某房地产公司。曾某文陆续支付7000万元后,提出以昆明滇池泊屋小区商品房抵偿土地尾款。该房屋存在多项权利瑕疵无法买卖,曾某文却诱骗乔某仁同意:(1)以房抵债并先行支付抵款差价2000余万元;(2)以土地使用权抵押借款解决房屋产权瑕疵;(3)曾某文成为永某房地产公司绝对控股股东及法定代表人。曾某文仅付出4000余万元,就使涉案土地使用权脱离乔某仁方的控制。(另案中,赵某将曾某文已付7000万元土地款捏造成明某房地产公司"合法债权"全部予以代位执行。)

随后,曾某文与赵某共谋,利用曾某文实际控制的合某投资公司、永某房地产公司,赵某实际控制的昆明同某商贸公司、昆明中某现代公司、昆明科某企管公司、云南汇某基金公司等关联公司,共同制造了两次虚假借贷。2012年5月18日、2013年2月28日,同某商贸公司与中行某支行、合某投资公司、永某房地产公司先后两次签订委托贷款及抵押担保合同,贷款金额分别为9000万元、1.2亿元。约定:同某商贸公司将"自有资金"委托中行某支行借给合某投资公司,永某房地产公司以涉案国有土地使用权作抵押。第一次虚假委托贷款中,中某现代公司转账9000万元给同某商贸公司,同某商贸公司"放款"给曾某文的合某投资公司。合某投资公司于次日将9000万元全数转回科某企管公司,科某企管公司随即转账8400万元给中某现代公司、转账600万元给同某商贸公司。合同到期后,双方发现抵押物升值,遂共谋由科某企管公司转账9000万元给合某投资公司,由合某投资公司"还款"给同某商贸公司。第二次虚假委托贷款时,曾某文伪造了永某房地产公司股东会决议,形式上完成抵押登记条件。1.2亿元"借款"来源为:9000万元来自科某企管公司、2000万元来自中某现代公司、1000万元来自汇某基金公司。合某投资公司在1.2亿元到账1个工作日内就全数转回汇某基金公司,汇某基金公司将1.16亿元转账汇入中某现代公司。

2013年11月中旬,同某商贸公司向云南省高级人民法院提起第一次虚假诉讼,请求判令合某投资公司还款、永某房地产公司承担担保责任。该院以主体不适格为由,裁定驳回起诉。2013年11月下旬,赵某唆使中行某支行提起诉讼,乔某仁得知后向云南省人民检察院举报,该院经调查认为该案构成虚假诉讼,向云南省高级人民法院发出检察建议。云南省高级人民法院经审判委员会讨论认为,该案涉嫌犯罪,裁定驳回起诉,将案件移送保山市公安局侦查。2015年9月,同某商贸公司第三次提起虚假诉讼,云南省高级人民法院再次受理。乔某仁方再次向云南省人民检察院举报，该院依法予以受理。

检察机关监督情况

本案系对人民法院正在审理的案件是否构成虚假诉讼进行监督，对检察机关履行调查核实职权提出了合法性、即时性与精准性并重的高标准。云南省人民检察院成立办案组，对案件进行缜密的调查核实工作。一是紧盯资金流向不放，锁定流转主体关系，狙击法律关系虚构性。本案是典型的"断章取义型"借贷类虚假诉讼，即隐藏资金闭合流转线路的绝大部分，仅截取其中一段"开放性"流向呈现给法院，形成借贷关系成立并履行的假象（如下图所示）。

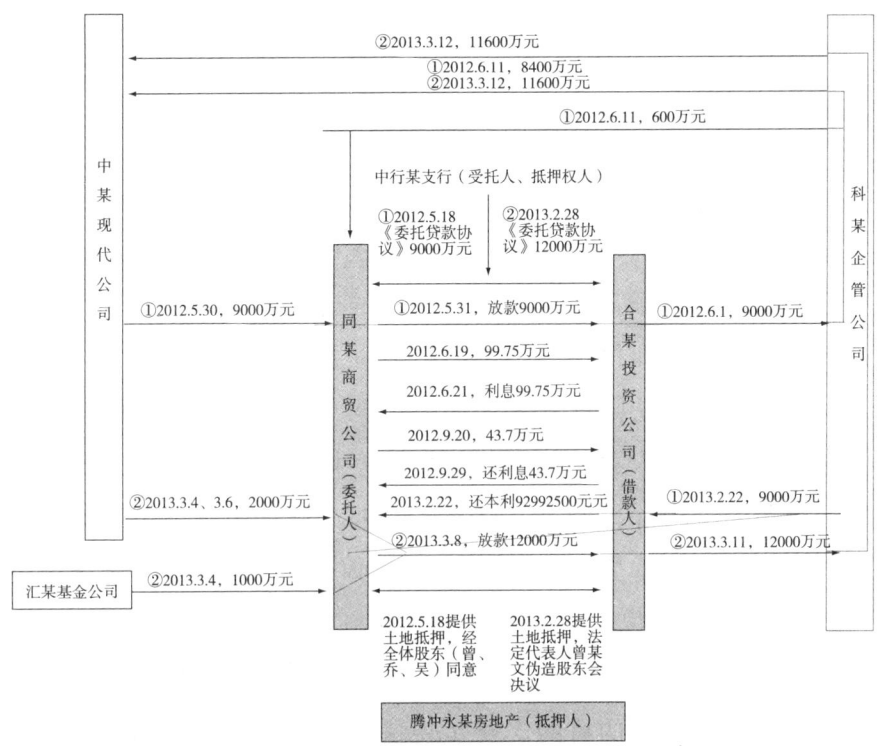

虚假借贷资金流向图

资金流向以及流转主体间的关系是判断合同是否真实存在、履行的重要依据。办案组通过银行流水调查资金流向时发现：（1）资金来源。诉争借款是因抵押物增值在第一次借贷基础上增加标的额产生的，有9000万元来自第一次借贷的"还款"，故资金源头需追溯到第一次借贷。同某商贸公司转款账户在合同签订当日并无资金，而是在约定的放款日才从中某现代公司收到9000万元，与其以"自有资金"借贷不符。（2）资金去向。两次"借贷"都是合某投资公司收到"借款"后在1个工作日内全数转给赵某实际控制的关联公司。办案组通过查询工商登记，发现中某现代公司、同某商贸公司、科某企管公司、汇某基金公司都是由赵某实际控制的关联公司，整个资金流转都在赵某的掌控之下，形成闭环回路，合某投资公司并未实际持有或使用涉案资金。

二是精准研判利益核心，溯源追击非法目的，抽丝剥茧恶意串通。不论虚假诉讼行为是否在实际上侵犯了他人合法权益，行为人的主观方面一定包含侵犯他人合法权益的非法目的。同某商贸公司一再将巨额款项借与无力还款的合某投资公司，其目的应是指向抵押物，即抵押物是本案核心利益。如果抵押物是曾某文的公司持有的合法财产，其为何要与同某商贸公司相互配合虚构借贷关系？案外人乔某仁为何要向检察机关举报该案？专案组带着这些疑问继续深挖调查，该目的的非法性逐渐浮现：曾某文假意向乔某仁购买涉案土地，在抛出7000万元诱饵之后，又通过"以房抵债""代位执行"等手段将7000万元要回并让乔某仁倒贴2000余万元，随后通过本案诉讼达到将土地所有权完全脱离乔某仁控制并变现的目的。要实现这一非法目的，必须有赵某和曾某文的密切配合，二人恶意串通的主观恶性亦在调查核实中暴露无遗。

云南省人民检察院经审查认为,该案构成虚假诉讼,并针对同某商贸公司多次恶意提起或授意他人提起虚假诉讼的严重违法行为,向云南省高级人民法院发出检察建议。云南省高级人民法院高度重视,经审委会讨论决定全面采纳检察建议,认为本案构成虚假诉讼,且涉嫌刑事犯罪,故裁定驳回同某商贸公司的起诉。该院同时作出罚款决定,认为同某商贸公司、合某投资公司恶意串通,虚构双方之间的借贷关系并向人民法院提起诉讼,侵害了他人合法权益,依法决定对同某商贸公司、合某投资公司各罚款50万元整(共计100万元)。同某商贸公司、合某投资公司上诉至最高人民法院。该院二审认为,本案构成虚假诉讼且涉嫌经济犯罪,裁定驳回上诉,维持原裁定。

典型意义

本案是云南省首例由检察机关查处监督后由人民法院对违法行为人作出罚款决定(罚款金额共计100万元)的虚假诉讼案,亦是我省标的额最大、虚假手段最复杂、情节最恶劣的虚假诉讼案。本案的成功办理,为坚决打击愈演愈烈的虚假诉讼提供了确可参照的实证样本和理论依据。

1. 案件特点鲜明,监督有力到位。本案属隐瞒事实真相、虚构民事法律关系并利用多家关联公司操作等违法手段,侵犯他人合法权益,企图通过民事诉讼完成非法利益转移的虚假诉讼典型案例,具有以下特点:一是虚假手段隐蔽新颖,情节极为复杂,案件标的额巨大,社会影响较大,行为性质极为恶劣。案件事实涉及一次虚假买卖、两次虚假借贷和三次虚假诉讼,主体涉及两个核心人物、四个当事公司和四个关联公司。同某商贸公司置国家法律于不顾，一而再、再而三地提起虚假诉讼，藐视司法公正、挑战司法权威、严重侵犯国家正常审判秩序、严重侵犯案外人合法权利，且涉嫌犯罪，行为性质极其恶劣。二是检察机关介入监督时机准确、组织领导有力、方法得当。云南省人民检察院受理本案后，院领导高度重视，成立专门办案组并多次听取汇报。办案组通过大量调查取证，及时提出检察建议，有效遏制了危害后果，办案效果体现了三个效果的统一。三是内部统一合力、外部协调合作，形成合力，体现监督实效。案件办理过程中，民行部门多方调查并听取刑检部门及公安、法院意见，在关键问题上取得共识，针对存疑问题逐个通过调查攻破。

2. 依托职能定位，监督多措并举。虚假诉讼所侵犯的首要法益是国家司法秩序，属国家利益。检察机关对虚假诉讼行为进行抗制打击，是民事诉讼法律监督制度的内在要求之一。本案是对人民法院正在审理的虚假诉讼案进行检察监督，应秉持审慎高效之原则，以避免对正常民事诉讼秩序造成公权力上的不当影响。故在办案思路上要兼顾准确性与时效性。在准确性方面，需在提炼法律关系和找准案件疑点的基础上，以点带面确定调查方案，逐步展开并深入调查，同时建立和借助内部与外部合力，实现对案情的准确全面把握。在时效性方面，因被监督案件处于程序运行状态，无正当理由不得中止、终结，故检察机关须在人民法院审结被监督案件前完成调查核实及监督，才可能实现在诉讼中介入的监督价值。本案以尊重诉讼规律为前提，在证据充分、事实清楚时，当机立断提出监督处理意见，对人民法院制裁虚假诉讼形成助力，及时有效地维护了司法秩序、救济他人合法权益。

劳动合同纠纷虚假诉讼监督案例

刘某文等追索劳动报酬纠纷虚假诉讼监督案

案件承办单位

辽宁省丹东市人民检察院、辽宁省宽甸满族自治县人民检察院

基本案情

宽甸东某矿业公司于2017年因国家政策被关闭，国家给付补偿款400余万元。该公司实际投资经营者刘某业为套取补偿款以偿还个人债务，与刘某富等人恶意串通，利用刘某文等61人的身份信息，伪造工资表等证据，虚构东某矿业公司拖欠该61人劳动报酬的事实，由刘某富作为该61人的诉讼代理人向法院起诉，要求东某矿业公司支付拖欠的劳动报酬。庭审中双方快速达成调解协议，法院于当日出具调解书。2017年4月14日、2018年1月25日、2018年2月5日，辽宁省丹东市宽甸满族自治县人民法院作出（2017）辽0624民初1673号等61件民事调解书，调解协议约定由东某矿业公司、刘某业于2017年4月25日、2018年1月

28日、2018年2月8日前向刘某文等61人支付工资款共计180余万元。后因补偿款被法院扣划，调解书没有实际执行。

检察机关监督情况

宽甸满族自治县人民检察院在走访宽甸农商银行时发现本案调解书在时间和文号上过于集中，不合常理，可能涉嫌虚假诉讼，决定依职权受理。经审阅该系列案卷宗，发现61名原告中有多人为刘某业的亲属或朋友，且均委托刘某业的亲哥哥刘某富为诉讼代理人，在庭审过程中，双方无对抗，该系列案同日立案开庭并调解结案。经综合研判，认为该案很大可能涉嫌虚假诉讼，于是将该线索移送公安机关立案侦查，并与公安机关共同研究制订侦查方案，为公安机关指引侦查方向，最终获得刘某业、刘某富等人供述，查明案件事实。

2018年10月17日、11月1日、12月25日、12月26日，丹东市人民检察院以丹检民（行）监〔2018〕21060000119号等61件抗诉书向丹东市中级人民法院提出抗诉。2018年11月1日、2018年12月18日、2019年4月10日，丹东市中级人民法院作出（2018）辽06民再45号等61件民事判决书，判决撤销原调解书，驳回61名原告的诉讼请求。

2019年1月31日，宽甸满族自治县人民检察院以刘某业、刘某富、张某德等三人犯虚假诉讼罪，向宽甸满族自治县人民法院提起公诉，法院依法判处3名被告人1年零6个月至1年不等的有期徒刑，并处罚金。

典型意义

1. 主动出击,多方面、多渠道拓展案源。通过加强对外宣传,扩大检察监督影响力,丹东市检察机关经常到律师事务所、法律援助中心、市仲裁委、公证处等机关单位走访座谈,建立良性长效机制;充分利用各类专项活动,走访金融、房地产等机构,主动摸排线索。

2. 转变思维,加强对重点领域的线索甄别。针对虚假诉讼多发的民间借贷、保险理赔、劳务合同、交通事故赔偿等重点案件领域,特别是对存在庭审无对抗,案件立、审、执过于迅速,调解双方当事人权利义务明显不对等反常现象重点甄别。

3. 借助外力,加强与公安机关、人民法院的配合,形成打击虚假诉讼的合力。民行部门与公安机关发挥各自专业优势,双方共同研究制订侦查方案;就该案的事实及法律适用多次与法院召开座谈会,在虚假诉讼认定标准、两益范围等内容存在分歧的情况下,求同存异,充分阐述检察机关意见,重大案件由检察长列席审委会发表意见。

赵某良等劳务合同纠纷虚假诉讼监督案

案件承办单位

河南省南乐县人民检察院

基本案情

2014年3月1日，张某光、高甲、高乙、高某海、姚某存等24名原告分别起诉至河南省南阳市南乐县人民法院，请求依法判决赵某良偿还在廊坊市大古营村工地所欠的工资款共计20万元。南乐县人民法院于2014年4月1日作出（2014）南民劳初字第133—156号民事调解书：双方当事人自愿达成调解协议，被告赵某良于2014年4月5日前给付原告张某光等24人劳务费共计20万元，原告张某光等自愿放弃其他诉讼请求。

2017年5月，南乐县人民检察院在办理王某勇、孟某军、侯某伟等人申请执行与赵某良追索劳动报酬纠纷案中，发现赵某良涉嫌为逃避执行而进行虚假诉讼，骗取法院生效调解书的案件线索。

检察机关监督情况

南乐县人民检察院依法对赵某良、张某光进行调查，二人均承认为逃避法院强制执行已冻结的18余万元执行款，二人共同编造了张某光等24人在河北省廊坊市为赵某良打工的事实，并由赵某良书写了欠张某光等工人工资款20万元的欠条，后张某光、赵某良伙同代理人张某池以伪造他人签名的24份起诉书向南乐县人民法院起诉。经询问除张某光以外的高甲、高乙等其余23名涉案工人，他们均表示对此事不知情。通过对起诉书及委托书中的签名进行鉴定，认定23人的签名非该23人本人所签。委托代理人张某池亦印证，除张某光外，其余23人均未参与诉讼。

2017年8月9日，南乐县人民检察院以南检民（行）监〔2017〕41092300004—0027号再审检察建议书向南乐县人民法院提出24份再审检察建议，认为张某光等24人诉赵某良劳务合同纠纷系虚假诉讼，建议法院再审。

2017年12月6日，南乐县人民法院作出（2017）豫0923民再字第5—28号民事判决，撤销（2014）南民劳初字第133—156号民事调解书，驳回原告张某光等24人的诉讼请求。

同时，该院将赵某良、张某池、张某光涉嫌虚假诉讼犯罪线索移交公安机关立案侦查。2017年12月19日，南乐县人民法院对3人犯虚假诉讼罪均作出有罪判决。

典型意义

近年来，随着法院执行力度加大，出现了大批为了逃避执行而虚构民事债权债务关系，骗取法院生效调解文书的虚假诉讼案件。南乐县人民检察院加大监督力度，把虚假调解监督和执行监督相结合，全面审查案件事实，发现虚假诉讼案件线索。

在办理该案时，检察人员敏锐地发现执行案件中的疑点，及时展开调查。因该案属于系列案件，涉及当事人众多，人员关系复杂，案情真假交织，刑事、民事关系交织，检察人员主要从两方面着手调查进行突破：一是通过阅卷和调查核实，查出案件本身的基础法律关系是双方当事人恶意串通虚构而成，并非真实的劳务关系；二是通过询问和调查，查实双方当事人在主观上恶意串通，希望通过骗取法院调解书，从而达到转移财产，逃避执行，为非法行为披上合法外衣的最终目的。最终经过艰苦细致的查证工作，取得案外人伪造事实的有力证据。

在发出再审检察建议后，继续跟踪监督，扩大战果：一是保护受害者合法权益。在赵某良虚假诉讼案基本查证属实后，该院即与法院执行部门结合，建议法院中止对张某光等24人追索劳动报酬案的执行，监督配合法院到河北协助执行赵某良被拖欠的工程款14余万元，并督促赵某良交纳现金2万元，将其拖欠其他48名工人的工资款16万元全部执行到位。二是巩固延伸监督效果。鉴于根据查证的事实，赵某良等3人的行为已涉嫌刑事犯罪，遂将该3人涉嫌刑事犯罪的线索移送公安机关立案侦查，最终3人均被作出有罪判决。三是化解矛盾纠纷实现案结事了。在办案过程中，及时向法院通报查证情况，争取法院的协作配合，采取暂缓执行措施，加快启动再审程序，防止矛盾集聚、激化。与此同时，及时向申诉人通报有关情况，开展民事申请监督案件个案答询，以公开、透明的办案方式，取得申请人及案外人的理解和支持，不但减少了社会的对立和矛盾，而且扩大了民事检察的社会影响，取得了较好的法律效果和社会效果。

沙市镇大某煤厂等确认劳动关系纠纷虚假诉讼监督案

案件承办单位

重庆市人民检察院第二分院、重庆市人民检察院

基本案情

2012年2月21日，原云阳县沙市镇大某煤厂起诉至重庆市云阳县人民法院，请求依法判决原大某煤厂与谢某华之间不具有劳动关系。

云阳县人民法院一审查明，谢某华系原大某煤厂招用的采煤工，工资实行计件制，双方没有订立书面劳动合同。2010年农历十二月，原大某煤厂未再给谢某华安排工作。谢某华于2011年11月30日向云阳县劳动人事争议仲裁委员会申请仲裁，请求确认原大某煤厂、谢某华之间具有劳动关系（2008年1月1日至双方没有依法终止劳动关系前）。云阳县劳动人事争议仲裁委员会审理后作出云劳人仲案字〔2011〕第282号仲裁裁决书，裁决原大某煤厂、谢某华从建立劳动关系时起至双方没有依法终止劳动关系前具有劳动关系。

原大某煤厂不服仲裁裁决，向法院起诉。云阳县人民法院于

2012年5月作出一审民事判决：原大某煤厂与谢某华之间具有劳动关系。重庆市第二中级人民法院于2012年12月11日作出（2012）渝二中法民终字第01317号民事判决。该院二审查明，2012年5月24日，重庆市云阳县工商行政管理局作出《准予注销登记通知书》，对原大某煤厂准予注销登记。原大某煤厂注销后，胡某明作为上诉人继续参加诉讼。二审审理中，胡某明的特别授权委托代理人伍某清陈述称，谢某华曾经在原大某煤厂工作过，不清楚时间。谢某华提供的2名证人在一审法院审理时出庭作证，证明2008年1月1日前谢某华已在原大某煤厂务工，直至2010年农历十二月十五（2011年1月18日）放厂后才离开。遂判决：由胡某明投资的原大某煤厂与谢某华自2008年1月1日起至2011年1月18日止具有劳动关系。

检察机关监督情况

胡某明不服，称其未参加本案的诉讼，系被他人冒名，向检察机关申请监督。鉴于胡某明未参与本案的诉讼，对本案并不知情，未向法院申请再审并非其自身原因所致，检察机关决定对胡某明的监督申请予以受理。

通过到相关部门多次走访调查，对胡某明、伍某清、曹某权等相关人员询问，及对原审诉讼卷宗的审查，查明的事实有：一是1994年11月，胡某明投资设立个人独资企业原大某煤厂。2006年3月，胡某明将原大某煤厂转让给曹某权。2007年，曹某权将原大某煤厂转让给伍某清、伍某友、刘某江三人，后由伍某清、伍某友经营直至2012年5月24日注销关闭。大某煤厂存续期间，工商登记投资人一直为胡某明，未办理过变更登记。二是伍某清承认本案系其以胡某明名义起诉,并冒用胡某明的名义委托王某律师参加原一审诉讼,委托伍某清本人及王某参加原二审诉讼。王某承认胡某明未向其出具过授权委托书。三是原审卷宗中,民事诉状载明投资人为胡某明,法定代表人身份证明书载明胡某明同志在我厂任厂长职,原一审、二审共两份授权委托书均载明委托人系原大某煤厂,委托人签字处有印章、无胡某明签名。四是本案受理案件通知书、开庭传票、民事判决书等法律文书签收人均为王某,原一审庭审由王某参加,原二审庭审由伍某清、王某参加;胡某明未签收相关文书,也未参加庭审。

经重庆市人民检察院第二分院提请,重庆市人民检察院向重庆市高级人民法院提出抗诉。

重庆市高级人民法院再审判决驳回伍某清以胡某明名义起诉的确认劳动关系的诉讼纠纷。

典型意义

1. 本案是办理的涉及胡某明申请监督他人冒用其名义参与诉讼的3件单方虚假诉讼案件中的其中1件。另工伤行政确认、工伤保险待遇纠纷关联两案,检察机关通过调查后一并进行了监督。3件监督案件均得到再审法院支持,法院再审判决驳回伍某清以胡某明名义起诉的确认劳动关系纠纷、工伤行政确认案,改判工伤保险待遇纠纷案由云阳县某煤业公司承担谢某华伤残补助金等共计49余万元(该款项原判决由胡某明承担)。3件涉及胡某明的诉讼案件均系伍某清在胡某明不知情的情况下,故意伪造相关文书,冒用胡某明名义启动并参与历次诉讼程序,致使其诉讼权利受到严重侵害。通过检察机关的监督,胡某明的合法权利依法得到保护。胡某明收到再审判决后，专程向检察机关送来"秉公执法、伸张正义"的锦旗。

2. 依法行使调查核实权对于办理监督案件尤其是涉及虚假诉讼案件尤为必要，行使调查核实权既可及时查清事实，还可避免坐在办公室就案审案等情形发生，提高监督质量和效率。本案就是在充分行使调查核实权的基础上，履行民事、行政诉讼监督职责，实现监督目的。申请人胡某明虽然提供了相关证据证明他人以自己名义参与诉讼，但还需要调查核实有关情况。检察机关为了查清事实真相，及时制订调查计划、方案，三级检察机关联动一体化办案，调查查明案件事实。

3. 办理单方虚假诉讼案件难点在于案件基本事实存在，只是针对参与案件诉讼的某一方当事人被他人冒用名义参与诉讼，被冒用人在其诉讼权利受到侵害后，往往因不知情，错过救济时机，检察机关民行监督工作在这方面应该积极作为。本案及相关联的其他两案，因申请人不知情，错过了申请再审的时间，没有机会通过申请再审等程序维护自己的权利。对这类案件应该予以受理，避免机械执法，将错案挡在监督门外。

鄢某等劳务合同纠纷虚假诉讼监督系列案

案件承办单位

重庆市人民检察院第一分院

基本案情

2016年2月25日,鄢某、马某兵等17人向重庆市合川区人民法院提起劳务合同纠纷案件17起,要求重庆绿某江公司支付原告劳务费共计69万元,鄢某本人作为原告,同时也代理其余16名原告参与诉讼活动。上述案件在审理过程中,合川区人民法院进行了调解,并于2016年3月28日作出(2016)渝0117民初2256号等民事调解书17份,确认17起案件的双方当事人均自愿达成调解协议,由绿某江公司于2016年4月10日前支付给上述原告劳务费。绿某江公司在另一起民事诉讼中被冻结140余万元工程款,根据法律规定,劳务费在清偿顺位中具有优先性,合川区人民法院拟解冻69万元用于支付鄢某等17人的劳务费。

检察机关监督情况

合川区人民检察院在与合川区院人民法院的工作联系中，了解到该17起案件，经初步调查发现该17起案件有虚假诉讼的嫌疑，遂商请合川区人民法院立即暂停了69万元劳务费的支付，并将虚假诉讼案件线索移送检察机关。

合川区人民检察院受理后，调阅法院审判卷宗并进行了初步调查，发现该系列案件具有以下疑点：一是诉讼中的异常情况比较明显。原审卷中工资清单证实鄢某等17人2015年2月至11月的工资明细共计69万元，但中建三局盘龙项目部的证明、转款依据证实中建三局于2015年5月25日转给绿某江公司劳务费69万元。根据中建三局三公司与绿某江公司签订的劳务分包合同没有提前支付工人劳务费的约定，中建三局三公司于2015年5月25日支付的劳务费，只可能是2015年5月以前的工资，不可能涉及2015年6月至11月的工资。且原审中绿某江公司对原告出示的证据没有任何质疑，庭审活动没有对抗，双方当事人较快达成了调解协议。二是此前绿某江公司已经进入破产程序，公司账户都被法院冻结，绿某江公司利用劳务费优先性支取冻结工程款的可能较大。三是17名原告除了鄢某本人外，其余16人都是特别授权鄢某代理参加诉讼，原告中只有鄢某一人出庭，与绿某江公司达成调解，并领取了全部的民事调解书。原审卷中并未发现鄢某系其余16名原告的近亲属的证据或所在社区、单位或有关社会团体的推荐材料，鄢某不具备担任其余16名原告代理人的条件。四是该系列案涉案人员关系特殊，17名原告相互之间存在亲戚、朋友、老乡关系，17名原告都在外出务工，比较分散，打工工期不确定，询问难度大。

重庆市人民检察院第一分院与合川市人民检察院民行部门抽调办案人员组成专门的办案组，进一步加强调查核实工作，积极联动多渠道展开调查，同时与合川区公安局加强联系与协作。经调取案件相关的账务和转账记录，询问绿某江公司董事长、原审原告鄢某、马某兵等农民工，以及相关证人的证言。查明：

2015年2月13日，周某程通过鄢某、马某兵介绍挂靠绿某江公司承包了中建三局三公司承建工程项目，同年3月24日，再次挂靠绿某江公司承包该项目二次结构装修工程劳务并将转包给鄢某、马某兵二人经营。2015年5月25日，中建三局三公司对绿某江公司承包的主体工程劳务和二次结构工程劳务支付工程款共计69万元到绿某江公司账户，因绿某江公司涉诉，该账户被人民法院冻结，绿某江公司不能按挂靠协议支付工程款给周某程。经绿某江公司法定代表人刘某国和鄢某、马某兵等人商议由刘某国以绿某江公司名义配合出具欠付鄢某等人劳务工资69万元的欠条，由马某兵到中建三局三公司要求该公司出具69万元系拨付给鄢某等17人工资的证明材料，以绿某江公司拖欠劳务工资的名义向人民法院起诉，利用劳务工资优先受偿权将被冻结的69万元转出。2016年2月25日即以鄢某、马某兵等17人的名义，由鄢某、马某兵等人代为在起诉状、授权委托书上签名、捺指纹，由鄢某一人"代理"其他16人向法院起诉。法院对鄢某等17人诉绿某江公司劳务合同纠纷17案合并审理，在法院主持下，鄢某以"特别授权代理人"的身份与绿某江公司对该17件案件达成调解协议，由绿某江公司支付69万元的劳务费。

另查明，周某程承包盘龙工程项目后全部转包给了鄢某、马某兵经营，周某程不从中收取任何费用，周某程根据中建三局三公司的付款情况将相应的工程款转给鄢某、马某兵。鄢某、马某兵在经营管理该工程过程中，根据工程进度需要招收了包括本案涉诉原告在内的数十名工人做工，平时根据工人的具体需要发放1000元至2000元的生活费等，在2015年底前对全年工资结账付清。经调查证实，没有工人反映拖欠工资。2017年1月23日，鄢某以借支的名义出具了69万元借（领）款申请单，被人民法院冻结的69万元债权正式转移给了鄢某、马某兵。

经合川区人民检察院提请，重庆市人民检察院第一分院于2018年6月28日以渝检一分院民监〔2018〕093号等17份抗诉书，对该17案向重庆市第一中级人民法院提出抗诉。检察机关认为：涉案17件民事调解书未查明案件基本事实，构成虚假调解，损害司法权威，损害了国家利益和社会公共利益，侵害了其他债权人的合法利益。

重庆市第一中级人民法院指令再审，合川区人民法院再审后全部采纳了检察机关抗诉意见，作出（2018）渝0117民再17号等17份民事判决书，明确认定该系列案为虚假调解，撤销原民事调解书，判决驳回鄢某等人的全部诉讼请求。

典型意义

该系列虚假诉讼监督案的典型性主要体现在：

1. 该系列案虚假诉讼的特征明显，诉讼中的双方庭审对抗、人物关系、快速调解、虚假目的等方面表现较为典型，通过案件分析与办理，对于提高干警甄别和办理其他类似虚假诉讼案件的敏锐性、准确性有积极作用。

2. 调查核实工作多方联动、协作配合，效果突出。特别是分院在指导基层检察院办案中靠前指挥，有力排阻破题。坚持把充分发挥基层院办案自主权与分院领导指导办案有机结合，在基层院遇到办案难题或阻力时，分院及时介入、靠前指挥，通过组织专家研讨、参办协商案件等方式，将层级上提、检力下沉、关口前移，帮助基层破解难题、推动案件依法办理。如在办理该系列虚假诉讼案中，合川区人民检察院办案时面临查找关键证人、固定相关证据较为困难的情况，分院及时介入、深入指导，充分调动各方办案资源，协调公安机关提供技术支持，为案件顺利办理奠定了坚实基础。

3. 通过检察监督实现了坚决打击妨害司法公正、浪费司法资源的虚假诉讼行为。在坚持两级检察机关"一体化"办案基础上，通过公检协作办案，努力实现民行监督与刑事追责协同并进的工作模式，对伪造证据、虚构事实的人员，依法及时移送可追究刑事责任或者给予行政处罚的相关线索。该系列案的成功办理，不仅维护了司法权威，还对恶意提起民事诉讼并企图借助司法裁判获取非法利益的虚假诉讼行为起到了巨大的震慑作用。

广某公司、刘某兰等劳务合同纠纷虚假诉讼监督案

案件承办单位

四川省人民检察院、四川省绵阳市人民检察院

基本案情

2010年3月,刘某兰以广某公司的名义中标了江油市重兴乡村组织活动场所恢复重建项目,与江油市政府签订了《建设工程施工合同》。同日,广某公司与刘某兰签订《建设工程内部承包合同》,约定该工程实行内部责任制发包给刘某兰,广某公司提取2%的管理费。工程建设过程中,乡政府向广某公司拨付了工程款,广某公司在扣除管理费后即向刘某兰全额支付了相应款项。

工程结束后,2012年7月16日,刘某焰等8人作为原告,以拖欠民工工资为由,将广某公司、刘某兰起诉到四川省江油市人民法院。该系列劳务合同纠纷案经两级法院审理后,四川省绵阳市中级人民法院于2013年7月15日终审判决刘某兰支付8名原告工资款90910元,广某公司承担连带清偿责任。判决生效后,执行法院从刘某兰银行账户执行5939.96元,其余款项均从广某公司银行账户上强制执行。

检察机关监督情况

广某公司向绵阳市人民检察院控告称，该劳务合同纠纷系列案件可能为虚假诉讼，申请检察机关依法监督。

绵阳市人民检察院经调阅法院审判卷宗，并做了大量调查核实工作，查明：刘某焰等人均陈述没有在江油市重兴乡务工，与刘某兰、广某公司不存在劳务法律关系。该系列案件系刘某兰以向广某公司讨要所谓"工程款"为目的，指使刘某焰捏造刘某焰等8人曾在其负责的广某公司在江油市项目工地务工的事实，伪造江油市某乡村委会工程人工对账单、欠条、工资表等证据，在刘某焰等8人没有起诉广某公司和刘某兰的意图，也没有委托诉讼代理人代为诉讼的情形下，刘某兰以刘某焰等8人的名义向江油市人民法院提起的一起"自导自演"的虚假诉讼。

2015年3月，绵阳市人民检察院将刘某兰、刘某焰涉嫌刑事犯罪线索移送至绵阳市公安局。

2015年9月23日，绵阳市人民检察院以认定事实的主要证据系伪造，案件系虚假诉讼为由，向绵阳市中级人民法院提出绵检民（行）监〔2015〕31—38号再审检察建议书，建议其依法再审。2015年11月，绵阳市中级人民法院复函称："刘某兰虽然已经检察院以涉嫌虚假诉讼批准逮捕，其供述了其犯罪事实，也有相关当事人的供述，但是，本案已是生效的终审判决，在未经刑事审判判决和确认其犯罪和量刑的情况下，本案暂时不符合再审的条件，故不予再审。"

绵阳市人民检察院启动跟进监督程序，将该8起案件提请四川省人民检察院抗诉。2016年8月8日，四川省人民检察院以川检民（行）监〔2016〕92—99号抗诉书向四川省高级人民法院提出抗诉。四川省高级人民法院指令绵阳市中级人民法院再审，绵阳市中级人民法院审查后裁定撤销原判、发回江油市人民法院重审。江油市人民法院经重审，于2017年5月2日分别作出了（2017）川0781民初61、62、66、68、69、70、71、73号判决或裁定，或是准予撤诉，或是按撤诉处理，或是驳回原告的诉讼请求。

对刘某兰、刘某焰涉嫌犯罪事实，2016年9月8日，绵阳市高新区人民法院经审判以虚假诉讼罪作出有罪判决：刘某兰犯虚假诉讼罪，判处有期徒刑1年2个月，并处罚金10000元。刘某焰犯虚假诉讼罪，判处有期徒刑6个月，缓刑1年，并处罚金3000元。

典型意义

本系列案是典型的行为人为获取不法利益虚构事实、编造证据、伪造签名而"自导自演"的虚假诉讼案件。检察机关运用内外上下一体联动协作机制，抽丝剥茧，查明了案件事实，在提出再审检察建议人民法院未采纳的情况下通过提请抗诉的方式跟进监督，最终促成原审民事案件重审改判，作假者也因此获刑，为自己的不法行为"买单"。

1. 联动协作，内外上下形成合力。在本案办理过程中，内外一体、上下联动协作办案机制的高效运转，是案件得以成功办理的关键。对内，加强检察机关内部业务部门的配合协作。在民行部门从控告部门获取线索，经初步审查确定极有可能为虚假诉讼后，绵阳市人民检察院随即从民行、反渎、反贪、侦监等部门抽调人员成立专案组，充分发挥审讯突破和调查收集证据的优势，使得该案得以顺利推进。对外，加强与公安机关的外部配合协作，将当事人涉嫌犯罪线索移送至公安机关并及时跟进，依托公安机关侦查手段进一步收集完善相关证据后促成违法行为人获刑责。该案也是四川省第一起以虚假诉讼罪定罪判刑的刑事案件。

2. 统筹指挥，步步为营查明真相。案件办理过程中，专案组审阅原审近50卷诉讼卷宗，就案件事实、证据进行了梳理，讨论决定了"先外围、再核心、后攻破"的调查总体思路，明确了初查方向和调查重点。专案组随后兵分三路开展调查，第一组找到农民工原告进行询问，通过比对签名逐一核实，对被询问人宣讲虚假诉讼构成刑事犯罪的法律后果，促成农民工承认了自己未到案涉工程工地务工，到法院提起诉讼不是其真实意思，实为刘某兰指使的客观事实；第二组到案涉工程所在地，找到乡政府和村社的工程负责人，调查了解工程建设情况；第三组查询了法院案件执行情况和案涉账户银行交易明细等间接证据。在半年多时间的调查取证过程中，办案人员多次深入达州、成都、广元、江油市重兴乡等地，询问案件当事人30余人次，询问证人20余人次。经过调查，最后锁定该案系虚假诉讼案件，其幕后操手为刘某兰。刘某兰、刘某焰等人到案后面对检察机关已经查明的事实和证据，承认了刘某兰指使刘某焰复印该案其他7名原告的身份证复印件，制作了工资表、欠条、出勤表等虚假证据的事实。

3. 跟进监督，确保建议由软变硬。对已经完全查明系虚假诉讼的系列案件，应当采用何种监督方式，检察人员进行了认真的思考。为缩短办案周期，节约诉讼资源，决定向同级人民法院提出再审检察建议。考虑到近年来绵阳市中级人民法院对再审检察建议采纳率不高的客观实际，绵阳市人民检察院就可能需要跟进监督与四川省人民检察院提前汇报，得到四川省人民检察院的明确支持。在法院函复不启动再审程序后，按跟进监督程序提请四川省人民检察院向四川省高级人民法院提出抗诉，最终促成该批案件成功改判。

房地产权属纠纷虚假诉讼监督案例

孙某头等商品房预售合同纠纷虚假诉讼监督案

案件承办单位

江苏省南京市高淳区人民检察院

基本案情

2015年2月4日,孙某头与泽某公司签订《商品房预售合同》3份,约定泽某公司高淳区淳溪镇北岭路25号某幢404室、304室、某幢-12共3套商品房预售给孙某头。合同签订后,孙某头按约支付了全部购房款,但泽某公司未按合同约定时间交房,亦未能按照合同约定办理权属登记手续。孙某头遂诉至江苏省南京市高淳区人民法院,请求判令泽某公司立即交付商品房并配合办理商品房不动产权证。

高淳区人民法院于2016年11月23日作出(2016)苏0118民初字第3568号民事判决:孙某头与泽某公司双方订立的《商品房预售合同》合法有效,限泽某公司于判决生效后10日内交付孙某头位于高淳区淳溪镇北岭路25号某幢404室、304室、某幢-12 的商品房 3 套，并协助孙某头办理上述 3 套商品房的产权证。

检察机关监督情况

2017 年 2 月，案外人刘某萍向高淳区人民检察院反映，其与孙某越、泽某公司民间借贷纠纷一案经江苏省无锡市中级人民法院判决胜诉后，孙某越（泽某公司实际控制人）与孙某头通过捏造事实的方式向高淳区人民法院提起诉讼，企图通过诉讼确权转移泽某公司名下的房产。

高淳区人民检察院受理后，通过调阅原审卷宗了解到：孙某头付清房款的时间为 2015 年 12 月 29 日，从付清房款后近一年的时间内，一直未寻求法律途径主张自己的权益，无锡市中级人民法院对泽某公司的房屋采取了查封措施后，孙某头方于 2016 年 11 月 10 日向高淳区人民法院起诉要求确权。孙某头系高淳中医院清洁工人，其配偶郑某生系高淳食品厂职工，孙某头在没有办理任何房屋贷款的情形下，两个月内现金支付了与其家庭状况明显不符的 4000 余万元房款。且双方当事人在庭审中并无任何争议并同意调解，孙某头与泽某公司一系列反常行为符合虚假诉讼的表征，遂进一步进行了调查核实。

检察机关从案涉 123 笔银行流水着手，倒查资金来源，通过对 600 余笔银行单据进行梳理查明：2015 年 11 月 16 日至 12 月 29 日，孙某头通过银行转账方式共分 123 次向泽某公司给付房款 4861.292 万元。在给付上述房款的时间期限内，泽某公司分 131 次向中某包装公司转账 4902.292 万元；中某包装公司分 4 次向宜兴市未某公司转账 112.2 万元、分 34 次向振某公司转账

1258.092万元、分87次向金某公司转账3557.2万元。未某公司、振某公司、金某公司又在上述时间期限内分别向欧某霞转账1702.192万元、向孙某越转账3226.95万元。同一时间段内，孙某越分74次将3226.95万元转账至孙某头账户、欧某霞分49次将1740.892万元转账至孙某头账户。上述民事主体之间系通过循环转账、金额反复累加的方式，造成孙某头支付了4000余万元购房款的假象，而其并未实际支付该款项。

高淳区人民检察院通过进一步调取案涉企业的工商登记材料和公安机关户籍系统的人口信息另查明以下事实：泽某公司法定代表人为史某梅，另有股东孙某凤。中某包装公司股东为孙某、史某梅，2015年6月26日，依法变更法定代表人为孙某凤。振某公司法定代表人为甘某军。金某公司法定代表人为孙某。未某公司原法定代表人为孙某，现法定代表人为孙某凤。上述公司的法定代表人或股东之间均存在关联关系，史某梅系孙某英、孙某凤母亲，甘某军系孙某凤儿子。孙某头配偶为郑某生，而孙某英常住人口信息登记中的社会关系一栏显示郑某生系其姐夫。

高淳区人民检察院还查明，2016年2月，无锡市中级人民法院对其受理的刘某萍与孙某越、泽某公司民间借贷纠纷一案作出民事判决，判令孙某越归还刘某萍借款本金17801358.65元，利息7935816.6元。泽某公司对孙某越上述还款义务承担连带责任。2016年9月27日，无锡市中级人民法院向江苏省南京市高淳区不动产登记中心发出协助执行通知书，要求查封备案登记在蒋某文、孙某头名下，实际为泽某公司所有的位于淳溪镇北岭路的7套房屋。

高淳区人民检察院于2017年4月13日向高淳区人民法院发出宁高检民（行）监〔2017〕32012500001号再审检察建议。同时于 2017 年 4 月 5 日向南京市公安局高淳分局书面移送犯罪线索。

2017 年 7 月 1 日，高淳区人民法院作出（2017）苏 0118 民再 3 号民事裁定书，裁定撤销原判，驳回原审原告孙某头的诉讼请求。

2017 年 4 月，南京市公安局高淳分局以孙某头、孙某越涉嫌虚假诉讼罪立案侦查，6 月 16 日，孙某越被依法批准逮捕。2018 年，南京市溧水区人民法院对该案作出刑事判决，孙某越犯虚假诉讼罪，被判处有期徒刑 2 年，并处罚金人民币 5 万元，泽某公司犯虚假诉讼罪被判处罚金人民币 20 万元。

典型意义

虚假诉讼的双方往往存在千丝万缕的联系，具有极强的隐蔽性，因而有发现难、调查难、纠错难的现实困境，但其对他人合法权益的损害，对司法秩序与权威的践踏不容小觑。本案中，原告所提供的证据能证明其支付了房屋对价的事实，被告亦未提出异议，且原被告之间无明显的关联关系，因此法院在审查时并未对原告的支付能力做进一步的核查。而检察机关在办理该案时，充分运用了修订后民事诉讼法赋予的调查核实权，结合案外人提供的线索，从资金来源入手，倒查该案资金流水，最终层层抽丝剥茧，查明了当事人实际通过循环转账、累加金额的方式造成了支付大额购房款的假象。在此基础上，又进一步查明转账企业的股东、法定代表人与购房人之间的亲属关系，还原了案件本来面目，为后续精准监督打下了坚实基础。同时，为深化监督效果，对虚假诉讼形成有效震慑，检察机关牵头在民事、刑事两端发力，联合公安、法院形成打击合力，进一步彰显了法律的严肃性与权威性。

张某波等房屋买卖合同纠纷
虚假诉讼监督系列案

案件承办单位

山西省长治市郊区人民检察院

基本案情

2007年至2012年11月期间,张某荣经长治市郊区黄碾镇某村委授权担任故某小区管理中心负责人,负责出售该小区房屋。2012年9月,张某荣分别与村民张某军等7人签订《售房协议》,将涉案7套房屋出售给张某军等7人并实际交付。2012年11月2日,张某霞经村委授权担任故某小区管理中心负责人。之后,张某霞利用其掌握的张某波、路某等8人个人身份信息,虚构了张某波、路某等8人(其中有两人为夫妻关系)与故某小区管理中心7份《购房合同》和购房款凭证,将已交付给张某军等7人的7套房屋再次出售,并委托律师持7份虚假的《购房合同》和购房款凭证,以故某小区管理中心"一房二卖"不能履行合同为由向郊区人民法院提起诉讼,要求解除合同退还房款和赔偿损失。长治市郊区人民法院于2013年9月26日作出(2013)郊民初字第0660、0662、0663、0664、0665、0666、

0668 号 7 份民事判决，支持了该 8 名虚假诉讼主体的诉讼请求。判决被告长治市黄碾镇故某小区管理中心赔偿原告张某波等 8 人购房款及损失共计 1532328 元。

检察机关监督情况

长治市郊区人民检察院查明上述事实后，于 2017 年 10 月 16 日，向郊区人民法院发出再审检察建议。认为张某霞为获得非法利益，在张某波、路某等 8 人不知情的情况下，虚构了 7 份《购房合同》，并以其名义向人民法院提起民事诉讼，严重侵害了故某小区管理中心的合法权益和诚信的诉讼体系。郊区人民法院于 2017 年 11 月 1 日作出（2017）晋 0411 民监 6 号等 7 份民事裁定书，认为该院作出的民事判决确有错误，应予再审。郊区人民法院于 2018 年 8 月 8 日作出（2018）晋 0411 民再 3—9 号民事判决书，撤销了（2013）郊民初字第 0663 号等 7 份民事判决书。

2018 年 5 月 17 日，长治市郊区人民检察院以郊检民（行）监〔2017〕14041100062 号线索移交函向长治市公安局郊区分局移交案件相关人员涉嫌虚假诉讼犯罪线索，现该案正在侦查阶段。

典型意义

该系列虚假诉讼监督案件涉及房产买卖，是虚假诉讼的高发地带，之所以能成功查办，主要有以下做法：

1. 采用书面审查与外围摸查相结合的方式，鉴别诉讼的真伪性。郊区人民检察院依法向法院调取了审判卷宗，经过书面审查发现疑点，并就这些疑点向当地村委了解具体情况，为下一步展开调查奠定了基础。

2. 依法运用调查核实权，选准案件突破口一举攻破。调查核实权是修改后的民事诉讼法赋予检察机关的一项重要监督手段。首先，选准案件突破口。这7起案件的代理律师赵某在代理案件时，系实习律师，违反律师法的相关规定。因此，该院决定以律师赵某为突破口，对其进行询问。赵某交待了其受何人委托，如何代理，及作为代理律师从未见过8名原告，且8名原告均未领取判决等事实。至此，系列虚假诉讼案件初露端倪，为全案的突破打下了扎实的基础。其次，合理安排询问顺序。考虑到本案的8名原告，人数多，分布零散，办案人员决定先从原告相对集中的一个村开始，由村委负责出面，集中在村委会对原告进行询问，然后，再针对分布零散的原告进行询问。并全部制作笔录，固定了案件关键证据。

3. 加强协作配合，整合办案资源。一方面，加强与本单位其他职能部门的内部协作。该案件的办理过程中，检委会委员及刑检部门提出非常重要的思路和建议，并对案件背后可能涉及的刑事犯罪或职务犯罪线索移交相关部门。另一方面，加强与村委、公安等部门的外部协作，实现优势互补，达到双方办案效果的"双赢"。办案人员在调查核实的过程中，有一名原告以常年在外打工为由不配合，经走访了解，该名原告曾是吸毒人员，办案人员及时与当地派出所联系，在民警的配合协助下，终于查找到其下落，为检察机关及时固定有效证据，提供了强有力的支持。

石某利等商品房销售合同纠纷虚假诉讼监督案

案件承办单位

云南省师宗县人民检察院

基本案情

2015年8月2日，石某利与师宗县振某公司实际控制人王某祥及振某公司签订借款协议约定，王某祥向石某利借款337万元，振某公司以2500平方米的商铺进行担保。2015年8月17日，石某利与振某公司签订商品房购销合同21份，并于同日签订了合同补充协议。云南省师宗县人民法院经审理确认石某利向振某公司支付了21套商品房的购房款，振某公司出具了收款收据的事实。但事实上，石某利向振某公司支付过50万元，该50万元进入振某公司后提出，又以石某利名义将该50万转入振某公司，多次循环该操作，目的是取得振某公司出具的收款收据后到房产管理部门办理相关备案手续，后该50万元由王某祥以借贷形式出具借条给石某利，确定为王某祥欠石某利50万元。2015年8月18日，石某利、振某公司向师宗县公证处申请对双方签订的商品房购销合同进行公证，同日，师宗县公证处出具公证书，证实双方签订了商品房购销合同及双方当事人的签约行为、合同内容符合有关法律的规定。

2016年4月27日，石某利因与振某公司商品房购销合同纠纷一案向师宗县人民法院起诉。振某公司经传票传唤未到庭应诉，师宗县人民法院经缺席审理判决由振某公司继续履行合同，协助办理登记备案手续并支付相应违约金；同日，石某利向师宗县人民法院起诉，要求王某祥、振某公司对337万元债务本金及利息承担连带责任。师宗县人民法院在王某祥、振某公司经传票传唤未到庭应诉情形下缺席判决由王某祥于判决生效后30日内偿还石某利本金337万元及利息；同日，石某利以振某公司欠其50万元为由（即上述石某利转入振某公司用于办理登记备案手续的款项）向师宗县人民法院起诉，经师宗县人民法院缺席审理，判决由振某公司于判决生效后30日内偿还石某利本金50万元及利息，王某祥对该偿还义务承担连带责任。

检察机关监督情况

王某祥向检察机关申请监督，师宗县人民检察院经审查认为，此系列案为虚假诉讼，本案不存在真实的法律关系。石某利与王某祥产生337万元、50万元两笔债权债务，王某祥作为振某公司实际控制人承诺用振某公司在建设并经预售许可的商铺作为债务担保。双方虽签订商品房购销合同，但该21份商品房购销合同实质上为对337万元、50万元两笔债权债务的担保，并非真实的买卖关系。石某利在王某祥未偿还债务的情形下对债务本金及利息以民间借贷的案由起诉至师宗县人民法院，要求王某祥、振某公司承担连带责任履行偿还义务的同时，对用以担保该债权债务的 21 份商品房购销合同又提起商品房购销合同纠纷诉讼，师宗县人民法院对石某利提起的民间借贷纠纷诉讼、商品房购销合同纠纷诉讼均作出支持石某利诉请的判决并生效，且进入执行程序，损害了王某祥、振某公司的利益。师宗县人民检察院依法对师宗县人民法院发出再审检察建议书，师宗县人民法院再审裁定准许石某利撤回起诉，撤销针对石某利与振某公司商品房购销合同纠纷所作的民事判决。

典型意义

对于虚假诉讼案件的监督，关键在于调查核实。一方面，办理虚假诉讼要灵活运用法律赋予的各种调查手段，检察机关办理虚假诉讼案件既可以根据需要询问有关当事人或者知情人，查阅、调取、复制相关法律文书或者证据材料、案卷材料，查询通讯记录、财务账目、银行存款记录，必要时还可以进行勘验、鉴定、审计以及向有关部门进行专业咨询等。另一方面，调查虚假诉讼要善于借力，要充分考虑到虚假诉讼监督工作的复杂性，主动加强与公安机关、人民法院、司法行政部门的沟通协作、衔接配合，实现证据和案件信息的共享，切实破解调查取证中面临的困难。本案在摸排虚假诉讼线索、识别虚假诉讼案件、调查核实权的运用方面探索了一定的经验，对检察机关办理虚假诉讼案件具有一定的指导意义。

1. 察微析疑，强化案卷细节审查。针对虚假诉讼案件参与主体主观上具有合谋性、诉讼过程具有非对抗性、作案手段具有隐蔽性的特点，在实践中加大书面审查的力度显得尤为重要，注意在现成材料上查找虚假诉讼的痕迹。结合办案经验和法律知识，对当事人之间的身份关系、经济往来、银行流水进行细致的核对梳理，通过审查审判卷宗及申请人提供的材料，发现虚假诉讼的重大嫌疑。

2. 讲究策略，揭开虚假面纱。在案件查处过程中，讲究策略，通过快速的证据收集，形成虚假诉讼的证据链条。本案采取"先易后难，各个击破"的调查策略。首先，选定虚假诉讼的关键证据银行流水作为突破口。通过反复比对核实，发现石某利向振某公司支付过50万元，该50万元进入振某公司后提出，又以石某利名义将该50万元转入振某公司，多次循环该操作，目的是取得振某公司出具的收款收据后到房产管理部门办理相关备案手续。

林某伟等房屋买卖合同纠纷虚假诉讼监督案

案件承办单位

山东省德州市人民检察院

基本案情

2008年12月4日,烟台龙某投资公司(法定代表人系卢某父亲)向恒丰银行借款2400万元,卢某以其自有的位于禹城市开拓路133号的房地产提供抵押担保。后借款期满龙某投资公司未能清偿借款本息,恒丰银行将龙某投资公司、卢某等诉至山东省烟台市中级人民法院。烟台市中级人民法院判决,恒丰银行对卢某抵押房产享有优先受偿权。在执行过程中,双方达成和解协议。在超过和解协议约定期限4天后,被执行人债务清偿完毕。烟台市中级人民法院解除对涉案房产查封。但恒丰银行以龙某投资公司等超过和解协议约定的支付日期4天,未支付产生的逾期利息为由,未给涉案的房产进行解押。2013年3月,卢某为了达到给涉案房产解除抵押并获取恒丰银行巨额赔偿款的目的,找到朋友林某伟帮忙,让林某伟虚假购买涉案房产,并在合同中约定违约责任适用定金罚则。林某伟按照双方预谋,向山东省德州市中级人民法院提请诉称，因房产无法过户，要求卢某双倍返还定金。德州市中级人民法院作出（2013）德中民初字第 161 号民事判决，支持了林某伟的诉讼请求，判决卢某返还定金 688 万元，6.8 万元案件受理费由卢某承担。

卢某依据德州市中级人民法院的判决结果将恒丰银行起诉至烟台市中级人民法院，请求判决恒丰银行及时为涉案房产解除抵押，并承担赔偿责任。山东省高级人民法院于 2016 年 8 月 30 日作出（2016）鲁民终 1335 号民事判决书，判决恒丰银行对卢某 694.8 万元的损失和利息承担全部赔偿责任。

检察机关监督情况

恒丰银行以卢某、林某伟涉嫌虚假诉讼，向山东省烟台市公安局芝罘分局报案，公安机关予以立案。山东省烟台市芝罘区人民检察院在审查刑事案件时，发现该虚假诉讼民事案件线索，山东省人民检察院将该案交德州市人民检察院审查。

德州市人民检察院调阅了刑事案件卷宗，根据刑事案件中获取的证据，又开展了调查核实工作，最终查实了本案民事虚假诉讼的相关事实：根据烟台市公安局芝罘分局对卢某涉嫌虚假诉讼案的侦查结论，卢某、林某伟的供述，以及相关银行流水记录证据显示，卢某为达到解除房产抵押并骗取赔偿款的非法目的，与朋友林某伟恶意串通，在明知房产不能过户的情况下，签订了房屋买卖合同，并在合同中特意约定高额定金。双方签订合同的主要目的是向恒丰银行骗取赔偿款，真实意思并非为买卖房屋。而且本案房屋买卖合同并未实际履行，林某伟向卢某支付的定金 700 万元（实际支付 697 万元）是卢某的资金，双方当事人并未实际履行合同约定,卢某更无需承担所谓"违约责任"。

德州市人民检察院于2017年7月31日向德州市中级人民法院发出德检民(行)监〔2017〕37140000046号再审检察建议。

2018年5月30日,该案经公开开庭审理,德州市人民检察院检察长出庭支持再审,德州市中级人民法院院长主审,法院采纳了检察机关的再审检察建议,当庭作出(2018)鲁14民再30号民事判决,认为林某伟与卢某房屋买卖合同纠纷一案,应认定为虚假诉讼,判决撤销原判,驳回林某伟的诉讼请求。2017年11月10日,烟台市芝罘区人民法院作出(2017)鲁0602刑初96号刑事判决书,卢某和林某伟因虚假诉讼罪被追究刑事责任。

典型意义

本案调查核实对虚假诉讼案件的办理有一定指导意义:

1. 从供述入手还原案情原貌。本案起因于2008年,涉及5起民事案件18份法律文书,法律关系复杂。从表面来看,因第三人恒丰银行对卢某房屋未及时解除抵押登记,导致卢某在与林某伟间的房屋买卖合同中构成违约。检察机关从卢某和林某伟的刑事供述入手寻找该案是否涉嫌虚假诉讼,经过对9份讯问笔录细致审查,查明了案件的真实情况。

2. 从账目入手梳理主要脉络。为了查实该案是否为虚假诉讼,检察机关将审查的重点放在了资金流向上。卢某和林某伟供述,为了掩盖所有交易资金均为卢某资金的真相,二人采取了多次现金存取和借用多人账户分批转账的方式掩盖资金流向。鉴于本案中,资金被拆分多次且涉及多个账户,资金分流复杂,为了厘清资金脉络,采取了分项追踪交易资金的审查策略。经审查,该案中涉及 3 笔交易资金,分别为林某伟支付给卢某的定金 700 万元,卢某主动返还给林某伟的定金 700 万元和卢某履行德州市中级人民法院判决赔偿给林某伟的 694.08 万元。经过对三笔交易资金,9 人 13 个银行交易流水,30 份取款、存款凭条的审查,最终描绘出了 3 个资金回流圈,进而掌握了房屋买卖合同未实际履行,交易资金全部来源于卢某且回流到卢某的确凿证据,也最终证实了该案确系虚假诉讼的结论。

3. 从规定入手确定监督要点。因本案系虚假诉讼的特征较为明显,检察机关拟以虚假诉讼为由向德州中院发出再审检察建议,但经和法院沟通后发现,因虚假诉讼为新生事物,审判实践中对虚假诉讼认定的标准较严,要求必须有相关虚假诉讼罪的生效刑事判决证明。但拟发出再审检察建议时相关刑事案件仍在审理阶段。为及时保护第三人的合法权益,尽快撤销虚假诉讼的判决、维护司法秩序,德州市人民检察院决定,不需等待刑事判决结果,对该案尽快进行监督。但为保证监督效果,监督的依据除了本案系虚假诉讼外,同时依据《民事诉讼法》第 200 条第(一)、(三)项的规定进行监督。在充分审查本案事实认定、证据采信和法律适用的基础上,制作了内容完备、论证充分、说理性强的再审检察建议书。

4. 该案系全国首例市级检察院检察长出庭支持监督民事再审的虚假诉讼监督案件,山东省首例市级检察院、法院"两长"共同出庭支持、审理的案件。检法两家邀请了全国、省级人大代表、政协委员、人民监督员、新闻媒体及社会各界群众共 100 余人现场旁听和视频观摩了庭审活动,庭审过程通过庭审公开网全程进行了直播,有效提升了民事检察监督的社会认知度和司法公信力,对检法联手打击虚假诉讼起到了很好的示范作用。

买卖合同纠纷虚假诉讼监督案例

中某生公司等买卖合同纠纷虚假诉讼监督案

案件承办单位

江苏省盱眙县人民检察院

基本案情

2012年4月19日，中某生公司与海盐利某公司签订普通瓦楞纸销售合同和高强度瓦楞纸销售合同各一份，约定由海盐利某公司向中某生公司购买普通瓦楞纸和高强度瓦楞纸，合同对购买的数量、单价、规格型号、付款方式等均作了约定。合同签订后，中某生公司向海盐利某公司发货，双方于2012年10月31日进行对账，对账单中载明截至2012年10月31日，海盐利某公司尚欠中某生公司货款2157433.22元。另中某生公司在2012年10月29日收到海盐利某公司支付的19.8万元。

2013年2月6日，海盐利某公司与中某生公司签订一份协议，约定海盐利某公司用羽绒服3568件、羽绒被304条，折价人民币2016640元折抵结欠中某生公司的全部货款，海盐利某公司履行上述物品交付义务后，双方之间无任何债权债务且无任何经济纠葛。后中某生公司为了应付总公司查账,接收了海盐利某公司这批货物并进行了入库平账。

由于海盐利某公司的羽绒服、羽绒被没有商标和贴牌,不好销售,中某生公司在平账后,心生反悔,在2014年9月30日向江苏省淮安市盱眙县人民法院提起诉讼,请求判决海盐利某公司支付中某生公司货款1959433.22元。海盐利某公司在合同中注明的地址是"浙江省平湖市天吉路1号",中某生公司起诉状却写成"浙江省平湖市天古路1号",盱眙县人民法院依据错误的信息邮寄应诉资料时因无法送达而退回,此后审判人员没有要求中某生公司补充提供联系方式却直接公告送达,致海盐利某公司未出庭应诉。诉讼中,中某生公司故意隐匿以货抵债协议书,并作出虚假陈述。2015年3月30日,盱眙县人民法院作出(2014)盱商初字第0635号民事判决,支持中某生公司的诉讼请求。同年9月20日,中某生公司向法院申请强制执行,因无财产可供执行,同年12月14日,终结本次执行程序。

检察机关监督情况

2017年9月初,盱眙县人民检察院在办理中某生公司相关人员挪用公款案中,发现中某生公司与海盐利某公司买卖合同纠纷一案可能存在虚假诉讼情形,遂将此案件线索移送本院民行部门。

2017年9月25日,民行部门收到移转线索后,承办检察官第一时间调取了中某生公司与海盐利某公司的以货抵债协议以及中某生公司接受货物、入库平账等相关证据材料,证实中某生公司与海盐利某公司协议内容已经履行完毕,双方之间不存在任何债权债务。同时通过调阅案卷，查明中某生公司在诉讼中隐匿以货抵债协议等相关证据，作出虚假陈述的事实，同时查明由于法院公告送达，海盐利某公司没有及时参与诉讼的情况。

检察机关认为，中某生公司不仅滥用起诉权，且在诉讼中隐匿以物抵债协议，作出虚假陈述，违反了《民事诉讼法》第111条第1款的规定，妨碍人民法院审理案件及司法秩序，损害了国家和社会公共利益。双方签订的以货抵债协议及中某生公司接受货物、入库平账等证据在原审庭审结束前客观存在，由于中某生公司在原审中没有提供，在庭审结束后检察机关依职权发现，依据最高人民法院《关于适用〈中华人民共和国民事诉讼法〉审判监督程序若干问题的解释》的规定，属于有新的证据，且足以推翻原判决的情形。

2017年10月20日，盱眙县人民检察院以该案诉讼活动损害国家利益，同时有新的证据，且足以推翻原判决为由，向盱眙县人民法院发出盱检民（行）监〔2017〕32083000007号再审检察建议书，建议盱眙县人民法院启动案件再审程序，重新审理该案，同时对中某生公司滥用诉权、虚假诉讼的行为进行司法制裁。

2018年盱眙县人民法院裁定对此案进行再审。该案再审过程中，盱眙县人民检察院检察长依法列席盱眙县人民法院审判委员会，发表监督意见。2018年9月30日，盱眙县人民法院作出（2018）苏0830民再4号民事判决书，撤销原审判决，驳回中某生公司的诉讼请求。同时，对中某生公司虚假陈述、隐瞒重要证据的行为处以80万元的罚款。

典型意义

根据最高人民法院、最高人民检察院《关于办理虚假诉讼刑事案件适用法律若干问题的解释》第 1 条第 2 款规定,"隐瞒债务已经全部清偿的事实,向人民法院提起民事诉讼,要求他人履行债务的,以'捏造的事实提起民事诉讼'论"。本案属于典型的单方隐瞒债务已经全部清偿的事实,向人民法院提起民事诉讼,要求他人履行债务的虚假诉讼行为。检察机关通过履行法律监督职责,成功监督法院对案件进行了改判,有力地打击了虚假诉讼行为,维护了司法权威。

对于诉讼参与人虚假诉讼的行为,检察机关应当建议法院依照民事诉讼法的相关规定予以司法制裁。本案中某生公司虚假陈述,违背了诚实信用原则,妨碍法院司法秩序,浪费司法资源,损害司法权威,法院采纳检察机关的建议,对其予以从重处罚,取得了良好的法律效果和社会效果。2018 年 10 月 8 日,盱眙县人民检察院和盱眙县人民法院联合出台了《关于防范和查处虚假诉讼的工作意见》,对检法两家加强协作配合,合力查处虚假诉讼,共同维护司法权威和司法公正,提供了有力保障。

法院公告送达,被告缺席判决,是造成虚假诉讼案件的一个重要原因。缺席审判时,因被告未到庭参加诉讼,人民法院只能依据原告提交的证据对事实进行认定,并作出对被告不利的结果,此种情况下,更需要诉讼当事人严格遵循诚实信用原则对案件事实作如实陈述。另外,法院需要严格规范适用公告送达的方式,只有在受送达人下落不明或者其他方式无法送达的情况下,才能适用公告送达。最高人民检察院对 2015 年以来人民法院民事公告送达案件的检察监督情况进行总结,并就其中发现的人民法院民事公告送达不规范问题,于 2018 年 11 月 11 日向最高人民法院发出高检建〔2018〕2 号检察建议书,得到了最高人民法院积极回应。在今后的监督工作中,也要强化对法院包括公告送达程序不规范等审判程序违法行为的监督,做到实体公正与程序公正并重。

方某公司等买卖合同纠纷虚假诉讼监督案

案件承办单位

北京市海淀区人民检察院

基本案情

方某公司与大某公司签订《销售框架协议》，约定由方某公司向大某公司销售电脑等产品。泰某源公司向方某公司出具《连带责任保证书》，承诺就大某公司对方某公司所负债务承担连带保证责任。后因大某公司未支付货款，方某公司将大某公司、泰某源公司等起诉至北京市海淀区人民法院，请求大某公司支付货款及违约金、泰某源公司承担连带保证责任等。

北京市海淀区人民法院根据当事人达成的调解协议，于2014年8月29日作出（2014）海民（商）初字第18904号民事调解书，主要内容为：大某公司支付方某公司货款及其他费用；泰某源公司对大某公司的付款义务承担连带清偿责任。

泰某源公司以公司公章被假冒应诉、调解书不是真实意愿为由向法院申请再审，并向法院提交了该公司自行委托的鉴定意见，但法院未予采纳。2015年3月2日，北京市海淀区人民法院作出（2015）海民（商）申字第22号民事裁定书，驳回了泰某源公司的再审申请。

泰某源公司被法院强制执行1082262.17元。

检察机关监督情况

北京市海淀区人民检察院经调阅原审法院卷宗材料，查明：泰某源公司向北京市海淀区人民法院出具《授权委托书》和《在职证明》，委托姜某某作为该公司代理人。姜某某参加了诉讼并同意了调解方案。泰某源公司向检察机关提供大某公司出具的证明一份，主要内容为：未签署过《连带责任保证书》；大某公司和方某公司的纠纷与泰某源公司无关。鉴于泰某源公司有证据证明该公司与大某公司、方某公司之间不存在保证关系，并且泰某源公司自行委托鉴定机构对《连带责任保证书》和《授权委托书》上公司印章真实性进行了鉴定，鉴定意见为与样本不一致。根据泰某源公司申请，检察机关委托鉴定机构对印章及签名进行了鉴定，鉴定意见为：《连带责任保证书》《授权委托书》及《在职证明》上泰某源公司印章印文与样本不是同一枚印章盖印；泰某源公司法定代表人签名不是同一人书写。

海淀区人民检察院于2017年5月22日作出京海检民监〔2015〕11010800007号再审检察建议，以该案系虚假诉讼损害了社会公共利益为由，建议法院再审本案。主要意见为：一是方某公司与泰某源公司之间不具有真实有效的连带保证法律关系，该案系虚假调解。根据鉴定意见，《连带责任保证书》的签章缺乏真实性，因此《连带责任保证书》的形式不符合法律规定。在并无其他证据佐证的情况下，《连带责任保证书》不能单独作为认定泰某源公司向方某公司提供保证的依据。同时，结合大某公司出具的该公司和方某公司经济纠纷与泰某源公司无关的证明，法院调解确认泰某源公司承担保证责任缺乏事实依据，该案属于虚假调解。二是姜某某并非泰某源公司的诉讼代理人，无权代表泰某源公司同意调解方案并签收调解书。双方达成的调解方案不是泰某源公司真实的意思表示，调解书违反了自愿原则，对泰某源公司不应产生法律效力。三是该案属于虚假诉讼，损害了司法公信力和司法秩序，损害了社会公共利益，是司法机关打击的重点。

2017年10月31日，海淀区人民法院作出（2017）京0108民监15号民事裁定书，认为本案调解书确有错误，裁定本案由该院再审。2018年12月27日，北京市海淀区人民法院作出（2018）京0108民再3号民事判决书，改判方某公司退还泰某源公司代付货款1082262.17元。

海淀区人民检察院已就孙某某、姜某某等人涉嫌诈骗案向海淀区人民法院提起公诉，目前，该案正在审理当中。

典型意义

检察机关对该案提出监督主要意义在于明确了一方当事人虚构事实进行诉讼是虚假诉讼。同时，在该案中，检察机关综合运用多种调查核实手段查明虚假诉讼案件事实，有效破解虚假诉讼发现难的瓶颈。

虚假诉讼有狭义和广义之分。狭义上的虚假诉讼是指当事人之间恶意串通，企图通过诉讼、调解等方式侵害他人合法权益的行为。广义上的虚假诉讼还包括单方伪造证据、故意将被告拖入诉讼等情形。一般而言，在正常的对席审判中，一方当事人虚构的事实在对方当事人的反驳及举证下很难被法官所认可,因此,单方虚构事实的诉讼必须具备其他的特殊条件才能达成目的,例如泰某源公司一案中冒充对方当事人应诉等。进入检察监督视野的案件法官的甄别作用已经失灵,当事人的非法目的已经达成,这种虚构事实进行诉讼的行为必须得到检察机关的重视,也必须得到人民法院的纠正。在行为符合"非法目的""虚构事实""进行诉讼""骗取生效法律文书""侵害他人合法权益"等构成要件的情况下,将单方虚构事实实施诉讼的行为认定为虚假诉讼有助于严厉打击此类不诚信诉讼行为。

江苏中某公司等买卖合同纠纷虚假诉讼监督案

案件承办单位

湖南省湘潭市人民检察院

基本案情

江苏中某公司中标湖南省郴宁高速第十三合同段后,成立了中某公司郴宁高速第十三合同段项目经理部(以下简称项目部),但未办理工商登记手续。2011年6月15日,周某林(乙方)与项目部(甲方)签订《高速公路成品油配送协议》约定,周某林向中某公司供应第十三合同段施工所需的柴油。同日,李某华向周某林出具《担保书》,为以上合同约定的所有油料结算款承担连带担保责任。2011年6月20日,周某林与项目部签订《水泥购销合同》及《补充协议》约定,周某林向项目部供应施工所需的水泥。李某华向周某林出具《担保书》,为以上水泥结算款承担连带担保责任。

2013年1月17日,周某林起诉至湖南省湘乡市人民法院称:原告与被告中某公司签订了买卖合同,中某公司未按合同约定支付货款,请求人民法院判令中某公司支付货款1238913.4元及逾期付款利息85856.7元,并由被告李某华承担连带责任。在审理中,根据中某公司的申请,法院按规定抽签选定鉴定公司对本案进行司法审计鉴定,鉴定结论为周某林供货的货款为1238913.4元。一审法院判决中某公司应当向周某林支付货款1238913.4元,湘潭市中级人民法院二审维持原判。

检察机关监督情况

中某公司不服,向湘潭市人民检察院举报法院在审理该系列案件中存在违法情形。2014年10月,湘潭市人民检察反渎职侵权部门立案侦查的同时,将相关当事人涉嫌犯罪线索移送至湘潭市公安局。同时,湘潭市人民检察院民行部门对系列民事案件受理后进行了审查。经调查核实后,查明:

周某林与中某公司之间并无合同关系,公安机关查明,《水泥购销合同》及《高速公路成品油配送协议》中乙方"周某林"的签名系案外人李某甲所签,合同的实际履行人也是李某甲。案件执行款也归李某甲个人所有。周某林本人与中某公司并无经济上的往来,也没有聘请律师提起和参与诉讼。担保人李某华系李某甲、李某乙(项目部经理,李某甲的哥哥)的侄儿,案中李某华所出具的"担保书",是李某甲在诉前为使湘乡市人民法院获得本案管辖权所虚构。

根据刑事案件查明的情况,李某甲以"周某林"的名义,分别与项目部签订柴油、水泥、碎石供销合同,在履行合同过程中,通过全某兵等人,虚列材料入库单、领料单,虚开发票,其中虚列水泥供应金额73余万元,虚列柴油金额61余万元,虚列石料17.1万元等,通过诉讼骗取中某公司资金共计248.5万元。

2017年8月14日，湘潭市人民检察院向湘潭市中级人民法院发出潭检民（行）监〔2017〕43030000028号再审检察建议。湘潭市中级人民法院指令湘潭县人民法院再审，2019年4月17日，湘潭县人民法院作出（2018）湘0321民再5号民事裁定书，裁定驳回周某林的起诉。

同时，相关当事人也受到了刑事处罚。李某甲因犯诈骗罪被一审判处有期徒刑12年，并处罚金30万元；李某乙因犯职务侵占罪、诈骗罪、非国家工作人员受贿罪、串通投标罪，数罪并罚，一审被判处有期15年，并处罚金25万元。湘乡市政府、市法院有关工作人员因受贿罪分别被判处有期徒刑。原告周某林代理律师罗某红涉嫌刑事犯罪还在法院审理之中。

典型意义

1. 系统思维，全案谋划。本案是涉中某公司18起虚假诉讼系列案的一起。该系列案的总体情况是：2008年，案外人颜某伟借用中某公司名义竞标成功郴宁高速公路第十三合同段。后李某乙被聘请为第十三合同段项目部经理。该工程已于2012年底竣工通车。2013年初，李某甲、胡某德等17人相继委托律师罗某红、刘某以借款合同纠纷、买卖合同纠纷、劳务合同纠纷等不同案由将中某公司起诉至湘乡市人民法院，共计21案。由于该系列案涉案标的大，人员众多，关系复杂，民行部门应树立系统思维，就全案进行谋划。湘潭市人民检察院民行部门树立了"以侦查思路来开展调查、以调查成果来引导侦查"的思路，深挖案情疑点，深入调查核实，为案件侦破夯实了基础。

2. 深挖案情疑点，寻找薄弱环节，充当案件查办的发起者。

案件受理后，湘潭市人民检察院民行部门首先调阅了法院审判卷宗，发现了以下三个明显疑点：一是诉讼主体、案件管辖存在重大错误。如在李某甲、刘某林、胡某德等人诉中某公司路桥建设有限公司、李某乙劳务合同纠纷12起案件中，李某乙作为项目部负责人，其行为是代表项目部的职务行为，不能成为上述12起案件的适格被告。特别是在法院庭审过程中，李某乙还对李某甲、刘某林、胡某德等人的陈述和相关证据均予以"自认"。此外，本案被告中某公司住所地在江苏省泰州市，合同履行地在湖南省嘉禾县，一审法院湘乡市人民法院对上述案件并没有管辖权。为了弥补这一"硬伤"，原告特意将李某乙列为第二被告，李某乙在起诉前一天将户口迁移至湘乡市。二是证据采信方面存在问题。如李某良诉中某公司、李某乙劳务合同纠纷一案中，鉴定人质证陈述"鉴定依据严重不足，中间支付证书没有双方签字，且与电子中间支付证书有很大的出入，也没有承包合同、图纸、计量依据，鉴定人认为暂时不能作出鉴定意见"，但法院仍然对鉴定意见予以采信。三是先予执行不符合法律规定。该案实为建设工程施工合同纠纷，一审法院故意错误定性为劳务合同纠纷，以便能够先予执行。上述种种疑点均指向此案可能是当事人恶意串通损害第三方利益的虚假诉讼案件。

在对此案性质进行初步认定后，为更有利于案件侦破，民行部门还通过"外围突破"的调查固定了大量客观证据，办案人员有针对性地选取了周某林与中某公司、李某华民间借贷纠纷案，周某林与中某公司、李某华买卖合同纠纷案两起案件重点进行了调查核实。因为当事人关系更为特殊，李某甲、李某乙是同胞兄弟，李某华是李某甲、李某乙的亲侄子，周某林则是李某甲妻子的舅舅。而李某华作为一个农民工，为上述两案的当事人提供几百万元的担保，着实令人怀疑。在调查买卖合同纠纷案时，通过查看成品油买卖发票发现存在虚开发票情况，立即前往供货方调查核实，当事人虚增成品油买卖、虚假担保的事实得以浮出水面。

3. 上下联动和多方支持，变"单兵突破"为公检法协同作战。民行部门将该案刑事犯罪线索移送至反渎职侵权部门立案侦查后，仍密切配合侦查机关帮助分析涉案法官在案件审理过程中的违法点。湘潭市人民检察院民行科从基层院抽调办案骨干与市院办案人员组成办案组，共同参与案件处理，对该系列案的21起案件逐案分析，为侦查部门审讯突破提供了帮助。在案件办理中，反渎职侵权部门将该系列涉嫌妨害司法犯罪线索移送至市公安局，并取得市委政法委支持，公安机关与检察机关的侦查同时进行，形成合力。

查清案件真相后，湘潭市人民检察院就该系列案中的18起虚假民事诉讼案向湘潭市中级法院提出再审检察建议，湘潭市人民法院对18起案件全部裁定予以再审并得到改判。

广东世某公司等买卖合同纠纷虚假诉讼监督两案

案件承办单位

广东省云浮市人民检察院

基本案情

2015年1月,博罗县金某公司、佛山市造某公司分别因与广东世某公司买卖合同纠纷,诉至云浮市云安区人民法院,各自请求:(1)双倍返还定金1000万元;(2)本案的诉讼费用由世某公司承担。

2015年5月29日,云浮市云安区人民法院对金某公司起诉一案作出(2015)云安法民二初字第23号判决书,认定:2014年7月30日,金某公司(甲方)与世某公司(乙方)签订一份《环保板材购销合同》,约定由世某公司向金某公司供应木香板一批,合计(含税)2500万元;交货地点:按甲方指定的云浮市云安县(现为云浮市云安区,下同);交货时间:乙方必须在收齐定金之日起3个月内将全部标的物交齐给甲方;结算方式及期限:甲方必须在签订合同之日起90日内支付20%的定金,即人民币500万元。违约责任:甲方须按合同约定支付定金……乙方在收齐定金后，必须按合同约定的标的物按时交齐给甲方，否则，乙方须向甲方双倍返还定金。上述合同签订后，金某公司依约在 2014 年 10 月 13 日至 2014 年 10 月 16 日期间先后分 8 次通过网上银行转账的方式将合计 500 万元转入世某公司账户，转账电子银行交易回单（付款方）交易用途上均注明为购货定金。世某公司在收到上述款项后，并未能在约定期限内向金某公司交付货物，构成违约。判决：世某公司于判决发生法律效力之日起 10 日内双倍返还金某公司定金 1000 万元。

2015 年 6 月 23 日，云浮市云安区人民法院对造某公司起诉一案作出（2015）云安法民二初字第 24 号判决书，认定：2014 年 7 月 23 日，造某公司（甲方）与世某公司（乙方）签订一份《环保板材购销合同》，约定由世某公司向造某公司供应木香板一批……合同内容与金某公司和世某公司签订的合同一样。世某公司在收到上述款项后，并未能在约定期限内向造某公司交付货物，构成违约。判决：世某公司于判决发生法律效力之日起 10 日内双倍返还造某公司定金 1000 万元。

两案一审判决后，双方当事人均没有上诉，两案于同年 10 月 28 日进入执行程序。

检察机关监督情况

世某公司其他股东到公安机关报案，称金某公司、造某公司存在合同诈骗行为。公安机关于 2016 年 4 月 1 日对钟某英、陈某泉、杨某锋等人以涉嫌合同诈骗罪立案侦查，同年 11 月 17 日陈某泉、杨某锋因涉嫌合同诈骗罪被取保候审（钟某英在逃）。

2017 年 4 月 25 日，云浮市云安区人民检察院侦查监督科将相关线索移送该院民事行政检察科。经审查查明：世某公司法定代表人为陈某泉，董事长为钟某英。金某公司和造某公司的法定代表人均为杨某锋，两家公司的实际控股股东均包括了钟某，而钟某与钟某英实际上为同一人（一个为香港身份证名字、另一个为内地身份证名字）。

2014年10月13日至2014年10月16日期间，钟某英通过钟某账户向金某公司和造某公司转入资金，随即金某公司和造某公司将该笔资金作为购货定金打入世某公司账户，随即以还款名义转至佛山市钰某公司账户，钰某公司又以还款名义转至冯某霞的个人账户，再由冯某霞个人账户支付到陈某祥、冯某妹的账户，最后由陈某祥、冯某妹账户转到钟某账户的方式多次进行循环转账操作，造成金某公司、造某公司已支付500万元购货定金给世某公司的假象。合同履行期间，世某公司并不具备生产能力。

经云安区人民检察院提请，2017年9月26日，云浮市人民检察院分别作出云检民（行）监〔2017〕44530000020号、云检民（行）监〔2017〕44530000021号民事抗诉书，向云浮市中级人民法院提出抗诉，认为上述两案依据双方当事人恶意串通签订的《环保板材购销合同》作出，是典型的虚假诉讼，不仅违背民事诉讼应当遵循诚实信用的基本原则，破坏社会诚信体系，而且严重扰乱正常的诉讼秩序，损害司法权威和司法公信力，损害国家利益、社会公共利益。

2017年11月，云浮市中级人民法院指令云安区人民法院再审该案；2018年7月，云安区人民法院分别作出（2018）粤5303民再1号、2号民事裁定书，认为案件由于涉嫌经济犯罪，需移送公安机关侦查处理，裁定驳回金某公司、造某公司的起诉。

典型意义

1. 办理虚假诉讼案件应当对照法律规定，重点围绕"恶意串通"调查取证。本案以原民事案件案卷宗、刑事案件犯罪嫌疑人的供述为突破口，确定调查方向，并从案涉公司工商登记资料、关键人员人口信息资料、案涉资金银行流水三个方向入手，全面调取证据，所得证据相互印证，共同指向钟某英利用世某公司董事长身份，指使他人虚构合同，并以诉讼形式达到谋取个人非法利益、侵害其他股东合法权益的事实。

2. 本案属于以虚构的合同骗取法院判决，进而谋取不正当利益的虚假诉讼案件，这一点也是虚假诉讼的突出表现之一。该类案件多数刑民交叉，检察机关各业务部门在办理相关案件时，应着眼于全面履行法律监督职责的大局，从民事、刑事、执行等不同角度发现案件线索，并及时移交、加强配合，形成工作合力，全力打击虚假诉讼行为，维护司法权威。

3. 该案是检察机关依职权监督案件，既是检察机关全面履职、打击虚假诉讼的成功案例，又切实维护了民营企业的合法权益，回应了社会关切，体现了政治效果、法律效果与社会效果的有机统一，对该类案件的发现与办理有一定指导作用。

其他合同纠纷虚假诉讼监督案例

张某旺、周某伟等建设工程分包合同纠纷虚假诉讼监督案

案件承办单位

北京市人民检察院、北京市平谷区人民检察院

基本案情

2017年10月,张某旺、周某伟分别向北京市平谷区人民法院提起民事诉讼,要求瑞某公司给付劳务费3235526.34元、2015473元并支付逾期付款利息。北京市平谷区人民法院于2018年2月2日作出(2017)京0117民初9227号、9228号民事判决,查明瑞某公司承包了北京市平谷区王辛庄镇某村自住楼项目,并分别于2015年2月、3月,将9号、10号、11号楼的水、电、暖等工程分包给周某伟,二次结构等工程分包给张某旺,两人组织人员进行了施工。2015年11月20日,瑞某公司的项目负责人韩某来与周某伟签订工程款结算单,结算了电气、水暖等6个项目,总价款合计2125473元。此后,瑞某公司给付周某伟工程款127500元,余款1997973元未付。2015年12月19日,

瑞某公司的项目负责人韩某来与张某旺签订工程款结算单，结算了单元门坡道等22个项目，总价款合计3455526.34元。此后，瑞某公司给付张某旺工程款260000元，余款3195526.34元未付。遂判决瑞某公司给付张某旺工程款3195526.34元、给付周某伟工程款1997973元及相应利息。瑞某公司不服一审判决，提起上诉。北京市第三中级人民法院于2018年3月27日、3月30日分别作出（2018）京03民终4540号、（2018）京03民终4541号民事判决。该院确认了一审法院查明的事实，维持了原判。2018年7月17日，周某伟、张某旺分别向北京市平谷区人民法院申请执行，执行案号为（2018）京0117执2726号、（2018）京0117执2728号。2018年7月18日，北京市平谷区人民法院在（2018）京0117执2726号案件（张某旺为申请执行人）中对瑞某公司在中国建设银行平谷支行的存款500万元整予以冻结。2018年8月15日，北京市平谷区人民法院对已冻结的瑞某公司存款解除冻结。同日，北京市平谷区人民法院在（2018）京0117执2728号（周某伟为申请执行人）案中对瑞某公司在中国建设银行平谷支行的存款100万元整予以冻结。

检察机关监督情况

2018年4月8日，瑞某公司副总经理孙某杰向北京市公安局平谷分局举报该公司项目负责人韩某来与周某伟、张某旺签订虚假结算单并通过民事诉讼方式造成该公司损失人民币200余万元。2018年4月28日，北京市公安局平谷分局立案侦查，2018年7月2日，北京市平谷区人民检察院以涉嫌虚假诉讼罪决定批准逮捕韩某来、周某伟、张某旺。2018年8月16日，北京市公安局平谷分局以涉嫌虚假诉讼罪移送审查起诉，平谷区人民检察院于 2019 年 2 月 20 日以被告人韩某来、周某伟、张某旺涉嫌虚假诉讼罪向平谷区人民法院提起公诉，刑事案件正在审理中。平谷区人民检察院审查逮捕部门将履行审查逮捕职责中发现的民事生效判决损害国家利益和社会公共利益的线索移送民事检察部门。在刑事案件牵连产权保护专项活动中，将该两案线索上报北京市人民检察院，被列入第一批重点案件督办。因作出该案生效判决的法院为北京市第三中级人民法院，故将对该案生效判决监督案件线索移送北京市人民检察院，北京市平谷区人民检察院办理民事执行监督案。

北京市人民检察院调查查明，瑞某公司承包了某村自住楼项目后，将 9 号、10 号、11 号楼的建设及装修工程分包给韩某来，韩某来以瑞某公司项目负责人身份组织施工，先后将工程再次分包给孙某海、李某合、朱某礼、夏某民、夏某坤等人。韩某来曾雇用周某伟建造工人工棚、雇用张某旺看守工地，但周某伟、张某旺二人除受雇干零活外并未分包工程施工。某村村民委员会、瑞某公司、韩某来进行了三方结算，尚欠韩某来部分工程款。韩某来尚欠周某伟、张某旺部分劳务费。后韩某来伙同周某伟、张某旺签订虚假的结算单等单据，捏造周某伟、张某旺承包某村自住楼项目 9 号、10 号、11 号楼二次结构、油工、水电等建设工程的事实，由周某伟、张某旺于 2017 年 10 月分别起诉至北京市平谷区人民法院，要求瑞某公司给付劳务费（工程款）并支付逾期付款利息，获法院判决支持。经依法调阅原一审、二审案件及刑事案件卷宗，证实瑞某公司与张某旺、周某伟之间不存在承包某村自住楼项目 9 号、10 号、11 号楼二次结构、油工、水电等建设工程的事实。张某旺、周某伟与韩某来恶意串通，采取伪造结算单等证据、虚假陈述的手段，捏造建设工程分包合同法律关系，虚构民事纠纷，提起民事诉讼，企图利用民事诉讼侵害瑞某公司的合法权益。张某旺、周某伟的上述虚假诉讼行为，致使北京市第三中级人民法院（2018）京03民终4540号、（2018）京03民终4541号民事判决认定事实及适用法律错误，判决应予纠正。

北京市人民检察院于2018年11月27日分别以京检民监〔2018〕11000000196号、〔2018〕11000000197号民事抗诉书向北京市高级人民法院提出抗诉。北京市高级人民法院于2018年12月10日分别作出（2018）京民抗27号、28号民事裁定书，指令北京市第三中级人民法院再审。北京市第三中级人民法院于2019年5月15日作出（2019）京03民再31号、32号民事裁定，认为根据北京市人民检察院向法院提供的由北京市公安局平谷分局为犯罪嫌疑人韩某来、周某伟、张某旺制作的供述材料，以及北京市公安局平谷分局的起诉意见书，证明韩某来伙同周某伟、张某旺签订虚假结算单等单据，捏造周某伟、张某旺承包瑞某公司部分建筑工程的事实。鉴于此，原审认定事实有疏漏，本案基本事实应进一步审查，并结合相关证据依法予以处理。裁定：（1）撤销原一审、二审判决；（2）发回平谷区人民法院重审。

北京市平谷区人民检察院于2018年11月30日分别以京平检民（行）执监〔2018〕11011700008号、〔2018〕11011700009号检察建议书向北京市平区人民法院提出建议，因（2018）京0117执2726号、（2018）京0117执2728号案件的执行依据涉嫌虚假诉讼，检察机关已经提出抗诉，对本案的执行活动应当依法作出相应处理。北京市平谷区人民法院于2018年12月21日回复，决定暂缓对被执行人瑞某公司采取的各项执行措施，待执行依据所涉案件事实依法查清之后再做相应处理。

典型意义

本案是他人与公司其他管理人员恶意串通，捏造公司债务的典型民事虚假诉讼案件，不但涉及民事审判、执行，还涉及刑事案件，检察机关对该两件虚假诉讼案件成功开展监督，体现了三方面特点：

1. 通过依职权受理，拓展民事监督案件来源。传统的民事检察工作以当事人申请监督为最主要的案件来源渠道，大部分基层检察院民事申请监督案件较少，做强基层民事检察的工作目标难以实现。本案涉及的两件虚假诉讼线索是民事检察部门在开展刑事案件牵连产权保护专项活动中，主动与本院刑事检察部门沟通，联合排查发现线索，根据虚假诉讼妨害司法秩序，损害国家和社会公共利益的特征，依职权受理，最终取得较好的监督成效。探索形成了检察机关民、刑检察部门依托专项活动，联合排查、发现、依职权受理监督线索的民事诉讼监督工作模式，有利于强化基层检察机关民事诉讼监督。

2. 上下级院分工协作，同时监督民事裁判结果、民事执行活动。北京市检察机关强调三级院监督重心的分工，基层院专注于民事调解等裁判结果、审判人员违法行为、执行活动等同级监督，市分院重点开展裁判结果监督。本案办理中，基层院加强与本院刑事检察部门的沟通，辅助市院获取关键证据，市院严格审查认定虚假诉讼，提出抗诉，基层院从保护非公经济发展角度，适时向同级法院发出执行检察建议。检察机关基层院与上级院上下联动，发挥各自职能作用，共同开展对生效判决和执行活动的监督，强化对虚假诉讼的打击力度，提高办案效率，依法、高效地维护当事人合法权益。

3. 妥善处理刑民交叉案件办案关系。民事监督案件办理过程中，虚假诉讼罪一直处于公诉前的审查阶段。本案打破了"先刑后民"的传统思维限制，检察机关依法行使调查核实权，采用刑事案件的讯问笔录等证据材料作为认定民事虚假诉讼的证据，不依赖于刑事案件的处理结果，在提起公诉前即向法院提出抗诉，从而有利于提高民事案件法律监督的诉讼效率，强化监督效果。

三某公司等建设工程施工合同纠纷虚假诉讼监督案

案件承办单位

天津市武清区人民检察院

基本案情

2005年10月1日三某公司与李某良签订了天津市建设工程施工专业分包合同，约定由李某良为三某公司承建上马台商业楼工程，工程开工日期为2005年10月1日，竣工日期为2006年8月30日。合同成立后，李某良开始为三某公司承建商业楼工程，并于2006年8月竣工。后三某公司主张其将工程款全部结清，但李某良未将全部工程交付，故于2013年5月24日起诉至天津市武清区人民法院，请求判令：（1）李某良履行合同交付承建工程5号楼并支付违约金和经济损失30.5万元；（2）案件诉讼费由李某良承担。

李某良经天津市武清区人民法院传票传唤，无正当理由未到庭参加诉讼，该院于2013年6月9日作出（2013）武民二初字第3566号民事判决：（1）李某良于判决生效之日起10日内将上马台5号商业楼交付三某公司，同时给付三某公司涉诉房屋租金共计305000元；（2）李某良给付三某公司自2013年5月16日起至实际交付之日止的涉诉房屋租金，按每月3765元计算。2013年6月18日，天津市武清区人民法院以法院专递方式向李某良邮寄送达（2013）武民二初字第3566号民事判决书，邮件回执签收人为王某梅，身份证号码为4127121976××××××××，备注为李某良之妻。

检察机关监督情况

2018年2月23日，李某良的银行卡账户被天津市武清区人民法院扣划人民币40余万元。其与执行法官核实得知，天津市武清区人民法院系在依法执行（2013）武民二初字第3566号民事判决书，其为该案被执行人。李某良查阅案件卷宗后认为法院违反法律规定送达起诉状副本，其不认识法院专递EMS回执单签收人王某梅，武清区人民法院缺席判决剥夺了其辩论权利，且判决认定主要事实的证据是伪造的，遂申请检察机关对审判活动违法行为进行监督。

天津市武清区人民检察院经审查，认为该案涉嫌虚假诉讼，遂依职权立案进行实体监督。经调查核实：一是三某公司虚构案件事实。三某公司已于2006年9月7日将上马台商贸楼5号楼出售给孙某杰，却虚构李某良未交付上马台商贸楼5号楼并私自出租的事实提起诉讼骗取天津市武清区人民法院作出民事判决，侵害了李某良的合法权利。二是三某公司伪造虚假民事诉讼法律文书送达地址，虚构李某良地址及电话，王某梅假冒李某良之妻代收诉讼文书，导致李某良从未接收到任何法律文书，侵害了李某良参与诉讼的权利。三是对三某公司提供的认定案件事实的主要证据真实性存疑。天津市武清区人民法院作出（2013）武民二初字第3566号民事判决书依据的主要证据是三某公司提供的李某良出具的保证书。经调查，三某公司无法证实此份保证书的真实来源，李某良否认其曾为三某公司出具此份保证书，该主要证据真实性存疑。基于上述情况，经检察委员会讨论，于2018年5月15日向天津市武清区人民法院提出再审检察建议，建议天津市武清区人民法院依法启动再审程序，查清案件事实，维护司法权威，保护当事人合法权益。

2018年11月1日，天津市武清区人民法院作出（2018）津0114民再审5号民事判决：（1）撤销（2013）武民二初字第3566号民事判决书；（2）驳回原审原告的全部诉讼请求。

典型意义

2019年，该案的检察建议书被评为天津市检察机关"十大优质检察建议"。该起虚假诉讼案件是原告方单方面伪造诉讼材料进行虚假诉讼的典型案例，该案的成功办理在维护司法公正彰显司法权威的同时，保护了一方民营企业的合法权益，稳定了社会主义市场经济秩序，彰显了检察机关在服务大局和保障民生中的重要作用。

1. 注重实质要件审查，抽丝剥茧固定关键证据。本案系一方当事人通过虚构案件事实捏造的一起虚假诉讼案件，不同于传统意义上的虚假诉讼。该案时间跨度大、案情真假交织、关系复杂，要还原案件事实必须经过艰苦细致的查证工作。在调查核实中，办案人员从涉案双方的法律关系、涉案房屋真实买卖关系、双方当事人身份信息进行入手，拨云见日、还原真相，锁定原告方虚构案件事实的关键证据，形成完整的证据链，为案件办理提供强有力的证据支撑。

2. 建立案中保护机制，着力维护当事人合法权益。检察机关办理阶段，该案已经进入执行程序，为保护当事人合法权益，避免李某良因三某公司的虚假诉讼行为造成损失，检察机关及时同法院执行部门就案件情况进行沟通，由法院依法暂扣40余万元执行款。防止若该案无法执行回转，给当事人造成损失，同时也避免了司法资源的浪费。

3. 加强内外联动协作，形成虚假诉讼防治合力。坐实虚假诉讼的关键还在于内外联动协作机制的建立，借助公安、法院之力，形成打击合力。首先，在内部建立打击虚假诉讼案件信息共享机制，刑检部门在办理虚假诉讼刑事犯罪案件时及时将案件线索同民行部门共享，刑民齐力打击虚假诉讼。其次，建立与人民法院、公安机关以及司法行政机关合作机制。各方达成联合协作共识，建立案件通传衔接机制，在发现虚假诉讼案件线索时，及时通传对应职能部门，对于虚假诉讼案件办理，开辟绿色通道，在保证案件质量的前提下，加快案件办理流程，铁腕打击虚假诉讼。

广州宇某公司等租赁合同纠纷
虚假诉讼监督案

案件承办单位

江苏省泰州市人民检察院

基本案情

2014年12月29日,广州宇某公司以兴化中某公司为被告,向江苏省泰州市中级人民法院提起诉讼,请求判令兴化中某公司支付发电机组租金1275万元、拆运费135万元以及一台机组的赔偿费用50万元。

2015年1月8日,经法院主持调解,当事人双方自愿达成调解协议:(1)双方确认产生租金共计1275万元,自本调解协议签订之日起不再计算租金;(2)兴化中某公司于2015年1月25日之前支付广州宇某公司租金1275万元,双方以此结清,余无争议;(3)案件受理费106400元,减半收取53200元,由兴化中某公司负担。泰州市中级人民法院于2015年1月13日作出(2015)泰中商初字第00008号民事调解书,确认调解协议内容并送达双方当事人。

2014年11月,江苏省泰州市兴化市人民法院因其他案件对兴化中某公司的厂房、土地使用权进行拍卖。2015年1月第三次拍卖时成交，成交价5510360元。同月，广州宇某公司申请法院强制执行。

检察机关监督情况

2016年4月，检察机关接到案外人控告该案当事人造假，案涉设备系兴化中某公司成立时购买，根本不存在租赁关系。广州宇某公司以虚构的巨额欠付租金参与分配兴化中某公司资产，严重损害其他债权人利益。

检察机关受理监督案件后，立即展开调查核实。（1）根据案外人提供的线索，调取了兴化中某公司成立的资料。获得了广州中科华某公司、兴化苏某公司、兴化某镇政府签订的合作协议。基本判断案涉租赁设备是兴化中某公司设立时，广州中科华某公司向兴化中某公司的投入，并非租赁，认定本案涉嫌虚假诉讼。（2）从关联人员入手开展调查核实工作。通过对关联人员的调查，办案人员了解到政策变化，兴化中某公司自成立时只有短暂运营，目前处于停产状态，涉及的诉讼很多。经调阅法院所有有关兴化中某公司的诉讼案卷、执行案卷，并向诉讼、执行案件中相关代理律师了解情况，获得了广州中科华某公司与广东大某公司合作协议、案涉发电项目的专项审计报告等关键性证据。（3）针对所获取的证据大多为复印件的情况，至广州调查涉案关联企业（广州宇某公司、广州中科华某公司、广东大某公司、广东佛山大某公司）的工商登记资料，厘清各企业之间的关系。向参与兴化中某公司设立的相关人员进行调查了解，弄清兴化中某公司设立的真实情况。到作出审计报告的会计师事务所对注册资金投入情况进行取证。对兴化中某公司的会计进行调查，获取兴化中科公司的会计账册等资料。

将调查收集的证据分为18组，进行周密论证，综合审查认为：调查核实的证据证明案涉设备系广州中科华某公司投入兴化中某公司，与广州宇某公司无任何关联，二者之间不存在租赁合同关系。从诉讼过程、执行时间节点、过程分析，可以认定本案存在明显的诉讼恶意。而相关执行案件材料表明兴化中某公司涉诉的案件除本案外，法院生效裁判文书确定的债务为300余万元，其中含有30余名职工的欠付工资，兴化中某公司资产拍卖款项500余万元足以偿付欠付债务。如果本案1275万元的虚构债务参与分配，另案债权的分配比例将大大下降，严重影响其他债权人利益。

经检委会讨论决定，泰州市人民检察院向泰州市中级人民法院发出再审检察建议：本案属于虚假诉讼，其行为不仅侵害了其他债权人利益，也妨害了国家司法秩序，损害了国家利益和社会公共利益，建议对生效调解书进行再审。同时，针对泰州市中级人民法院在上述案件审理中存在的对当事人明显矛盾的证据未予审查，对于诉讼中的不合常理之处未能按照防范和查处虚假诉讼的相关规定谨慎注意等问题，向法院发出审判人员违法行为监督检察建议，建议法院强化法官防范虚假诉讼职责，严格按照防范和查处虚假诉讼的相关规定，对诉讼中异常情形进行重点审查，采取有效措施防范虚假诉讼的发生。

同时，由兴化市人民检察院对相关执行活动开展监督，发出相关执行监督检察建议。对可能涉及刑事犯罪的，将相关线索移送泰州市公安局。

检察机关提出再审检察建议后，泰州市中级人民法院再审后于2017年6月23日作出（2017）苏12民再5号民事判决，驳回广州宇某公司的诉讼请求。同时，发函回复接受检察机关的审判人员违法行为监督检察建议，表示今后将进一步改进审判工作，防范虚假诉讼的发生。兴化市人民法院采纳了兴化市人民检察院发出的执行监督检察建议，在本案再审判决生效后，对广州宇某公司申请执行案终结执行，其他债权人债权全额清偿并发放到位。

典型意义

充分开展调查核实是监督虚假诉讼案件的关键所在。本案中，办案人员通过对举报人提供的证据的证明力、需要进一步查实的证据、可能存在的调查障碍进行深入分析，确定调查方向，拟订详细调查方案。围绕调查核实中出现的证据真实性的证明问题，拓宽调查思路，进行证据补强。细致缜密客观分析所获取的每一份证据，判断其证明的内容、证明力及证明的程度，根据其证明的内容进行分类整理，形成了层次清晰、层层递进的论证体系，有力证明了本案诉讼为广州宇某公司、广州中科华某公司、广东大某公司、兴化中某公司的实际控制人项某新一人控制下的几个公司恶意串通开展的虚假诉讼。为本案成功监督提供了坚实的证据基础。

本案监督办案中还贯彻全面监督原则，对该案审判结果、审判程序、执行程序中存在的问题进行监督，分别提出再审检察建议、审判人员违法行为监督检察建议、执行监督检察建议，充分发挥检察建议的作用，提升了检察监督的效力，切实维护了司法秩序，亦有效保护了他人的合法权益。

王某国、张甲等租赁合同纠纷虚假诉讼监督案

案件承办单位

河北省衡水市人民检察院

基本案情

2012年2月27日，张甲和其前妻张乙（案外人）协议离婚，协议写明，"张乙分得景县工商小区一处房产、一辆汽车和10万元现金，剩余其他财产归男方所有"。后张乙以张甲在离婚时隐瞒婚前德州一处房产、景县工商局西侧商业楼及衡水丽景名都一处房产为由在山东省德州市德城区人民法院提起诉讼，请求重新分割财产。在案件审理过程中，张甲为了得到其前妻张乙对案涉门店（景县工商局西侧商业楼）知情的证据，在明知租户张丙不欠租金的情况下，以王某国（张甲的姐夫）的名义向河北省衡水市景县人民法院提起虚假的租赁合同纠纷诉讼，并在开庭当天以门店共有人的身份申请参加诉讼，景县人民法院予以准许。开庭前，张甲将其前妻张乙帮其领取景县龙力公司业务提成款时写的收条交给张丙，来充当张乙收取租金的收条，达到张乙知情涉案门店的目的。景县人民法院经审理于2014年10月14

日作出（2014）景民二初字第514号民事判决。判决结果虽驳回王某国、张甲的诉讼请求，但对张乙收取房租的事实予以认定。张甲将该判决书提交至德州市德城区人民法院，作为其前妻张乙知情涉案门店、不应再对案涉门店进行分割的证据，德州市德城区人民法院对张甲的抗辩意见予以采纳。

检察机关监督情况

其前妻张乙得知张甲的行为后，于2015年12月到河北省衡水市人民检察院反映张甲虚构租户未缴纳租金，非法获取法院确认其知悉案涉房产的事实，目的是不分给其应得的离婚财产，涉嫌虚假诉讼。

衡水市人民检察院掌握该案件线索后，第一时间调取（2014）景民二初字第514号民事审判卷宗，经仔细审阅卷宗并结合张乙的控告情况，发现该案存在审判时间短、诉讼程序不规范、庭审缺乏对抗性、对租赁费数额认定不清、对涉案的主要证人未予询问且存在关联诉讼等问题，认为存在虚假诉讼的可能性极大。衡水市人民检察院对涉案的相关当事人张乙、张丙、景县龙某公司会计王某成等进行调查核实，证实张丙提交法庭的所谓的房租收条系伪造的，实际是张乙替张甲领取业务提成款的收条。在将上述证据固定的情形下，传唤张甲至办案警务区说明情况，在铁的证据面前，张甲不得不承认其为获取前妻张乙知道涉案门店的书证，采用虚假方式进行诉讼的事实。其后，衡水市人民检察院又对审理该案的主审法官、书记员及原告的诉讼代理人进行了调查核实，固定好相关证据。

衡水市人民检察院将张甲涉嫌刑事犯罪案件线索移送衡水市

公安局。衡水市公安局经指定，由经济开发区分局办理此案，移送当天即对张甲采取刑事拘留措施，后移送桃城区人民检察院起诉。桃城区人民法院经审理于2016年12月6日作出判决，以妨害作证罪判处张甲有期徒刑6个月，缓刑1年。

衡水市人民检察院经审查认为：一是（2014）景民二初字第514号民事判决认定事实的主要证据系伪造。本案中，张丙本不欠王某国、张甲租金，张甲为得到张乙知悉涉案门店的证据，要求张丙将张乙帮助张甲在景县龙某公司领取业务提成款的收条作为张乙收取租金的证据出示，张丙表示配合，并出示、答辩，双方当事人恶意串通，法院予以采信，错误地作出张乙收取房租的事实认定，遂于2016年12月3日向衡水市中级人民法院提出抗诉。衡水市中级人民法院经审查裁定指令景县人民法院再审。检察机关派员出席庭审，景县人民法院经再审于2017年3月2日作出（2017）冀1127民再1号民事判决书，确认该案系虚假诉讼，撤销原审判决，驳回王某国、张甲的诉讼请求。二是案件主审法官张丁在案件审理过程中存在对主要证据审查不严、诸多程序违法等情形，导致虚假诉讼案件发生，负有重要责任，遂发出衡检民违监〔2016〕13300000002号检察建议，建议对其违法违纪行为进行处理。景县人民法院收到该建议后，高度重视，经院党组会议决定，给予张丁行政警告处分，并在全院召开警示教育大会，要求审判人员尽到必要的注意义务，加强司法审查，防止虚假诉讼案件再次发生。

同时，衡水市人民检察院加强对再审判决的跟进监督，发现景县人民法院虽对抗诉案件改判，但并未对进行虚假诉讼的当事人张甲进行司法惩戒的事实，依职权于2017年5月16日作出衡检检建受〔2017〕13300000001号检察建议书，要求对案涉当事人张甲给予司法惩戒措施。景县人民法院经审查于 2017 年 5 月 24 日作出（2017）冀 1127 司惩 1 号决定书，给予张甲罚款 1 万元的司法惩戒措施。

典型意义

随着经济社会快速发展，离婚诉讼案件大规模增长，离婚财产纠纷案件不断涌现，诉讼不诚信，甚至虚假诉讼案件多有发生，严重侵害夫妻一方的合法权益，损害司法公信力。本案中检察机关科学研判举报线索，充分运用法律赋予的调查核实权和办案一体化工作机制，及时固定相关书证，适时对相关当事人进行询问，积极与公安机关沟通协调，使虚假诉讼人受到刑事追究和司法惩戒，原审主审法官被给予纪律处分，原审判决得以改判，有效维护了诚实信用的司法原则，有效维护了司法权威。

1. 精准评估案件线索，找准案件切入点。虚假诉讼案件具有较强的隐蔽性和欺骗性，仅从诉讼活动表面难以辨别，办案人接到反映虚假诉讼的案件线索后，要时刻保持对线索的高度敏感性。本案中，从当事人之间的特殊关系、离婚析产案件性质、庭审对抗程度、诉讼程序繁简程度、有关联案件等方面进行综合评估，将核实租金条的真伪作为认定案件是否构成虚假诉讼的切入点，围绕该关键问题展开审查工作。

2. 科学制定调查策略，锁定完整证据链。虚假诉讼行为人手段较隐蔽，且关系特殊，极易形成攻守同盟。办案人员要充分进行调查核实，获取真实证据，揭露假象，才能挖掘出案件的真实面目。检察机关充分发挥一体化办案机制的优势，上级院牵头，采取异地查办与本地用警相结合的方式，集中优势兵力，科学确定调查策略，充分运用调查核实权，采取先书证后人证，先外围后中心的原则，形成完整的证据链，为作出监督决定打好基础。

3. 多种监督措施并用，监督刚性增强。一是与公安机关无缝衔接，提前做好沟通协调，在固定好相关证据的同时，当天即对涉嫌虚假诉讼的行为人刑事拘留，被法院判处有期徒刑；二是针对判决结果，及时提出抗诉，终使案件得以改判；三是针对法官违法审理及未对虚假诉讼人采取司法惩戒措施的情况，及时进行监督，与审判机关沟通协调，使案件主审法官受到党政纪处分，虚假诉讼人被处以罚款1万元的司法惩戒措施。从刑事、民事、党政纪及司法惩戒等多方面入手，有效打击虚假诉讼活动，有效维护司法秩序和公信力，将监督的刚性做到最大化。

王某新等承包合同纠纷虚假诉讼监督案

案件承办单位

河北省承德市人民检察院

基本案情

2016年4月,王某洁向北京国某兴公司的账户汇入250万元投资入股款。之后,其在北京向法院提起诉讼要求国某兴公司归还上述投资入股款。在诉讼过程中,王某洁得知汇入国某兴公司的250万元已被河北省承德市丰宁满族自治县人民法院执行。经审查查明:2017年2月26日,国某兴公司法定代表人万某宇为达到逃避欠付王某洁债务的目的,与王某新串通签订了虚假承包承德旷某酒店的合同。王某新在对旷某酒店无经营权的情况下将酒店承包给国某兴公司,并捏造国某兴公司实际经营酒店一年欠付承包费250万元的事实,于同年11月27日起诉国某兴公司违约,制造虚假诉讼,最终使法院判令国某兴公司给付2017年度承包费250万元及利息,损害了王某洁的合法权益。

检察机关监督情况

王某洁于2018年6月29日,以王某新与国某兴公司法定代表人万某宇涉嫌虚假诉讼为由,向丰宁满族自治县人民检察院申请监督。丰宁满族自治县公安局对王某新、万某宇涉嫌虚假诉讼立案侦查,于2018年9月25日提请丰宁满族自治县人民检察院批准逮捕。丰宁满族自治县人民检察院于当日依职权启动民事诉讼监督程序对该案进行审查。

2018年10月22日,丰宁县人民检察院作出丰检民(行)监〔2018〕13082600014号民事提请抗诉书向承德市人民检察院提请抗诉。承德市人民检察院经审查认定了以下事实:承德旷某酒店公司成立于2011年9月29日,法定代表人为孙某芹,包含主楼、四合院、庄园三部分。2015年3月17日,旷某酒店公司与姚某涛签订了承包协议,约定将主楼承包给姚某涛,承包期限为2015年3月17日至2020年10月10日,实际承包两年,至2017年3月左右协议中止。2017年10月1日,旷某酒店公司与北京信游公司(法定代表人姚某涛)重新签订了房屋租赁合同,将主楼、四合院、篝火场出租,约定租赁期限为2017年10月1日至2022年9月30日,于2017年10月8日完成了租赁物品的交接,该合同实际履行至今。2017年3月至10月姚某涛未承包旷某酒店,其间主楼及四合院由丰宁缘某然集团实际经营,庄园一直由杨某波承包经营。2017年2月26日,王某新在无处分权的情况下,将旷某酒店承包给国某兴公司,并与该公司法定代表人万某宇签订承包协议。

承德市人民检察院认为,丰宁满族自治县人民法院(2017)冀0826民初3967号民事判决存在以下应监督的情形:一是有新的证据足以推翻原判决。2018年7月10日，王某新、万某宇因涉嫌虚假诉讼犯罪被丰宁满族自治县公安局立案侦查。经该局侦查查明：2017年2月26日，万某宇与王某新在无权经营旷某酒店情况下签订虚假承包合同，在未实际经营情况下捏造事实，于同年11月27日王某新起诉万某宇违约，制造民事诉讼，妨害司法秩序。认定该事实的证据有丰宁满族自治县公安局对证人孙某芹、孙某珉、曹某利、卞某华、武某红、董某国、孙某军、杨某波、马某涛、孙某国以及潘某等的询问笔录以及调取的马某涛与旷某酒店公司所签订的承包合同所证实。二是原判决认定的基本事实缺乏证据证明。原判决认定的王某新将其承包的旷某酒店承包给了国某兴公司，合同签订后，王某新依约定将酒店的人财物交给了国某兴公司，国某兴公司开始独立经营等，无证据证实。王某新在诉讼中未提交任何证据证实其承包了旷某酒店，也未提供其对旷某酒店享有任何物权的相应证据。原审案卷中并无当事人对旷某酒店进行了交接以及国某兴公司独立进行经营的相应证据。庭审中审判人员亦未对此进行查明。

2018年11月6日，承德市人民检察院向承德市中级人民法院发出承检民（行）监〔2018〕13080000158号民事抗诉书。2019年4月17日，承德市中级人民法院作出（2019）冀08民再10号民事判决书，认为承德市人民检察院关于原判认定事实不清、适用法律错误的抗诉理由成立，判决撤销原审生效判决。

典型意义

虚假诉讼是全社会都高度关注的热点问题，其既损害当事人甚至案外人利益，同时也侵犯司法权威，破坏司法秩序，危害后果多元化。检察机关应立足为民初心,加大法律监督力度,会同司法机关和有关部门,共同治理虚假诉讼这一社会现象。

1. 提高发现线索的能力,找准案件突破口。在办理本案过程中,检察机关调阅了全部公安刑事侦查卷宗,对涉案人员的询问笔录进行详细的查看及分析,结合举报人王某洁在北京法院的相关诉讼案件,找到两案250万元执行标的款共同点,最终发现了万某宇为达到逃避归还王某洁250万元债务的目的,与王某新串通虚构承包经营酒店的事实,通过启动虚假诉讼监督程序,为第三人挽回经济损失。

2. 书面审查与外围调查相结合。注重从审查原审卷宗和申请人提供的证据材料入手,运用法律知识和常理,审查证据形式的合法性和内容的合理性,特别注意审查庭审笔录中各方当事人的陈述。同时,着力摸清案件当事人的基本情况和相互关系,包括当事人的职业、文化、收入等情况,以及双方的人身、财产关系和其他利害关系,以此来推断双方是否存在经济往来的可能,是否有贷款或者还款能力,从而判断当事人是否有为逃避债务恶意串通进行虚假民事诉讼的嫌疑。

3. 各部门协作配合,共同打击虚假诉讼。针对虚假诉讼发现难、办理难的特点,加强各部门联动,按照"优势互补、信息共享"的原则,建立民事检察部门与其他刑检部门分工协作配合机制,健全信息共享、案情通报、案件移送制度,充分发挥监督合力。同时,强化一体化办案意识,充分发挥上下级院联动作用,有效突破重大、疑难案件。

付某春等保证合同纠纷虚假诉讼监督案

案件承办单位

福建省龙岩市人民检察院、福建省龙岩市新罗区人民检察院

基本案情

2012年8月，陈某生以工程需购买钢筋为由分三次向付某春借款共计94.9万元（其中双方约定利息4.9万元写入本金）并写了借条，其要求傅某玉帮助提供担保但遭到明确拒绝。陈某生患病在福州住院期间，付某春要求陈某生按照三次银行转账时间重新写了三张欠条。2012年12月，陈某生病故。傅某玉因涉嫌非法经营稀土案被羁押在看守所并聘请律师张某为辩护人。2014年3月，付某春授意张某将一段视频及三张借条带进看守所，告知傅某玉若其为此债务作担保可以逃避罚金处罚及防止离婚时韦某分走其夫妻共同财产，对于傅某玉从陈某生处拿来抵债的30吨稀土也可不计入非法经营的数额，进而减轻刑罚。傅某玉为企图减轻刑事处罚，以及转移财产逃避罚金执行等目的在张某带来的三张借条中"担保人"一栏签字。

2014年4月，付某春持有傅某玉签字的三张"借条"向法院起诉，请求判令傅某玉偿还借款本金94.9万元及利息。诉讼

中，福建省龙岩市新罗区人民法院依付某春的申请，查封了傅某玉所有的房屋一套。2014年8月6日，该院作出（2014）龙新民初字第2226号民事判决，支持了付某春的诉讼请求。

检察机关监督情况

2017年4月19日，傅某玉之妻韦某因所住房屋被查封，以付某春涉嫌虚假诉讼为由向福建省龙岩市新罗区人民检察院申请监督。

新罗区人民检察院受理后，经调取涉案人银行账户交易明细、委托司法鉴定机构对借条笔迹进行鉴定、委托翻译人员对录音及录像进行翻译、询问多名相关证人、调取复制法院民事审判卷宗、向傅某玉调查等手段，查明：2012年8月，陈某生向付某春借款949000元，因陈某生病故，付某春为实现其债权，通过张某与傅某玉串通，虚构傅某玉为陈某生借款担保的事实。傅某玉为达到企图转移财产逃避罚金执行及减轻刑事处罚等目的，在付某春的授意下，明知主债务人陈某生病故，仍然在借条中"担保人"一栏内签字作了虚假担保。因此，傅某玉没有为陈某生借款担保的意思表示，担保条款中傅某玉签字系事后伪造，原审生效判决认定傅某玉为该借款承担连带保证责任的事实错误，且双方恶意串通伪造证据的行为严重干扰了司法机关对傅某玉非法经营罪一案的处理，同时也损害了韦某及其他债权人的利益，应予纠正。

2017年8月，检察机关以付某春、傅某玉、张某涉嫌妨害作证罪，将线索移送福建省龙岩市新罗公安分局立案侦查。后付某春因妨害作证罪被判处有期徒刑1年，缓刑1年。

2017年10月25日，新罗区人民检察院对该案提请抗诉，龙岩市人民检察院以岩检民（行）监〔2017〕35080000043号抗诉书向福建省龙岩市中级人民法院提出抗诉。龙岩市中级人民法院指令新罗区人民法院再审本案，2018年5月9日，新罗区人民法院作出再审判决，采纳检察机关的抗诉意见，驳回付某春的诉讼请求。

典型意义

1. 当事人虚构事实、冒名提起诉讼的行为，应当认定为虚假诉讼行为。根据最高人民法院《关于防范和制裁虚假诉讼的指导意见》的规定，虚假诉讼通常指的是当事人恶意串通、虚构事实提起民事诉讼骗取人民法院判决书、调解书的行为。本案中，原审原告与原审被告为了达到自己的非法目的，签订虚假的保证合同，为"亡者"提供担保，并以该保证合同的依据向法院起诉，是一起典型的虚假诉讼。

2. 检察机关应综合运用调查核实权，加强监督刚性。民事诉讼法规定，人民检察院因履职需要，可以行使调查核实权。人民检察院可以采取查询、调取、复制相关证据材料，询问当事人或案外人，委托鉴定等调查核实措施。本案检察机关通过调查核实，查明原审原告向法院举证的主要证据是伪造的，夯实了虚假诉讼的证据。

苏某东等投资合同纠纷虚假诉讼监督案

案件承办单位

山东省济南市市中区人民检察院

基本案情

2006年4月21日,苏某东起诉至山东省济南市市中区人民法院,请求判令济南青某影业公司返还投资款20万元及违约金122640元,支付投资分红款20万元。

济南市市中区人民法院审理查明,1997年12月22日,苏某东、青某影业公司(原名济南市青某广告影业有限公司)签订《投资合同书》一份。合同约定:苏某东向青某影业公司摄制的电视连续剧投资人民币30万元,占该剧总投资额20%的股份,青某影业公司于收到苏某东投资款后的6个月内返还苏某东全部投资,并在以后的6年内,按20%的比例,每3个月向苏某东支付一次分红红利。合同签订后,苏某东依约交付青某影业公司人民币30万元。青某影业公司于1999年12月22日向苏某东返还投资款10万元,尚欠苏某东投资款20万元。青某影业公司摄制的电视连续剧共盈利100万元。本案在审理过程中,经法院主持调解,双方当事人自愿达成如下协议:青某影业公司欠苏某东投资款本金20万元、延期付款的违约金122640元、分红款50000元，共计372640元，于2006年7月30日前一次性付清。苏某东自愿放弃其他诉讼请求。案件受理费12860元，财产保全费3270元，由青某影业公司承担。双方当事人一致同意本调解协议，自双方在调解协议笔录上签字或捺印后即具有法律效力。济南市市中区人民法院于2006年6月22日作出（2006）市民初字第1567号民事调解书，对调解协议予以确认。

检察机关监督情况

山东省济南市历城区人民检察院在办理刑事案件时发现可能涉嫌民事虚假诉讼，遂将案件线索移送济南市市中区人民检察院。该院受理案件后，进行了调查核实。经调取济南市历城区人民检察院案件初查卷宗，发现2014年5月该院反贪局对案件中涉及的当事人苏某东、青某影业公司当时的法定代表人杜某丽，及该公司上级单位负责人郭某群均进行了询问，通过询问笔录可以认定，本案当事人在原审诉讼中提交的《投资合同书》系杜某丽伪造并由苏某东签字的，而苏某东在原审中的代理人也是杜某丽委托的。案件调解后青某影业公司交付给苏某东的款项，也按照杜某丽要求全款打到杜某丽儿子的账户上。苏某东陈述，其纯粹为了帮杜某丽的忙，其与青某影业公司之间并无任何经济往来，当然也就不存在诉讼中涉及的投资合同关系。而杜某丽陈述中主张，其确实借给了青某影业公司30万元投资款，该投资款系向案外人胡某荣所借，杜某丽通过苏某东从青某影业公司得到的款项也都给了胡某荣，但并没有提供证据，也无转账证明。经调查银行转账记录，证实了苏某东收到青某影业公司的全部

388770元款项后，转至杜某丽儿子王某账户中。

济南市市中区人民检察院认为本案构成虚假诉讼，该案民事调解书损害国家利益及社会公共利益，提请济南市人民检察院抗诉。济南市人民检察院于2016年12月22日以鲁济检民（行）〔2016〕37010000260号民事抗诉书向济南市中级人民法院提出抗诉，济南市中级人民法院指定济南市市中区人民法院再审本案。2017年8月22日，济南市市中区人民法院作出（2017）鲁0103民再17号民事判决，撤销原判，驳回原审原告苏某东的诉讼请求。

典型意义

本案是一起检察机关内设业务机构联动一体，线索共享，对以虚假诉讼方式侵害国有资产进行检察监督的典型案件。

1. 关于虚假诉讼案件线索来源。虚假诉讼案件在现实中大量存在，且案件类型较为集中，民间借贷纠纷、房地产权属纠纷、保险理赔纠纷等多个领域均为虚假诉讼的高发领域。对于虚假诉讼案件的线索审查要充分发挥检察监督合力。一是在检察机关各部门之间形成线索移送机制。除了民行部门，侦监、公诉等部门在办案过程中都会遇到有价值的虚假诉讼线索，尤其是在职务犯罪案件中，存在犯罪嫌疑人以虚假诉讼为手段达到非法占有公私财产目的案件。因此，检察机关各部门均应当提高线索发现的敏感性，健全线索移送机制，加强协作配合，形成监督合力。二是在各检察机关之间形成线索共享机制。本案就充分体现了这一机制的优越性。对于在办案中发现的应由其他检察机关管辖的案件线索也应及时移交，真正形成检察机关虚假诉讼检察监督一体化，充分发挥检察职能，更好地治理和打击虚假诉讼。

2. 关于检察机关在虚假调解监督过程中的调查核实。检察机关通过调阅法院调解案件卷宗发现，调解案件卷宗材料一般很少，调解笔录的记录也十分简单，内容一般仅限于对调解协议的内容、双方当事人是否同意的记载，关于双方对于证据的质证过程、是否存在互相让步等内容基本不记载。调解程序的简化，调解过程不会如开庭一样采取录音录像的方式保存证据，这些都使得检察机关在开展监督工作时无法掌握调解的详细过程，对调解是否违背自愿原则等，取证、论证上都存在困难。在办理虚假诉讼监督案件时，需要加强调查核实，大多采用对双方当事人进行调查询问并制作笔录的方式来寻找突破口。在此基础上，通过调取银行转账记录等进一步调查工作，对案件事实进行还原。

3. 关于检察机关对虚假调解监督的条件。民事诉讼法对调解检察监督规定得很严格，《民事诉讼法》第 208 条严格限定检察机关对于调解的监督只有在发现调解书损害国家利益、社会公共利益的情况下，才可以提出抗诉。我们认为，虚假诉讼案件在客体上都无一例外地破坏了司法秩序、减损了司法公信，也就是侵害了国家利益。并且，虚假诉讼不仅浪费国家司法资源，也挤占了广大民众应享有的司法资源，侵犯了社会公共利益。通过虚假诉讼骗取法院生效民事调解书，不仅损害当事人利益或第三人利益，也侵犯了国家利益和社会利益，均可以依据《民事诉讼法》第 208 条的规定进行检察监督。

翁某辉等融资租赁合同纠纷虚假诉讼监督案

案件承办单位

湖南省长沙市岳麓区人民检察院

基本案情

2010年下半年,翁某辉、李某科等5人以翁某辉的名义与中联甲公司签订融资租赁合同,承租了一台中联牌泵车,并登记在翁某辉名下。2011年2月18日,五人协议散伙,由李某科收购其他四人的股金,单独承租前述泵车。2013年12月26日,中联甲公司作为甲方,承租人李某为乙方,回购方中联乙股份有限公司为丙方,实际上牌人翁某辉为丁方,保证人李某科共五方,签订协议,约定截至2013年11月29日李某在融资租赁合同项下应付的逾期首付款、逾期本金、利息及未到期租金本金合计1769239.98元(已扣除保证金),中联甲公司将对李某的融资租赁合同项下全部债权转让给中联乙股份有限公司,可用设备抵偿部分债权,保证人李某科提供无限连带责任担保。

因债务到期未还,2015年9月,中联乙股份有限公司将李某、李某科、翁某辉起诉至长沙市岳麓区人民法院,要求支付租赁费用。因直接送达、邮寄送达未果，长沙市岳麓区人民法院向翁某辉、李某、李某科公告送达了起诉状副本、开庭传票等法律文书，并缺席审理了本案。2016年6月16日，长沙市岳麓区人民法院作出（2015）岳民初字第06514号民事判决。判令李某归还原告欠款共计1404036.78元，李某科、翁某辉承担连带清偿责任。后法院向翁某辉、李某、李某科公告送达了上述民事判决书。

翁某辉到执行环节才知本人涉及该起诉讼，向长沙市中级人民法院申请再审。2017年11月27日，长沙市中级人民法院作出（2017）湘01民申148号民事裁定，裁定驳回翁某辉的再审申请。

检察机关监督情况

翁某辉遂向检察机关申请监督。长沙市岳麓区人民检察院受理该案后，先期调取、查阅了全部案卷，并询问部分知情证人，为进一步查明事实，组织案件听证会听取各方意见，在案件当事人均同意对笔迹进行鉴定的基础上，委托司法鉴定机构对前述协议书上丁方"翁某辉"的签名字迹进行了鉴定，鉴定意见为：送检的落款时间为"2013年12月26日"的协议书第3页上"丁方"签字处"翁某辉"署名字迹与提供的样本字迹不是出自同一人笔迹。由此该院认定，案涉主要证据协议书上丁方签名"翁某辉"三字系伪造。2018年4月3日，长沙市岳麓区人民检察院向长沙市岳麓区人民法院发出长岳检民（行）监〔2018〕43010400001号再审检察建议。2018年9月6日，长沙市岳麓区人民法院作出（2018）湘0104民再2号民事判决，对长沙市岳麓区人民检察院的检察建议予以采纳。判令李某支付中联乙股份有限公司欠款等共计1404036.78元,原审被告李某科对上述款项给付承担连带清偿责任。依此判决,翁某辉不再对上述140余万元承担责任。

典型意义

翁某辉案是长沙市岳麓区人民检察院运用听证手段履行检察监督职能的第一案。为切实维护当事人的合法权益,该院还主动行使调查核实权,在充分查明案件事实的基础上,利用再审检察建议发力,使本不应当承担责任的当事人不再无端背负140余万元的债务。《检察日报》等多家报纸、网络媒体对该案进行了报道,取得了良好的法律效果与社会效果。

1. 积极组织听证,全面听取各方当事人意见。公开听证是确保检察机关办理民行监督案件公开、公正、公平的重要举措。考虑到本案标的高达140余万元,当事人之间争议较大,且关系错综复杂,长沙市岳麓区人民检察院决定组织听证。为此,先期调取、查阅了全部案卷,并询问部分知情证人,通过多方途径联系上了各方当事人。在听证组织过程中,严格事前告知,公开全部案卷,现场展示证据,充分保障了各方当事人的举证、质证及辩论权。同时,围绕"合同真实性"这一焦点,听证主持人及参加听证的检察官全面听取各方意见,并落笔于"重新鉴定"这一关键,为案件顺利办理走出了重要的一步。

2. 充分行使调查核实权,还原案件事实真相。本案系合同纠纷,争议焦点集中于案涉五方协议上翁某辉的签名是否系伪造。在翁某辉向长沙市中级人民法院申请再审期间,曾经单方委托就此做过笔迹鉴定,但未被采信,该院以前述鉴定意见检材来源于翁某辉,说明翁某辉对协议书知情故应承担责任为由,驳回了再审申请。关键事实真假难辨,如何去伪存真成为摆在检察官面前的一道难题。为此,承办检察官抓重点,围绕"翁某辉"签名的真实性展开了一系列调查。一方面到原鉴定机构调取检材提取笔录,发现检材并非翁某辉提供,而是自原审法院执行局提取;另一方面组织各方听证,对检材、样本进行质证,各方当事人共同选定了新的笔迹鉴定机构。经鉴定,案涉协议上"翁某辉"的签名字迹与样本字迹不是出自同一人笔迹。承办检察官将调查核实的证据整理装订成册,共计100余页,在提出再审检察建议之时一并提交,为确保建议被采纳奠定了证据基础。

3. 准确提出监督意见,切实维护当事人合法权益。在掌握证据、厘清事实的基础之上,长沙市岳麓区人民检察院紧紧抓住"据以定案的主要证据存在部分伪造的情形"这一关键点,在再审检察建议中充分说理。由于监督要点把握准确,证据收集全面,沟通协调到位,法院再审时全面采纳了检察机关的意见,进行了改判。

本案中检察机关依法履行监督职能,主动作为,充分运用听证和调查核实权,查明案件事实,精准发力,有效维护了当事人的合法权益,彰显了司法权威,也切切实实让人民群众从个案中感受到了公平正义。

与其他诉讼形式相关虚假诉讼监督案例

浙江力某公司等骗取公证文书虚假诉讼监督案

案件承办单位

浙江省安吉县人民检察院

基本案情

2012年9月，浙江力某公司向王某短期借款1200万元，后力某公司未按约还款，王某起诉至法院后，法院判令力某公司归还债务。2013年1月，该案进入执行程序。因力某公司资不抵债，其厂房、设备等资产被法院依法拍卖，得拍卖款2600万元。而此时以力某公司为被执行人的案件已达20余件，债务达3000余万元。

王某等人于2013年8月向安吉县人民检察院申诉，称姜某辉与力某公司法定代表人朱某铭恶意串通，制造虚假债务，使个人债务与公司债务混同，导致其合法权益受损。

安吉县人民检察院初步审查查明以下事实：2012年9月27日，朱某铭与姜某辉等人串通利用500万元4次循环汇款的方式，形成1900万元的银行汇款凭证，签订虚假抵押借款合同，在安吉县公证处骗取公证债权文书［（2013）浙安证执字第56号］，并于当日办理了可优先受偿的抵押登记，后姜某辉以该公证债权文书申请执行，要求优先受偿。

另查明，姜某辉曾代力某公司向易某祥支付200万元借款，事实上该笔借款由力某公司自身偿还，力某公司事先将200万元转给姜某辉，再借用姜某辉的账户转账支付给易某祥。后朱某铭冒用姜某辉的名义，截取其中姜某辉转账支付易某祥的部分银行汇款凭证，伪造姜某辉的授权委托书，代姜某辉向法院起诉要求力某公司清偿该笔代偿款，在获得（2013）湖安商外初字第24号裁判文书后，申请债权分配。

检察机关监督情况

对于虚假诉讼案件的监督，关键在于调查核实。安吉县人民检察院在调查核实方面做了大量工作。一是犯罪形式特殊、案件定性存争议。本案是利用公证债权文书进行虚假诉讼犯罪的案件。检察机关立案时，案件定性上存在争议：姜某辉等人并未向法院提起民事诉讼，而是骗取公证机关出具的具有法律执行力的公证债权文书，直接向法院执行局申请执行。对于这种未经审判程序迳行申请执行的情况，是否属于虚假诉讼罪中"提起民事诉讼"的范畴，当时法律上尚无明确规定。针对该问题，安吉县人民检察院探究立法原意，认为虚假诉讼罪的设立，旨在保护债权人的合法权益、确保司法公信力，因此无论行为人以何种形式、何种手段，凡是借助司法力量，达到非法目的，都可以归入虚假诉讼范畴。本案中，姜某辉等人虽然未经过法院审判程序，但是通过具有执行力的公证债权文书进入执行程序,而执行程序作为诉讼程序的重要组成部分,是当事人权利能否实现的最重要环节,因此,姜某辉等人的行为符合虚假诉讼罪的犯罪构成要件。遂将该起虚假诉讼案件线索移送公安机关。

二是初查工作深千尺,一波多折现阳光。鉴于该案涉案金额巨大、涉及人数众多,为尽快查明案情,我们立足焦点问题,逐一击破:(1)为查实公证债权文书债务的真实性,调取相关的银行转账记录,查清公证债权文书确定的 1900 万元借款,实为姜某辉与朱某铭通过多人账户以 500 万元 4 次循环转账的方式形成。在查证转账凭证虚假后,朱某铭辩称,其与姜某辉、詹某水、史某伟三人存在真实债权。(2)为证实四人之间债务往来的真实性,办案组依法调取了力某公司近两年来的财务账册,同时对姜某辉等三人的银行存款、资产状况等进行调查,发现他们三人不具有出借巨额款项的经济实力。姜某辉等三人辩称巨额资金系亲友众筹,银行账户达几十个,要查清每笔资金来龙去脉十分困难。(3)案件陷入僵局时,又发现了相关联的另一起虚假诉讼线索。姜某辉持公证文书申报债权后,又向法院起诉,并取得(2013)湖安商外初字第 24 号裁判文书。本院认为,这笔债权发生在抵押借款合同之后,姜某辉明知力某公司资不抵债,仍替力某公司代偿 200 万元,做法显然有悖常理。针对该笔款项,通过姜某辉提供的银行转账凭证,顺藤摸瓜,查实该笔 200 万元系朱某铭通过他人账户汇入姜某辉银行账户,其真正还款人系朱某铭。

三是关联案件来帮忙,联合查处显成效。在已有书证证明关联案件 200 万元虚假代偿后,本院以县公检法联合会签的《关于建立打击虚假诉讼犯罪协助机制的意见》为基础,在公安机关对姜某辉刑事立案后,以200万元案件为突破口,对全案进行突破。姜某辉终于交代了200万元虚假诉讼的犯罪事实,同时也供述,1900万元债权存在部分虚假。该院趁热打铁,加大审讯力度,对詹某水、史某伟进行了突破。经过一年多的努力,该起虚假诉讼刑事案件终于突破成功。

2013年11月,安吉县人民检察院将该虚假诉讼刑事案件线索移送至安吉县公安局,安吉县公安局对朱某铭等立案侦查,并移送检察机关审查起诉。安吉县人民检察院以虚假诉讼罪对朱某铭提起公诉,对姜某辉、詹某水作出相对不起诉决定,2016年9月,湖州市中级人民法院作出二审刑事判决,以虚假诉讼罪判处朱某铭有期徒刑2年。

2016年5月,安吉县人民检察院向县司法局发出检察建议,建议其对公证处加强监督管理,避免被虚假诉讼的当事人骗取公证文书。2017年4月,安吉县公证处撤销了(2013)浙安证执字第56号执行证书。

2017年8月,安吉县人民检察院向县法院发出再审检察建议,建议撤销(2013)湖安商外初字第24号裁判文书。2018年10月29日,安吉县人民法院经再审,作出(2018)浙0523民再1号民事裁定书,撤销(2013)湖安商外初字第24号裁判文书。

典型意义

1. 犯罪形式罕见,完善打击新空白。本案系犯罪嫌疑人利用公证债权文书进入法院执行程序要求优先分配的案件,而此种犯罪手段不仅在全国比较少见,也并非标准的虚假诉讼罪的犯罪构成，但是探究立法本意——完善社会诚信体系建设和民诉制度建设，该案成功查处，不仅增加了对虚假诉讼犯罪手段的认识，也为实践提供了关于如何发现和打击以公证债权文书进行犯罪的经验。

2. 促进社会管理，弥补公证"漏洞"。案件查处后，安吉县人民检察院联合公安机关和法院，共同会签了《关于建立打击虚假诉讼犯罪协助机制的意见》，在全市率先形成打击虚假诉讼的多方联动机制。同时与县司法局进行工作对接，及时反馈在工作中发现的问题，建议其加大对公证处的管理，规范公证流程、严格证据审查、严谨出具文书，后公证处撤销了原出具的公证债权文书。

3. 一案引发"多米诺"，司法公信"云梯升"。力某公司在申请法院破产期间，以力某公司法人代表朱某铭为被告的民间借贷纠纷，因无法证实存在造假嫌疑，纷纷被纳入公司债务，这极大地损害了其他真实债权人的利益。而本案的成功查处，不仅查证了最大笔债务的虚假性，也对实际上存在的小额借贷案件起到警示作用，目前通过该起案件，安吉县人民检察院已将此案件为重点调查对象，对可能因该案涉嫌的虚假诉讼进行进一步全部查证，从而在肃清不良诉讼之风的同时，大大提高司法公信力。

李某禄等虚假支付令监督案

案件承办单位

天津市津南区人民检察院

基本案情

2012年4月,李某禄因与秦某田民间借贷纠纷向天津市津南区人民法院提出申请,对秦某田制发支付令。津南区人民法院认为李某禄申请支付令符合法律规定,遂发出(2012)南民督字第5号支付令,要求秦某田给付李某禄人民币700万元。

检察机关监督情况

2016年3月,天津市津南区人民检察院在依法履行职权的过程中,认为本案可能涉嫌虚假诉讼,依职权立案。检察机关在审查该案过程中,首先,调取了法院卷宗,发现以下案件疑点:一是庭审笔录显示700万元借款系李某禄现金出借,与常理不符;二是李某禄系普通农民,收入来源有限,家庭生活拮据,不具备出借大额现金的经济实力,借款来源不明;三是案卷中支付令申请书和授权委托书上的签字均非李某禄本人所写,系由他人代替签名，李某禄只作为名义方出现；四是本案受理日期为2012年4月18日，作出支付令日期为2012年5月14日，超过《民事诉讼法》第216条规定的"应当在受理之日起十五日内向债务人发出支付令"的法定期限。其次，针对上述疑点充分运用调查核实权，通过技巧性选择询问对象，分别询问涉案当事人，逐个突破的询问策略，逐一对案件关联的当事人展开询问调查，最终查明：秦某田曾先后向几十位债权人借款，后因经营不善，其财产仅余厂房拆迁补偿款1000万元人民币，已不足以全部如额清欠外债。诸多债权人采取虚增债权数额的方法稀释秦某田的剩余财产，变相剥夺其他债权人的利益，来实现"债权最大化"。后秦某田迫于还款压力答应部分债权人虚增债务数额、虚构债务关系等要求。在本案中，与秦某田有真实债权债务关系的为案外人靳某，秦某田、李某禄、靳某三人串通，假借李某禄的名义与秦某田签订大幅度虚增债权金额的欠条，然后由李某禄到法院申请支付令。

津南区人民检察院在审查后认为该案当事人之间恶意串通，假借他人之名申请虚增数额的虚假支付令行为属虚假诉讼行为。法院在未查明李某禄700万元现金来源、借款用途，且超出法定期限的情况下，对债权债务关系予以确认，违反法律规定。故建议津南区人民法院撤销（2012）南民督字第5号支付令。同时检察机关对另外22人向秦某田申请支付令案件一并进行审查，发现均存在类似情形，遂向津南区人民法院制发23份检察建议书。

津南区人民法院采纳了检察机关的建议，认定津南区人民检察院查明的情况属实，撤销了（2012）南民督字第5号等23份支付令，驳回李某禄等23名债权人的支付令申请。

典型意义

2018年本案被天津市人民检察院评为优秀案件，该案的成功办理在社会上引起了广泛的影响，取得了良好的社会效果和法律效果。

1. 高效整合办案资源，多元化线索发现机制。在实践中，虚假诉讼的当事人一般通过伪造证据、捏造案件事实的方式，借助诉讼、调解、仲裁等获得非法利益或逃避应尽义务，故虚假诉讼一般具有"形式要件合法化""审结过程快速化"等特点，不易被发现。本案系由检察机关依法履职过程中发现。承办人在办理其他案中发现线索后深挖细查，从大额现金交易及借款人经济实力不济等矛盾点入手，突破案件办理的瓶颈，丰富了查办虚假诉讼行为的办案经验，扩展了案件线索来源。

2. 主动发挥监督作用，在实践中探索监督路径。对督促程序支付令的监督是虚假诉讼监督的薄弱环节，主要原因是民事诉讼法中对于督促等非诉程序中存在的虚假诉讼行为怎样进行检察监督没有具体的规定。鉴于此检察机关对上述23件支付令案件以监督审判人员违法方式，向法院提出纠违检察建议，建议法院撤销支付令。最终法院采纳了检察机关建议内容，撤销了全部支付令并驳回了当事人申请，达到了制止虚假诉讼行为的目的。

3. 充分发挥监督职能，促使法院构建防范虚假诉讼防护网。该系列虚假支付令案件是天津市查处的首起督促程序虚假诉讼案件，在全市检法系统起到了较大影响作用。该系列案件的办理让司法人员意识到在防范虚假诉讼过程中，不仅在诉讼程序中存在虚假诉讼的可能，在督促程序、特别程序、执行程序等非诉程序中也同样存在，且造成的危害后果也同样严重。此次23起系列虚假支付令的成功办理，不仅是检察机关充分发挥检察监督职能的具体体现，还有助于法院在审理此类案件时从立案、审理与执行三个方面入手建立防范虚假诉讼的"三道关"，从司法层面打造特殊程序的防护网，实现双赢与多赢。

李某芹等虚假仲裁监督案

案件承办单位

天津市津南区人民检察院

基本案情

2015年12月8日,天津市中某公司法定代表人潘某杰以拖欠李某芹2011年12月至2015年1月工资118000元为名,以李某芹名义到天津市津南区劳动人事争议仲裁委员会申请仲裁,同日仲裁单位以调解书方式结案,中某公司于2015年12月9日前需全部付清工资差额。同年12月11日,李某芹依据仲裁调解书到天津市津南区人民法院申请执行,津南区人民法院依据仲裁调解书作出(2015)南执字第3168号裁定书,以在执行过程中已冻结被执行人的拆迁补偿款,等候提取,裁定本次执行程序终结。

检察机关监督情况

2018年4月,天津市津南区人民检察院在依法履行职权的过程中,发现本案可能涉嫌虚假诉讼,依职权立案。检察机关首先通过外围调查,明确案件存在以下疑点,与常理不符。一是中某公司已停止生产经营且资不抵债多年,无法下发工资,而李某芹仲裁请求为 2011 年 12 月至 2015 年 1 月的工资差额。申请人在三年未领取工资的情况下仍在公司继续上班。二是除李某芹外还有 8 人于同一时段内就同一公司提出申请。上述 9 人均为亲属关系,且均存在长期不下发工资仍不离职的情况。三是中某公司在正常经营情况下,职工远不止 9 人,其他职工均没有申请仲裁。四是经查询李某芹的个人纳税信息,未发现中某公司缴纳税收的情况。其次,通过询问案件关键人员,查明中某公司因经营不良且资不抵债已停止经营多年,其法定代表人潘某杰外欠债务较多,已被多个债权人起诉至津南法院,并已被申请强制执行,其所有的中某公司因征地拆迁获得的赔偿款项及其他财产均已被债权人查封或抵顶债务。为达到防止公司厂房拆迁补偿款等财产被其他债权人全部执行的目的,潘某杰为李某芹等 9 人虚构工资数额,欲在财产全部被其他债权人执行完毕前规避部分债务。

检察机关认定此案中当事人双方恶意串通,伪造"欠薪证明"等证据,到仲裁机关进行仲裁调解的行为属于虚假仲裁行为。同时对另外 8 人与中某公司劳动报酬执行监督案进行了审查,发现均存在同样情形,遂向津南区劳动人事争议仲裁委员会和津南法院各发出 9 份检察建议书。

天津市津南区劳动人事争议仲裁委员会和天津市津南区人民法院均采纳了检察机关的建议,认定检察机关查明的情况属实,各自撤销津南劳人仲调字〔2015〕第 332 号调解书和(2015)南执字第 3168 号等各 9 份调解书和执行裁定书。

典型意义

仲裁作为一种兼具"私权"与"准司法"的特殊纠纷处理机制，其价值在于追求和实现公平正义及效率相统一。虚假仲裁的出现破坏了仲裁的价值追求，损害了仲裁和司法秩序，造成仲裁和司法资源浪费。这9起虚假仲裁案件是典型的当事人恶意串通、捏造事实、虚构法律关系，通过合法仲裁程序，使仲裁机构作出错误仲裁调解，实现非法目的合法化的虚假仲裁。检察机关虚假仲裁进行监督，不仅修正了受损的法律关系，维护了司法公正，而且是一次很好的普法宣传。

1. 以执行程序为切入点，揭开虚假仲裁"面纱"。仲裁是当事人双方协商选择的纠纷解决方式，因其封闭特性，导致虚假仲裁的"面纱"很难被揭开。但虚假仲裁的最终目的是达到非法利益获取合法化，而通过法院执行又是非法利益获取的最有效途径。鉴于此，检察机关需要高度关注仲裁利害关系人和案外人提出的执行监督申请或相关投诉等可能涉及虚假仲裁的蛛丝马迹，充分运用调查核实权，依法启动虚假仲裁监督程序，实现"间接地"监督仲裁活动的效果。本案中检察机关就以抓住实现仲裁结果的执行程序为突破口，通过对执行程序的监督，达到对虚假仲裁的监督效果，也达到维护司法秩序的目的。

2. 从细节着手，深入调查核实虚假仲裁证据。检察机关在受理案件后，对虚假仲裁案件线索的每个细节进行分析研究，不厌其烦地深挖案件情节，事无巨细地核查案件证据，通过专人制定查处预案，认真研判案件细节，向仲裁、执行人员了解相关情况，推敲涉案当事人的行为心理，制定科学的询问提纲和询问策略的方式，突破当事人的心理防线。以询问笔录和相关证据材料为基础，推动完整证据链的形成。

3. 充分行使检察监督权，维护司法秩序。本案是天津市范围内首例由检察机关以检察建议的形式对仲裁机关作出的调解书进行撤销的案件。办理过程中出现了检察机关对虚假仲裁监督法律操作性不强的问题，即依据劳动争议调解仲裁法的规定追索劳动报酬的仲裁为终局裁决，仅能由当事人申请中级法院撤销，而依据《民事诉讼法》第257条的规定，法院在"据以执行的法律文书被撤销"的情形出现才停止执行。故法院作为执行仲裁的机关无法自行启动撤销仲裁的程序，仲裁机构以仲裁终局性为由不对虚假仲裁进行裁撤。后经查询法律相关规定及相关判例，与仲裁机构协商等方式，最终检察机关以检察建议的方式，由仲裁机关撤销了9人的仲裁调解书，随后法院也依据仲裁撤销通知书撤销了相应的执行裁定，维护了司法权威和仲裁制度公平正义的价值取向。

郭某勇等骗取调解书执行住房公积金虚假诉讼监督系列案

案件承办单位

黑龙江省林口县人民检察院

基本案情

2018年4月,黑龙江省林口县人民检察院在办案过程中发现,该县人民法院存在部分以住房公积金为执行标的的调解案件。上述案件均具有双方当事人协议管辖、当天立案当天结案、证据只有借款凭证无转账证明等特点。检察机关调查发现,郭某勇为了达到协助他人套取公积金、进而从中牟利的目的,通过微信群和朋友圈发布其能够提取公积金的广告,董某新等128人看到广告后与郭某勇取得联系。郭某勇以自己及其女儿、女婿等人的名义,虚构与董某新等128人的债权并向林口县人民法院提起诉讼,法院出具民事调解书。郭某勇等人以生效的调解书为执行依据,申请执行董某新等128人的住房公积金。2017年7月至2018年4月期间,郭某勇等人以128份调解书为执行依据,通过法院执行程序,套取住房公积金620余万元,获利40余万元。

检察机关监督情况

2018年7月2日，林口县人民检察院经检察委员会讨论，决定向林口县人民法院制发再审检察建议。该院认为，郭某勇等人为达到违法套取公积金的目的，与董某新等128人恶意串通、伪造证据，虚构借款事实，致使法院作出错误的民事调解书，其行为不仅妨碍司法秩序、损害司法权威，还严重破坏了住房公积金的管理秩序，亦损害了国家利益和社会公共利益，构成民事虚假诉讼。依据《民事诉讼法》第208条第2款的规定，林口县人民检察院向人民法院制发再审检察建议书，建议人民法院对郭某勇等人涉嫌虚假诉讼的128件民事调解案件依法再审。同时，针对该系列虚假诉讼案件，林口县人民检察院向县人民法院提出类案监督检察建议，建议人民法院提高审判人员业务水平和识别虚假诉讼的能力；加强对虚假诉讼的预警和研判，有效防范和遏制虚假诉讼的发生；对虚假诉讼案件的诉讼参与人，根据情节轻重，依法给予司法处罚。

林口县人民法院于2018年7月召开审判委员会，采纳检察机关的再审检察建议，对128件虚假调解案件进行再审。再审期间，林口县人民检察院对部分案件派员出席再审法庭，宣读了再审检察建议书并发表出庭意见，原告、被告双方当事人对检察机关的监督意见均无异议。林口县人民法院撤销了128份原生效民事调解书，驳回128件案件原告的诉讼请求。同时，对检察机关的类案监督检察建议，人民法院接受并制定了相应整改方案和具体措施。

典型意义

近年来,借助诉讼这一合法形式牟取不当利益的虚假诉讼现象呈上升趋势。民间借贷是虚假诉讼的多发、高发地带,案涉当事人通常采取恶意串通、虚构债权的方式提起诉讼。

该系列案件的发现和办理,是检察机关深入开展虚假诉讼监督的重要成果。通过"办理一件、发现一串、连成一片"的类案监督,拓宽了基层检察机关开展民事行政检察工作的监督范围、方式,维护了司法权威、司法公信力。128件虚假调解案件,原告郭某勇等人赚取了好处费,被告董某新等128人违规提取了住房公积金,双方虚假诉讼的行为并未损害其他个人利益,较难发现。检察机关能够成功查处,主要在于:

1. 制定调查预案。128件虚假诉讼案件的执行对象均为"被告"的住房公积金,检察人员以"被告"的单位信息为突破口,进行总结分类,发现128名"被告"均系铁路职工,从而围绕原告、被告双方当事人的关系、住房公积金的提取流程等方面制定了详细的调查预案。

2. 精准调查取证。检察人员明确调查方向、取证重点,通过比对诉讼和执行卷宗中记载的相关书证,逐一询问案件当事人,固定证据,还原双方当事人虚构债权债务关系的案件事实,为案件的成功改判起到了关键性的作用。

3. 强化跟踪问效。人民法院撤销原调解书后,检察机关及时跟进监督,督促人民法院启动执行回转程序,追回被套取的住房公积金,保障住房公积金制度稳健运行。同时,检察机关向住房公积金管理部门制发检察建议,建议其规范改进提取政策、优化提取审核流程、防范和制裁骗提套取住房公积金的违法行为。

高某等追偿权纠纷虚假诉讼监督案

案件承办单位

辽宁省沈阳市人民检察院、辽宁省沈阳市皇姑区人民检察院

基本案情

2015年，杨某霞、高某、杨某丹共同经营火锅店。2016年，高某协议退伙，协议注明火锅店装修后期尾款由杨某霞、高某各负担50%。杨某霞为逃避向高某支付退伙款，在法律工作者李某勇的协助下，与杨某丹、装修施工方彭某胜恶意串通，倒签虚假施工合同，虚增工程款，后由李某勇安排法律工作者陈某作为彭某胜的代理人起诉火锅店，李某勇作为火锅店和杨某霞的代理人出庭应诉。2016年7月25日，辽宁省沈阳市皇姑区人民法院作出（2016）辽0105民初4677号民事判决，判决火锅店支付彭某胜装修款842960元。判决后，杨某丹让彭某胜在虚假收条上签字，杨某霞通过银行卡向彭某胜转款35万元，彭某胜取出现金30万元交给杨某霞。2016年9月，杨某霞持生效判决及收条等起诉至皇姑区人民法院，向高某追偿装修款421480元。2017年6月27日，沈阳市中级人民法院作出（2017）辽01民终5508号民事判决书，判决维持原判，即高某赔偿杨某霞装修款42万元。

检察机关监督情况

高某向检察机关申请监督。沈阳市人民检察院在调阅卷过程中发现本案受、立、审过于迅速，庭审无实质性对抗，双方当事人坚决要求判决等情况违反常理，初步判断可能涉嫌虚假诉讼。为了查清案情，检察机关调取了涉案当事人银行往来账目，经认真细致地逐笔比对，梳理出涉案当事人的资金往来情况，获取关键证据；充分考虑杨某霞等人在诉讼中的不同地位和作用，采取有针对性的询问方式，逐个突破，最终顺利获取各方供述；对于杨某丹妄图干扰检察机关办案的行为，借助检察技术手段，获取和固定电子证据。

本案综合运用了再审检察建议、提请抗诉、检察建议、移交犯罪线索的监督方式。

皇姑区人民检察院认为皇姑区人民法院（2016）辽0105民初4677号民事判决书认定事实的主要证据系伪造，于2017年11月8日以沈皇检民（行）监〔2017〕21010500001号检察建议书建议该院再审。2018年2月2日，皇姑区人民法院作出（2018）辽0105民监1号民事裁定，裁定再审。

对于沈阳市中级人民法院（2017）辽01民终5508号民事判决，由辽宁省人民检察院向辽宁省高级人民法院提出抗诉。该案沈阳市中级人民法院再审后于2018年11月26日作出（2018）辽01民再131号民事判决书，判决驳回杨某霞诉讼请求。

对于法律工作者李某勇协助当事人伪造证据、参与虚假诉讼、涉嫌违法犯罪的情形，沈阳市人民检察院于2018年3月17日向沈阳市司法局发出沈检民（行）监〔2017〕21010000548号检察建议书，建议该局暂缓注册李某勇执业证并对其进行处罚，加强对基层法律服务工作者的监督和管理。2018年4月18日，沈阳市司法局书面回复，暂缓注册李某勇执业证并配合司法机关查找下落、依法处理，同时提出三点整改措施。

对于杨某霞、杨某丹、李某勇等涉嫌虚假诉讼罪的行为，皇姑区人民检察院将犯罪线索移送公安机关立案侦查。2018年2月，皇姑区人民检察院以杨某霞、杨某丹犯虚假诉讼罪向皇姑区人民法院提起公诉。2018年4月，已被列为网上逃犯的李某勇被抓获并刑事拘留。

典型意义

本案两级人民检察院充分发挥一体化优势，各尽其责，通力合作。

1. 充分利用调查核实权，抽丝剥茧，揭开虚假诉讼真相。首先，迅速调阅法院卷宗，摸查线索。其次，调取银行流水，固定证据。最后，制定个性化询问方案，突破口供。

2. 主动与相关部门沟通协调，对外借力，形成监督合力。首先，加强与检察技术部门的协作配合，借助检察技术手段，获取并固定电子证据。其次，加强与刑检部门的协作配合，移送犯罪线索后，由刑检部门及时跟进案件。最后，加强与公安机关沟通联系，提供侦查方向，指导侦查活动。

3. 强化一体化办案机制，整合资源，构建立体监督体系。由沈阳市人民检察院对线索进行统一管理，集中分析研判线索，审定确定初查方案，指明案件查办方向。沈阳市人民检察院加强统筹指导和全力支持，对案件查办进行全程跟踪调度。整合两级院民行检察干警，形成优势兵力，攻坚克难。

4. 根据案件特点，综合运用监督方式，强化监督实效。通过再审检察建议、抗诉等方式纠正错误裁判，通过移送犯罪线索惩治违法行为人，通过检察建议督促司法行政机关加强对基层法律服务机构的监督和管理。

许某荣等虚假劳动仲裁监督系列案

案件承办单位

福建省将乐县人民检察院

基本案情

2014年10月，许某荣、高某等13人向将乐县劳动人事争议仲裁委员会申请劳动仲裁，要求邵武市某机械厂支付工资共计人民币1508479元。2014年12月8日，将乐县劳动人事争议仲裁委员会组织双方达成由机械厂于2014年12月15日前一次性支付上述工资的协议，并据此作出将劳仲案〔2014〕29号调解书。因机械厂未在上述期限履行支付工资义务，上述13名申请人于2015年4月3日分别向将乐县人民法院申请执行该仲裁调解书。

检察机关监督情况

将乐县人民检察院从公安机关办理的张某金、某机械厂（以下简称机械厂）涉嫌拒不执行裁定罪一案中发现虚假劳动仲裁线索，及时跟进展开调查核实。经询问机械厂负责人张某金，调取公安机关对许某荣、高某等11人的询问笔录、借款收款收据及邵武社保中心出具的退休人员名单等书证，并到机械厂实地勘察，证实上述13名劳动仲裁申请人并未与机械厂建立劳动关系，机械厂也未欠其工资，且13人中有3人与张某金个人存在借贷关系。上述13人提起劳动仲裁意在参与到将乐县人民法院执行机械厂在其他案件被执行的财产分配中，以实现其他债务的目的。

将乐县人民检察院向县劳动人事争议仲裁委员会发出检察建议，将乐县劳动人事争议仲裁委员会于2018年8月28日作出将劳人仲案〔2018〕21号决定书，撤销原劳动仲裁调解书。

将乐县人民检察院于2018年9月3日向将乐县人民法院发出将民（行）执监〔2018〕3504280011至3504280023号检察建议书13份，建议法院对上述13个非诉执行案件裁定终结执行。将乐县人民法院收到检察建议书后，于2018年11月22日作出（2018）闽执恢304号至306号、308号至317号执行裁定书共计13份，裁定终结执行将劳仲案〔2014〕29号调解书的执行。

张某金因涉嫌虚假诉讼罪被立案侦查。

典型意义

近年来，人民法院受理的民事非诉执行案件越来越多，多为依当事人的申请，对仲裁机构作出的具有给付内容的仲裁裁决、调解书以及公证机构的公证债权文书的执行。检察机关对民事非诉执行案件的监督，也主要是针对这两类案件执行情况的监督。根据开展"民事行政非诉执行监督专项活动"的要求，将乐县人民检察院重点加强对法院民事非诉执行活动中虚假劳动仲裁的监督。

劳动争议的仲裁程序相对于民事诉讼而言，办案时间短，经济成本低，在执行工资报酬、工伤医疗费、经济补偿等赔偿事项时，比其他普通债权具有优先受偿权，而且进入法院执行程序后，办案人员较难甄别劳动仲裁文书的真实性。这就导致一些别有用心的人或企业通过制造虚假劳动仲裁案件并申请法院强制执行，达到其以"合法的形式"转移财产的目的，这不仅损害了国家利益、社会公共利益和第三人的利益，而且浪费仲裁资源和司法资源，扰乱了仲裁秩序和司法秩序。

收到检察建议后，将乐县劳动人事争议仲裁委借此机会，对其近三年来办理的劳动仲裁案件进行全面排查，避免遗漏其他类似案件。该案的办理取得了良好的社会效果和法律效果，对本县经营的企业起到了很好的警示教育作用，让企业在发展经济时更加注重企业的合法经营，莫钻法律空子。同时也让劳动仲裁部门和法院执行部门对于这类企业经营异常的仲裁案件和非诉执行案件更加留意，多一点警觉，少一分忽视，共同维护仲裁秩序和司法秩序，维护社会诚信和法治权威。

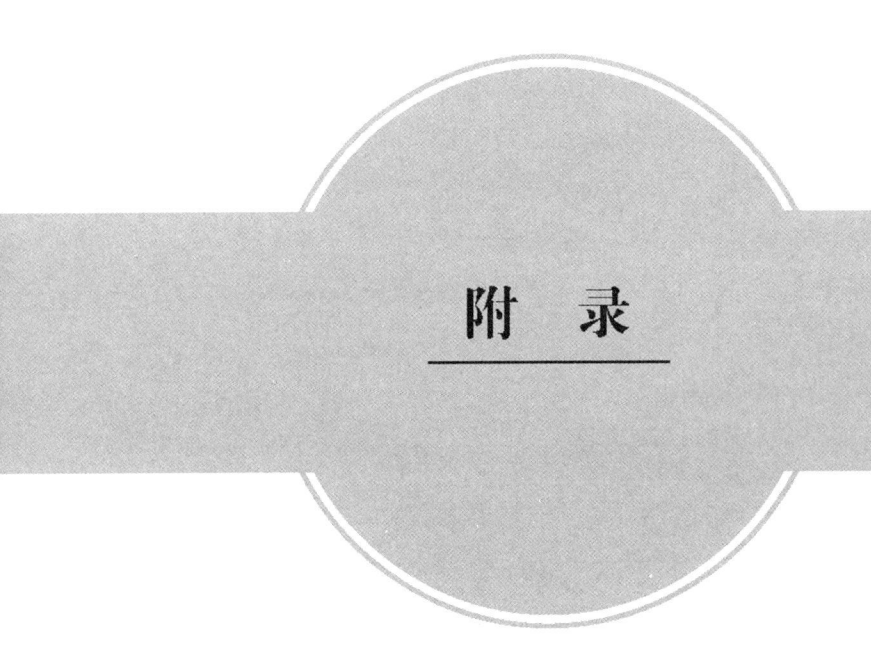

附　录

附录一　中华人民共和国刑法修正案（九）

（2015年8月29日第十二届全国人民代表大会常务委员会第十六次会议通过，自2015年11月1日起施行）

一、在刑法第三十七条后增加一条，作为第三十七条之一："因利用职业便利实施犯罪，或者实施违背职业要求的特定义务的犯罪被判处刑罚的，人民法院可以根据犯罪情况和预防再犯罪的需要，禁止其自刑罚执行完毕之日或者假释之日起从事相关职业，期限为三年至五年。

"被禁止从事相关职业的人违反人民法院依照前款规定作出的决定的，由公安机关依法给予处罚；情节严重的，依照本法第三百一十三条的规定定罪处罚。

"其他法律、行政法规对其从事相关职业另有禁止或者限制性规定的，从其规定。"

二、将刑法第五十条第一款修改为："判处死刑缓期执行的，在死刑缓期执行期间，如果没有故意犯罪，二年期满以后，减为无期徒刑；如果确有重大立功表现，二年期满以后，减为二十五年有期徒刑；如果故意犯罪，情节恶劣的，报请最高人民法院核准后执行死刑；对于故意犯罪未执行死刑的，死刑缓期执行的期间重新计算，并报最高人民法院备案。"

三、将刑法第五十三条修改为："罚金在判决指定的期限内一次或者分期缴纳。期满不缴纳的，强制缴纳。对于不能全部缴纳罚金的，人民法院在任何时候发现被执行人有可以执行的财产，应当随时追缴。

"由于遭遇不能抗拒的灾祸等原因缴纳确实有困难的，经人民法院裁定，可以延期缴纳、酌情减少或者免除。"

四、在刑法第六十九条中增加一款作为第二款："数罪中有判处有期徒刑和拘役的，执行有期徒刑。数罪中有判处有期徒刑和管制，或者拘役和管制的，有期徒刑、拘役执行完毕后，管制仍须执行。"

原第二款作为第三款。

五、将刑法第一百二十条修改为："组织、领导恐怖活动组织的，处十年以上有期徒刑或者无期徒刑，并处没收财产；积极参加的，处三年以上十年以下有期徒刑，并处罚金；其他参加的，处三年以下有期徒刑、拘役、管制或者剥夺政治权利，可以并处罚金。

"犯前款罪并实施杀人、爆炸、绑架等犯罪的，依照数罪并罚的规定处罚。"

六、将刑法第一百二十条之一修改为："资助恐怖活动组织、实施恐怖活动的个人的，或者资助恐怖活动培训的，处五年以下有期徒刑、拘役、管制或者剥夺政治权利，并处罚金；情节严重的，处五年以上有期徒刑，并处罚金或者没收财产。

"为恐怖活动组织、实施恐怖活动或者恐怖活动培训招募、运送人员的，依照前款的规定处罚。

"单位犯前两款罪的，对单位判处罚金，并对其直接负责的主管人员和其他直接责任人员，依照第一款的规定处罚。"

七、在刑法第一百二十条之一后增加五条，作为第一百二十条之二、第一百二十条之三、第一百二十条之四、第一百二十条之五、第一百二十条之六：

"第一百二十条之二　有下列情形之一的，处五年以下有期徒刑、拘役、管制或者剥夺政治权利，并处罚金；情节严重的，处五年以上有期徒刑，并处罚金或者没收财产：

"（一）为实施恐怖活动准备凶器、危险物品或者其他工具的；

"（二）组织恐怖活动培训或者积极参加恐怖活动培训的；

"（三）为实施恐怖活动与境外恐怖活动组织或者人员联络的；

"（四）为实施恐怖活动进行策划或者其他准备的。

"有前款行为，同时构成其他犯罪的，依照处罚较重的规定定罪处罚。

"第一百二十条之三　以制作、散发宣扬恐怖主义、极端主义的图书、音频视频资料或者其他物品，或者通过讲授、发布信息等方式宣扬恐怖主义、极端主义的，或者煽动实施恐怖活动的，处五年以下有期徒刑、拘役、管制或者剥夺政治权利，并处罚金；情节严重的，处五年以上有期徒刑，并处罚金或者没收财产。

"第一百二十条之四　利用极端主义煽动、胁迫群众破坏国家法律确立的婚姻、司法、教育、社会管理等制度实施的，处三年以下有期徒刑、拘役或者管制，并处罚金；情节严重的，处三年以上七年以下有期徒刑，并处罚金；情节特别严重的，处七年以上有期徒刑，并处罚金或者没收财产。

"第一百二十条之五　以暴力、胁迫等方式强制他人在公共场所穿着、佩戴宣扬恐怖主义、极端主义服饰、标志的，处三年以下有期徒刑、拘役或者管制，并处罚金。

"第一百二十条之六　明知是宣扬恐怖主义、极端主义的图书、音频视频资料或者其他物品而非法持有，情节严重的，处三年以下有期徒刑、拘役或者管制，并处或者单处罚金。"

八、将刑法第一百三十三条之一修改为："在道路上驾驶机动车，有下列情形之一的，处拘役，并处罚金：

"（一）追逐竞驶，情节恶劣的；

"（二）醉酒驾驶机动车的；

"（三）从事校车业务或者旅客运输，严重超过额定乘员载客，或者严重超过规定时速行驶的；

"（四）违反危险化学品安全管理规定运输危险化学品，危及公共安全的。

"机动车所有人、管理人对前款第三项、第四项行为负有直接责任的，依照前款的规定处罚。

"有前两款行为，同时构成其他犯罪的，依照处罚较重的规定定罪处罚。"

九、将刑法第一百五十一条第一款修改为："走私武器、弹药、核材料或者伪造的货币的，处七年以上有期徒刑，并处罚金或者没收财产；情节特别严重的，处无期徒刑，并处没收财产；情节较轻的，处三年以上七年以下有期徒刑，并处罚金。"

十、将刑法第一百六十四条第一款修改为："为谋取不正当利益，给予公司、企业或者其他单位的工作人员以财物，数额较大的，处三年以下有期徒刑或者拘役，并处罚金；数额巨大的，处三年以上十年以下有期徒刑，并处罚金。"

十一、将刑法第一百七十条修改为："伪造货币的，处三年以上十年以下有期徒刑，并处罚金；有下列情形之一的，处十年以上有期徒刑或者无期徒刑，并处罚金或者没收财产：

"（一）伪造货币集团的首要分子；

"（二）伪造货币数额特别巨大的；

"（三）有其他特别严重情节的。"

十二、删去刑法第一百九十九条。

十三、将刑法第二百三十七条修改为："以暴力、胁迫或者其他方法强制猥亵他人或者侮辱妇女的，处五年以下有期徒刑或者拘役。

"聚众或者在公共场所当众犯前款罪的，或者有其他恶劣情节的，处五年以上有期徒刑。

"猥亵儿童的，依照前两款的规定从重处罚。"

十四、将刑法第二百三十九条第二款修改为："犯前款罪，杀害被绑架人的，或者故意伤害被绑架人，致人重伤、死亡的，处无期徒刑或者死刑，并处没收财产。"

十五、将刑法第二百四十一条第六款修改为："收买被拐卖的妇女、儿童，对被买儿童没有虐待行为，不阻碍对其进行解救的，可以从轻处罚；按照被买妇女的意愿，不阻碍其返回原居住地的，可以从轻或者减轻处罚。"

十六、在刑法第二百四十六条中增加一款作为第三款："通过信息网络实施第一款规定的行为，被害人向人民法院告诉，但提供证据确有困难的，人民法院可以要求公安机关提供协助。"

十七、将刑法第二百五十三条之一修改为："违反国家有关规定，向他人出售或者提供公民个人信息，情节严重的，处三年以下有期徒刑或者拘役，并处或者单处罚金；情节特别严重的，处三年以上七年以下有期徒刑，并处罚金。

"违反国家有关规定，将在履行职责或者提供服务过程中获得的公民个人信息，出售或者提供给他人的，依照前款的规定从重处罚。

"窃取或者以其他方法非法获取公民个人信息的，依照第一款的规定处罚。

"单位犯前三款罪的，对单位判处罚金，并对其直接负责的主管人员和其他直接责任人员，依照各该款的规定处罚。"

十八、将刑法第二百六十条第三款修改为："第一款罪，告诉的才处理，但被害人没有能力告诉，或者因受到强制、威吓无法告诉的除外。"

十九、在刑法第二百六十条后增加一条，作为第二百六十条之一："对未成年人、老年人、患病的人、残疾人等负有监护、看护职责的人虐待被监护、看护的人，情节恶劣的，处三年以下有期徒刑或者拘役。

"单位犯前款罪的，对单位判处罚金，并对其直接负责的主管人员和其他直接责任人员，依照前款的规定处罚。

"有第一款行为，同时构成其他犯罪的，依照处罚较重的规定定罪处罚。"

二十、将刑法第二百六十七条第一款修改为："抢夺公私财物，数额较大的，或者多次抢夺的，处三年以下有期徒刑、拘役或者管制，并处或者单处罚金；数额巨大或者有其他严重情节的，处三年以上十年以下有期徒刑，并处罚金；数额特别巨大或者有其他特别严重情节的，处十年以上有期徒刑或者无期徒刑，并处罚金或者没收财产。"

二十一、在刑法第二百七十七条中增加一款作为第五款："暴力袭击正在依法执行职务的人民警察的，依照第一款的规定从重处罚。"

二十二、将刑法第二百八十条修改为："伪造、变造、买卖或者盗窃、抢夺、毁灭国家机关的公文、证件、印章的，处三年以下有期徒刑、拘役、管制或者剥夺政治权利，并处罚金；情节严重的，处三年以上十年以下有期徒刑，并处罚金。

"伪造公司、企业、事业单位、人民团体的印章的，处三年以下有期徒刑、拘役、管制或者剥夺政治权利，并处罚金。

"伪造、变造、买卖居民身份证、护照、社会保障卡、驾驶证等依法可以用于证明身份的证件的，处三年以下有期徒刑、拘役、管制或者剥夺政治权利，并处罚金；情节严重的，处三年以上七年以下有期徒刑，并处罚金。"

二十三、在刑法第二百八十条后增加一条作为第二百八十条之一："在依照国家规定应当提供身份证明的活动中，使用伪造、变造的或者盗用他人的居民身份证、护照、社会保障卡、驾驶证等依法可以用于证明身份的证件，情节严重的，处拘役或者管制，并处或者单处罚金。

"有前款行为，同时构成其他犯罪的，依照处罚较重的规定定罪处罚。"

二十四、将刑法第二百八十三条修改为："非法生产、销售专用间谍器材或者窃听、窃照专用器材的，处三年以下有期徒刑、拘役或者管制，并处或者单处罚金；情节严重的，处三年以上七年以下有期徒刑，并处罚金。

"单位犯前款罪的，对单位判处罚金，并对其直接负责的主管人员和其他直接责任人员，依照前款的规定处罚。"

二十五、在刑法第二百八十四条后增加一条，作为第二百八十四条之一："在法律规定的国家考试中，组织作弊的，处三年以下有期徒刑或者拘役，并处或者单处罚金；情节严重的，处三年以上七年以下有期徒刑，并处罚金。

"为他人实施前款犯罪提供作弊器材或者其他帮助的,依照前款的规定处罚。

"为实施考试作弊行为,向他人非法出售或者提供第一款规定的考试的试题、答案的,依照第一款的规定处罚。

"代替他人或者让他人代替自己参加第一款规定的考试的,处拘役或者管制,并处或者单处罚金。"

二十六、在刑法第二百八十五条中增加一款作为第四款:"单位犯前三款罪的,对单位判处罚金,并对其直接负责的主管人员和其他直接责任人员,依照各该款的规定处罚。"

二十七、在刑法第二百八十六条中增加一款作为第四款:"单位犯前三款罪的,对单位判处罚金,并对其直接负责的主管人员和其他直接责任人员,依照第一款的规定处罚。"

二十八、在刑法第二百八十六条后增加一条,作为第二百八十六条之一:"网络服务提供者不履行法律、行政法规规定的信息网络安全管理义务,经监管部门责令采取改正措施而拒不改正,有下列情形之一的,处三年以下有期徒刑、拘役或者管制,并处或者单处罚金:

"(一)致使违法信息大量传播的;

"(二)致使用户信息泄露,造成严重后果的;

"(三)致使刑事案件证据灭失,情节严重的;

"(四)有其他严重情节的。

"单位犯前款罪的,对单位判处罚金,并对其直接负责的主管人员和其他直接责任人员,依照前款的规定处罚。

"有前两款行为,同时构成其他犯罪的,依照处罚较重的规定定罪处罚。"

二十九、在刑法第二百八十七条后增加二条,作为第二百八十七条之一、第二百八十七条之二：

"第二百八十七条之一　利用信息网络实施下列行为之一，情节严重的，处三年以下有期徒刑或者拘役，并处或者单处罚金：

"（一）设立用于实施诈骗、传授犯罪方法、制作或者销售违禁物品、管制物品等违法犯罪活动的网站、通讯群组的；

"（二）发布有关制作或者销售毒品、枪支、淫秽物品等违禁物品、管制物品或者其他违法犯罪信息的；

"（三）为实施诈骗等违法犯罪活动发布信息的。

"单位犯前款罪的，对单位判处罚金，并对其直接负责的主管人员和其他直接责任人员，依照第一款的规定处罚。

"有前两款行为，同时构成其他犯罪的，依照处罚较重的规定定罪处罚。

"第二百八十七条之二　明知他人利用信息网络实施犯罪，为其犯罪提供互联网接入、服务器托管、网络存储、通讯传输等技术支持，或者提供广告推广、支付结算等帮助，情节严重的，处三年以下有期徒刑或者拘役，并处或者单处罚金。

"单位犯前款罪的，对单位判处罚金，并对其直接负责的主管人员和其他直接责任人员，依照第一款的规定处罚。

"有前两款行为，同时构成其他犯罪的，依照处罚较重的规定定罪处罚。"

三十、将刑法第二百八十八条第一款修改为："违反国家规定，擅自设置、使用无线电台（站），或者擅自使用无线电频率，干扰无线电通讯秩序，情节严重的，处三年以下有期徒刑、拘役或者管制，并处或者单处罚金；情节特别严重的，处三年以上七年以下有期徒刑，并处罚金。"

三十一、将刑法第二百九十条第一款修改为："聚众扰乱社会秩序，情节严重，致使工作、生产、营业和教学、科研、医疗无法进行，造成严重损失的，对首要分子，处三年以上七年以下有期徒刑；对其他积极参加的，处三年以下有期徒刑、拘役、管制或者剥夺政治权利。"

增加二款作为第三款、第四款："多次扰乱国家机关工作秩序，经行政处罚后仍不改正，造成严重后果的，处三年以下有期徒刑、拘役或者管制。

"多次组织、资助他人非法聚集，扰乱社会秩序，情节严重的，依照前款的规定处罚。"

三十二、在刑法第二百九十一条之一中增加一款作为第二款："编造虚假的险情、疫情、灾情、警情，在信息网络或者其他媒体上传播，或者明知是上述虚假信息，故意在信息网络或者其他媒体上传播，严重扰乱社会秩序的，处三年以下有期徒刑、拘役或者管制；造成严重后果的，处三年以上七年以下有期徒刑。"

三十三、将刑法第三百条修改为："组织、利用会道门、邪教组织或者利用迷信破坏国家法律、行政法规实施的，处三年以上七年以下有期徒刑，并处罚金；情节特别严重的，处七年以上有期徒刑或者无期徒刑，并处罚金或者没收财产；情节较轻的，处三年以下有期徒刑、拘役、管制或者剥夺政治权利，并处或者单处罚金。

"组织、利用会道门、邪教组织或者利用迷信蒙骗他人，致人重伤、死亡的，依照前款的规定处罚。

"犯第一款罪又有奸淫妇女、诈骗财物等犯罪行为的，依照数罪并罚的规定处罚。"

三十四、将刑法第三百零二条修改为:"盗窃、侮辱、故意毁坏尸体、尸骨、骨灰的,处三年以下有期徒刑、拘役或者管制。"

三十五、在刑法第三百零七条后增加一条,作为第三百零七条之一:"以捏造的事实提起民事诉讼,妨害司法秩序或者严重侵害他人合法权益的,处三年以下有期徒刑、拘役或者管制,并处或者单处罚金;情节严重的,处三年以上七年以下有期徒刑,并处罚金。

"单位犯前款罪的,对单位判处罚金,并对其直接负责的主管人员和其他直接责任人员,依照前款的规定处罚。

"有第一款行为,非法占有他人财产或者逃避合法债务,又构成其他犯罪的,依照处罚较重的规定定罪从重处罚。

"司法工作人员利用职权,与他人共同实施前三款行为的,从重处罚;同时构成其他犯罪的,依照处罚较重的规定定罪从重处罚。"

三十六、在刑法第三百零八条后增加一条,作为第三百零八条之一:"司法工作人员、辩护人、诉讼代理人或者其他诉讼参与人,泄露依法不公开审理的案件中不应当公开的信息,造成信息公开传播或者其他严重后果的,处三年以下有期徒刑、拘役或者管制,并处或者单处罚金。

"有前款行为,泄露国家秘密的,依照本法第三百九十八条的规定定罪处罚。

"公开披露、报道第一款规定的案件信息,情节严重的,依照第一款的规定处罚。

"单位犯前款罪的,对单位判处罚金,并对其直接负责的主管人员和其他直接责任人员,依照第一款的规定处罚。"

三十七、将刑法第三百零九条修改为:"有下列扰乱法庭秩序情形之一的,处三年以下有期徒刑、拘役、管制或者罚金:

"(一)聚众哄闹、冲击法庭的;

"(二)殴打司法工作人员或者诉讼参与人的;

"(三)侮辱、诽谤、威胁司法工作人员或者诉讼参与人,不听法庭制止,严重扰乱法庭秩序的;

"(四)有毁坏法庭设施,抢夺、损毁诉讼文书、证据等扰乱法庭秩序行为,情节严重的。"

三十八、将刑法第三百一十一条修改为:"明知他人有间谍犯罪或者恐怖主义、极端主义犯罪行为,在司法机关向其调查有关情况、收集有关证据时,拒绝提供,情节严重的,处三年以下有期徒刑、拘役或者管制。"

三十九、将刑法第三百一十三条修改为:"对人民法院的判决、裁定有能力执行而拒不执行,情节严重的,处三年以下有期徒刑、拘役或者罚金;情节特别严重的,处三年以上七年以下有期徒刑,并处罚金。

"单位犯前款罪的,对单位判处罚金,并对其直接负责的主管人员和其他直接责任人员,依照前款的规定处罚。"

四十、将刑法第三百二十二条修改为:"违反国(边)境管理法规,偷越国(边)境,情节严重的,处一年以下有期徒刑、拘役或者管制,并处罚金;为参加恐怖活动组织、接受恐怖活动培训或者实施恐怖活动,偷越国(边)境的,处一年以上三年以下有期徒刑,并处罚金。"

四十一、将刑法第三百五十条第一款、第二款修改为:"违反国家规定,非法生产、买卖、运输醋酸酐、乙醚、三氯甲烷或者其他用于制造毒品的原料、配剂,或者携带上述物品进出境,情节较重的，处三年以下有期徒刑、拘役或者管制，并处罚金；情节严重的，处三年以上七年以下有期徒刑，并处罚金；情节特别严重的，处七年以上有期徒刑，并处罚金或者没收财产。

"明知他人制造毒品而为其生产、买卖、运输前款规定的物品的，以制造毒品罪的共犯论处。"

四十二、将刑法第三百五十八条修改为："组织、强迫他人卖淫的，处五年以上十年以下有期徒刑，并处罚金；情节严重的，处十年以上有期徒刑或者无期徒刑，并处罚金或者没收财产。

"组织、强迫未成年人卖淫的，依照前款的规定从重处罚。

"犯前两款罪，并有杀害、伤害、强奸、绑架等犯罪行为的，依照数罪并罚的规定处罚。

"为组织卖淫的人招募、运送人员或者有其他协助组织他人卖淫行为的，处五年以下有期徒刑，并处罚金；情节严重的，处五年以上十年以下有期徒刑，并处罚金。"

四十三、删去刑法第三百六十条第二款。

四十四、将刑法第三百八十三条修改为："对犯贪污罪的，根据情节轻重，分别依照下列规定处罚：

"（一）贪污数额较大或者有其他较重情节的，处三年以下有期徒刑或者拘役，并处罚金。

"（二）贪污数额巨大或者有其他严重情节的，处三年以上十年以下有期徒刑，并处罚金或者没收财产。

"（三）贪污数额特别巨大或者有其他特别严重情节的，处十年以上有期徒刑或者无期徒刑，并处罚金或者没收财产；数额特别巨大，并使国家和人民利益遭受特别重大损失的，处无期徒刑或者死刑，并处没收财产。

"对多次贪污未经处理的,按照累计贪污数额处罚。

"犯第一款罪,在提起公诉前如实供述自己罪行、真诚悔罪、积极退赃,避免、减少损害结果的发生,有第一项规定情形的,可以从轻、减轻或者免除处罚;有第二项、第三项规定情形的,可以从轻处罚。

"犯第一款罪,有第三项规定情形被判处死刑缓期执行的,人民法院根据犯罪情节等情况可以同时决定在其死刑缓期执行二年期满依法减为无期徒刑后,终身监禁,不得减刑、假释。"

四十五、将刑法第三百九十条修改为:"对犯行贿罪的,处五年以下有期徒刑或者拘役,并处罚金;因行贿谋取不正当利益,情节严重的,或者使国家利益遭受重大损失的,处五年以上十年以下有期徒刑,并处罚金;情节特别严重的,或者使国家利益遭受特别重大损失的,处十年以上有期徒刑或者无期徒刑,并处罚金或者没收财产。

"行贿人在被追诉前主动交待行贿行为的,可以从轻或者减轻处罚。其中,犯罪较轻的,对侦破重大案件起关键作用的,或者有重大立功表现的,可以减轻或者免除处罚。"

四十六、在刑法第三百九十条后增加一条,作为第三百九十条之一:"为谋取不正当利益,向国家工作人员的近亲属或者其他与该国家工作人员关系密切的人,或者向离职的国家工作人员或者其近亲属以及其他与其关系密切的人行贿的,处三年以下有期徒刑或者拘役,并处罚金;情节严重的,或者使国家利益遭受重大损失的,处三年以上七年以下有期徒刑,并处罚金;情节特别严重的,或者使国家利益遭受特别重大损失的,处七年以上十年以下有期徒刑,并处罚金。

"单位犯前款罪的,对单位判处罚金,并对其直接负责的主管人员和其他直接责任人员,处三年以下有期徒刑或者拘役,并处罚金。"

四十七、将刑法第三百九十一条第一款修改为:"为谋取不正当利益,给予国家机关、国有公司、企业、事业单位、人民团体以财物的,或者在经济往来中,违反国家规定,给予各种名义的回扣、手续费的,处三年以下有期徒刑或者拘役,并处罚金。"

四十八、将刑法第三百九十二条第一款修改为:"向国家工作人员介绍贿赂,情节严重的,处三年以下有期徒刑或者拘役,并处罚金。"

四十九、将刑法第三百九十三条修改为:"单位为谋取不正当利益而行贿,或者违反国家规定,给予国家工作人员以回扣、手续费,情节严重的,对单位判处罚金,并对其直接负责的主管人员和其他直接责任人员,处五年以下有期徒刑或者拘役,并处罚金。因行贿取得的违法所得归个人所有的,依照本法第三百八十九条、第三百九十条的规定定罪处罚。"

五十、将刑法第四百二十六条修改为:"以暴力、威胁方法,阻碍指挥人员或者值班、值勤人员执行职务的,处五年以下有期徒刑或者拘役;情节严重的,处五年以上十年以下有期徒刑;情节特别严重的,处十年以上有期徒刑或者无期徒刑。战时从重处罚。"

五十一、将刑法第四百三十三条修改为:"战时造谣惑众,动摇军心的,处三年以下有期徒刑;情节严重的,处三年以上十年以下有期徒刑;情节特别严重的,处十年以上有期徒刑或者无期徒刑。"

五十二、本修正案自 2015 年 11 月 1 日起施行。

附录二 最高人民法院、最高人民检察院关于办理虚假诉讼刑事案件适用法律若干问题的解释

(法释〔2018〕17号)

为依法惩治虚假诉讼犯罪活动,维护司法秩序,保护公民、法人和其他组织合法权益,根据《中华人民共和国刑法》《中华人民共和国刑事诉讼法》《中华人民共和国民事诉讼法》等法律规定,现就办理此类刑事案件适用法律的若干问题解释如下:

第一条 采取伪造证据、虚假陈述等手段,实施下列行为之一,捏造民事法律关系,虚构民事纠纷,向人民法院提起民事诉讼的,应当认定为刑法第三百零七条之一第一款规定的"以捏造的事实提起民事诉讼":

(一) 与夫妻一方恶意串通,捏造夫妻共同债务的;

(二) 与他人恶意串通,捏造债权债务关系和以物抵债协议的;

(三) 与公司、企业的法定代表人、董事、监事、经理或者其他管理人员恶意串通,捏造公司、企业债务或者担保义务的;

(四) 捏造知识产权侵权关系或者不正当竞争关系的;

(五) 在破产案件审理过程中申报捏造的债权的;

(六) 与被执行人恶意串通,捏造债权或者对查封、扣押、

冻结财产的优先权、担保物权的；

（七）单方或者与他人恶意串通，捏造身份、合同、侵权、继承等民事法律关系的其他行为。

隐瞒债务已经全部清偿的事实，向人民法院提起民事诉讼，要求他人履行债务的，以"以捏造的事实提起民事诉讼"论。

向人民法院申请执行基于捏造的事实作出的仲裁裁决、公证债权文书，或者在民事执行过程中以捏造的事实对执行标的提出异议、申请参与执行财产分配的，属于刑法第三百零七条之一第一款规定的"以捏造的事实提起民事诉讼"。

第二条 以捏造的事实提起民事诉讼，有下列情形之一的，应当认定为刑法第三百零七条之一第一款规定的"妨害司法秩序或者严重侵害他人合法权益"：

（一）致使人民法院基于捏造的事实采取财产保全或者行为保全措施的；

（二）致使人民法院开庭审理，干扰正常司法活动的；

（三）致使人民法院基于捏造的事实作出裁判文书、制作财产分配方案，或者立案执行基于捏造的事实作出的仲裁裁决、公证债权文书的；

（四）多次以捏造的事实提起民事诉讼的；

（五）曾因以捏造的事实提起民事诉讼被采取民事诉讼强制措施或者受过刑事追究的；

（六）其他妨害司法秩序或者严重侵害他人合法权益的情形。

第三条 以捏造的事实提起民事诉讼，有下列情形之一的，应当认定为刑法第三百零七条之一第一款规定的"情节严重"：

（一）有本解释第二条第一项情形，造成他人经济损失一百万元以上的；

（二）有本解释第二条第二项至第四项情形之一，严重干扰正常司法活动或者严重损害司法公信力的；

（三）致使义务人自动履行生效裁判文书确定的财产给付义务或者人民法院强制执行财产权益，数额达到一百万元以上的；

（四）致使他人债权无法实现，数额达到一百万元以上的；

（五）非法占有他人财产，数额达到十万元以上的；

（六）致使他人因为不执行人民法院基于捏造的事实作出的判决、裁定，被采取刑事拘留、逮捕措施或者受到刑事追究的；

（七）其他情节严重的情形。

第四条 实施刑法第三百零七条之一第一款行为，非法占有他人财产或者逃避合法债务，又构成诈骗罪，职务侵占罪，拒不执行判决、裁定罪，贪污罪等犯罪的，依照处罚较重的规定定罪从重处罚。

第五条 司法工作人员利用职权，与他人共同实施刑法第三百零七条之一前三款行为的，从重处罚；同时构成滥用职权罪，民事枉法裁判罪，执行判决、裁定滥用职权罪等犯罪的，依照处罚较重的规定定罪从重处罚。

第六条 诉讼代理人、证人、鉴定人等诉讼参与人与他人通谋，代理提起虚假民事诉讼、故意作虚假证言或者出具虚假鉴定意见，共同实施刑法第三百零七条之一前三款行为的，依照共同犯罪的规定定罪处罚；同时构成妨害作证罪，帮助毁灭、伪造证据罪等犯罪的，依照处罚较重的规定定罪从重处罚。

第七条 采取伪造证据等手段篡改案件事实，骗取人民法院裁判文书，构成犯罪的，依照刑法第二百八十条、第三百零七条等规定追究刑事责任。

第八条 单位实施刑法第三百零七条之一第一款行为的，依照本解释规定的定罪量刑标准，对其直接负责的主管人员和其他直接责任人员定罪处罚，并对单位判处罚金。

第九条 实施刑法第三百零七条之一第一款行为，未达到情节严重的标准，行为人系初犯，在民事诉讼过程中自愿具结悔过，接受人民法院处理决定，积极退赃、退赔的，可以认定为犯罪情节轻微，不起诉或者免予刑事处罚；确有必要判处刑罚的，可以从宽处罚。

司法工作人员利用职权，与他人共同实施刑法第三百零七条之一第一款行为的，对司法工作人员不适用本条第一款规定。

第十条 虚假诉讼刑事案件由虚假民事诉讼案件的受理法院所在地或者执行法院所在地人民法院管辖。有刑法第三百零七条之一第四款情形的，上级人民法院可以指定下级人民法院将案件移送其他人民法院审判。

第十一条 本解释所称裁判文书，是指人民法院依照民事诉讼法、企业破产法等民事法律作出的判决、裁定、调解书、支付令等文书。

第十二条 本解释自 2018 年 10 月 1 日起施行。

附录三　最高人民法院关于防范和制裁虚假诉讼的指导意见

（法发〔2016〕13号）

当前，民事商事审判领域存在的虚假诉讼现象，不仅严重侵害案外人合法权益，破坏社会诚信，也扰乱了正常的诉讼秩序，损害司法权威和司法公信力，人民群众对此反映强烈。各级人民法院对此要高度重视，努力探索通过多种有效措施防范和制裁虚假诉讼行为。

1. 虚假诉讼一般包含以下要素：（1）以规避法律、法规或国家政策谋取非法利益为目的；（2）双方当事人存在恶意串通；（3）虚构事实；（4）借用合法的民事程序；（5）侵害国家利益、社会公共利益或者案外人的合法权益。

2. 实践中，要特别注意以下情形：（1）当事人为夫妻、朋友等亲近关系或者关联企业等共同利益关系；（2）原告诉请司法保护的标的额与其自身经济状况严重不符；（3）原告起诉所依据的事实和理由明显不符合常理；（4）当事人双方无实质性民事权益争议；（5）案件证据不足，但双方仍然主动迅速达成调解协议，并请求人民法院出具调解书。

3. 各级人民法院应当在立案窗口及法庭张贴警示宣传标识，同时在"人民法院民事诉讼风险提示书"中明确告知参与虚假诉讼应当承担的法律责任，引导当事人依法行使诉权，诚信诉讼。

4. 在民间借贷、离婚析产、以物抵债、劳动争议、公司分立（合并）、企业破产等虚假诉讼高发领域的案件审理中，要加大证据审查力度。对可能存在虚假诉讼的，要适当加大依职权调查取证力度。

5. 涉嫌虚假诉讼的，应当传唤当事人本人到庭，就有关案件事实接受询问。除法定事由外，应当要求证人出庭作证。要充分发挥民事诉讼法司法解释有关当事人和证人签署保证书规定的作用，探索当事人和证人宣誓制度。

6. 诉讼中，一方对另一方提出的于己不利的事实明确表示承认，且不符合常理的，要做进一步查明，慎重认定。查明的事实与自认的事实不符的，不予确认。

7. 要加强对调解协议的审查力度。对双方主动达成调解协议并申请人民法院出具调解书的，应当结合案件基础事实，注重审查调解协议是否损害国家利益、社会公共利益或者案外人的合法权益；对人民调解协议司法确认案件，要按照民事诉讼法司法解释要求，注重审查基础法律关系的真实性。

8. 在执行公证债权文书和仲裁裁决书、调解书等法律文书过程中，对可能存在双方恶意串通、虚构事实的，要加大实质审查力度，注重审查相关法律文书是否损害国家利益、社会公共利益或者案外人的合法权益。如果存在上述情形，应当裁定不予执行。必要时，可向仲裁机构或者公证机关发出司法建议。

9. 加大公开审判力度，增加案件审理的透明度。对与案件处理结果可能存在法律上利害关系的，可适当依职权通知其参加诉讼，避免其民事权益受到损害，防范虚假诉讼行为。

10. 在第三人撤销之诉、案外人执行异议之诉、案外人申请再审等案件审理中，发现已经生效的裁判涉及虚假诉讼的，要及时予以纠正，保护案外人诉权和实体权利；同时也要防范有关人员利用上述法律制度，制造虚假诉讼，损害原诉讼中合法权利人利益。

11. 经查明属于虚假诉讼，原告申请撤诉的，不予准许，并应当根据民事诉讼法第一百一十二条的规定，驳回其请求。

12. 对虚假诉讼参与人，要适度加大罚款、拘留等妨碍民事诉讼强制措施的法律适用力度；虚假诉讼侵害他人民事权益的，虚假诉讼参与人应当承担赔偿责任；虚假诉讼违法行为涉嫌虚假诉讼罪、诈骗罪、合同诈骗罪等刑事犯罪的，民事审判部门应当依法将相关线索和有关案件材料移送侦查机关。

13. 探索建立虚假诉讼失信人名单制度。将虚假诉讼参与人列入失信人名单，逐步开展与现有相关信息平台和社会信用体系接轨工作，加大制裁力度。

14. 人民法院工作人员参与虚假诉讼的，要依照法官法、法官职业道德基本准则和法官行为规范等规定，从严处理。

15. 诉讼代理人参与虚假诉讼的，要依法予以制裁，并应当向司法行政部门、律师协会或者行业协会发出司法建议。

16. 鉴定机构、鉴定人参与虚假诉讼的，可以根据情节轻重，给予鉴定机构、鉴定人训诫、责令退还鉴定费用、从法院委托鉴定专业机构备选名单中除名等制裁，并应当向司法行政部门或者行业协会发出司法建议。

17. 要积极主动与有关部门沟通协调，争取支持配合，探索建立多部门协调配合的综合治理机制。要通过向社会公开发布虚假诉讼典型案例等多种形式，震慑虚假诉讼违法行为。

18. 各级人民法院要及时组织干警学习了解中央和地方的各项经济社会政策，充分预判有可能在司法领域反映出来的虚假诉讼案件类型，也可以采取典型案例分析、审判业务交流、庭审观摩等多种形式，提高甄别虚假诉讼的司法能力。

最高人民法院

2016 年 6 月 20 日

附录四　最高人民法院关于房地产调控政策下人民法院严格审查各类虚假诉讼的紧急通知

（2013年6月28日　法明传〔2013〕359号）

各省、自治区、直辖市高级人民法院，解放军军事法院、新疆维吾尔自治区高级人民法院生产建设兵团分院：

在"国五条"等房地产调控政策实施背景下，为规避税收、限贷及限购政策，现实生活中出现了大量"假离婚"、借名买房、二手房买卖中签订阴阳合同、虚构债务后协议以房抵债等现象，有些已经形成纠纷诉至法院。这些案件基本表现为：当事人之间虚构借贷等债权债务关系；法院立案受理后，双方当事人自愿达成调解协议约定用债务人的房产抵偿债务，由法院出具调解书后被迅速执行房产过户。这些问题的发生，极大地扰乱和冲击了房地产市场的正常秩序，严重影响了国家房地产调控政策的贯彻落实，也严重干扰了人民法院正常的审判活动。目前，最高人民法院正在对这些问题进行调研并致力于制定司法应对措施。为及时解决和应对当前审判实践中存在的相关问题，现就有关问题紧急通知如下：

一、要密切关注和高度重视本辖区执行国家房地产调控政策措施过程中已经出现和可能出现的虚假诉讼问题，严格依法加大审查排除力度，确保国家房地产调控措施的贯彻落实；

二、在审理相关纠纷案件时，要认真审查当事人的诉讼请求及相关的证据，遇到以下情况，要慎重对待，妥善处理：

1. 当事人在以房抵债协议中约定管辖法院，但抵债的房产与协议管辖法院属异地的，要严格按照民事诉讼法关于专属管辖的规定认定协议管辖的效力；

2. 借贷等债权债务关系仅有借据和双方的认可，但未提供款项来等证据的，对债权债务关系的真实有效性要严格审查，不能简单认定；

3. 双方以债权债务纠纷为由诉讼至法院，但是立案后对案件事实及实体处理等均无争议并迅速达成"以房抵债"协议的，务必在严格依法查明案件事实的基础上决定是否出具调解书；

4. 当事人在人民法院调解组织等主持下达成包含以房抵债内容的调解协议，并共同申请司法确认的，应当加大审查确认力度，慎重出具确认调解协议有效的裁定；

5. 当事人对以房抵债生效法律文书或者调解协议申请执行的，原则上不得出具以房抵债裁定书或者要求登记机构办理过户的协助执行通知书，当事人要求以房产清偿债务的，应当采取拍卖等执行变价措施；

6. 对其他可能存在虚假诉讼的纠纷案件，亦应依法审查。

三、对本辖区执行国家房地产调控政策过程中出现的包括虚假诉讼在内的带有普遍性或者可能呈现蔓延之势的新问题、新情况，要认真研究和及时应对，并必及时层报。

图书在版编目（CIP）数据

最高人民检察院第十四批指导性案例适用指引. 民事虚假诉讼／最高人民检察院第六检察厅编著. —北京：中国检察出版社，2019.10

ISBN 978－7－5102－2330－3

Ⅰ.①最… Ⅱ.①最… Ⅲ.①案例－汇编－中国②诉讼－案例－中国 Ⅳ.①D920.5

中国版本图书馆 CIP 数据核字（2019）第 203888 号

最高人民检察院第十四批指导性案例适用指引（民事虚假诉讼）
　　　　最高人民检察院第六检察厅　编著

出版发行：	中国检察出版社
社　　址：	北京市石景山区香山南路 109 号　（100144）
网　　址：	中国检察出版社（www.zgjccbs.com）
编辑电话：	（010）86423707
发行电话：	（010）86423726　86423727　86423728
	（010）86423730　68650016
经　　销：	新华书店
印　　刷：	北京宝昌彩色印刷有限公司
开　　本：	710 mm×960 mm　16 开
印　　张：	23
字　　数：	263 千字
版　　次：	2019 年 10 月第一版　2021 年 12 月第二次印刷
书　　号：	ISBN 978－7－5102－2330－3
定　　价：	82.00 元

检察版图书，版权所有，侵权必究
如遇图书印装质量问题本社负责调换